20 位商業鉅子小傳，帶你從投富

智富思考

GET RICH STORY

別忘了：平庸不是你生活的本色，你的人生本應綻放出更亮麗的色彩！

二十位商業鉅子 × 無數個成功信條
從今天起掌握財富密碼，打破人生的階級枷鎖

喬有乾｜易 磊｜陳德洋

編著

崧燁文化

目錄

目錄

目錄

前言

　　人生是一個漫長的旅程，在人生旅途上，擠滿了過往匆匆的踐行者。有人說人生很沉重，有人說人生很輕鬆。的確，人生際遇各不相同，對生活的看法也各不一樣。但不論是誰都難免會經歷成功與失敗，富有與貧困，歡樂，幸福與悲傷、失意……

　　生活中，沒有人不希望自己的人生煥發出美麗的光輝，沒有人不渴望成為生活中的強者，沒有人會拒絕生活中種種美好的情感，更不會有人喜歡失敗與悲傷。那麼，如何贏得一個成功的人生，創造生命的最大價值呢？也許這正是生活中的人們正在苦苦思索著的問題。種種經驗顯示，一個人能否實現種種願望與追求，由失敗走向成功，由貧困走向富有，戰勝悲傷失意贏得幸福與歡樂，不是只要有一個美好的願望就可以實現的，也不是只憑一種美好的願望去奮鬥就可以順利實現的。而是要懂得潛藏在生命之中的種種規則，掌握贏得成功的種種技巧才成。

　　在這個方面，「上帝」對每一個生命都是公平的，對每一個生命所制定的規則都是一樣的。而成功者也只是遵循了種種獲得成功的規則而已。那麼，「上帝」究竟為生命制定了什麼樣的

前言

規則呢？

　　讓許多成功人士現身說法，為我們提供了種種成功的模式，告訴我們如何來贏得財富，什麼是真正的幸福，生命的本身潛藏著的是什麼樣的力量等等。

　　讓我們祝福生活中的每一個人：平庸不是你生活的本色，你的人生本應綻放出更亮麗的色彩！

鋼鐵大王 —— 安德魯・卡內基

商業鉅子檔案

　　全名：安德魯・卡內基

　　國別：英國

　　生卒年：西元 1835 年～ 1919 年

　　出生地：英國蘇格蘭

人生軌跡

　　安德魯・卡內基，一個從蘇格蘭移居美國的窮小子，一個飽受苦難的童工，一個毫不起眼的小紡織工，一個善於抓住機會的年輕人，透過自己的辛勤努力，一步一步走上成功之路，成為美國的鋼鐵大王，創造了美國鋼鐵時代一個又一個神話，是美國著名的十大財閥之一。

　　西元 1835 年 11 月 25 日，出生於英國蘇格蘭。

　　西元 1848 年 7 月，移民到賓夕法尼亞州的匹茲堡市。為了生活，做

過許多工作。

西元 1865 年，創辦了匹茲堡鐵軌公司、火車頭製造廠以及鐵橋製造廠，並開辦了煉鐵廠，開始涉足鋼鐵企業。

西元 1873 年底，卡內基與人合夥創辦了卡內基—麥坎德里斯鋼鐵公司。公司共有資本 75 萬美元，卡內基投資 25 萬美元，是最大的股東。

西元 1881 年，卡內基與弟弟湯姆一起成立了卡內基兄弟公司，其鋼鐵產量占當時美國鋼鐵總產量的七分之一。西元 1892 年，他把卡內基兄弟公司與另外兩家公司合併，組成了以自己的名字命名的鋼鐵帝國 —— 卡內基鋼鐵公司，攀上了自己事業的頂峰，成了聞名世界的鋼鐵大亨。與洛克斐勒、摩根並立，是當時美國經濟界的三大巨擘之一。

1901 年，卡內基同意將企業出售給 J‧P‧摩根，這次交易誕生了世界上第一家 10 億美元的大公司 —— 美國鋼鐵公司。

將公司出售後，卡內基就開始從事社會福利和慈善事業。捐資興建了許多圖書館，創辦各種學校和教育機構。

1911 年，以僅餘的 1.5 億美元設立了「卡內基公司」，讓公司人員代理他的捐獻工作。

1919 年 8 月 11 日，84 歲的卡內基在美國雷諾克斯市的別墅中因肺炎而謝世。

成長經歷

一、漂泊的童年

西元 1835 年 11 月 25 日，卡內基生於英國蘇格蘭鄧弗姆林一個貧民

的家裡。小時家裡的經濟非常拮据、艱難。這種生活使得卡內基從小就體會到了生活的艱辛，同時也磨練了他的意志和性格。他的母親是一個處事果斷幹練、眼光實際而長遠的人，母親的這些性格和氣質，對卡內基產生了極大的影響，對他日後成為赫赫有名的鋼鐵大王發揮了重要的作用。

13 歲那年，卡內基隨一家人一起移居到美國的匹茲堡，開始新的生活。因為父母一時找不到合適的工作，家境還是十分窘迫。小卡內基是個十分懂事的孩子，看到父母緊鎖的眉頭，他暗自決定出去工作，為父母分擔憂愁。

開始時，卡內基在一個小紡織工廠的鍋爐房裡工作，由於他做事勤快，腦筋機靈，老闆將他的週薪從 1.2 美元調到 2 美元。有一天，管帳的人辭職了，老闆情急之下，找卡內基暫時幫忙管帳。卡內基記的帳清晰易懂，老闆十分滿意。然而他自己卻並不滿足於這種簡單記載收支情況的記帳。在一個同伴的鼓勵下，他每天晚上都去夜校學習專門的會計知識。

那時的卡內基沒有錢去上學，但是他卻對知識有著強烈的渴望。恰好，他聽說詹姆斯‧安德森上校的私人圖書館裡有很多書，可以免費借閱。他欣喜若狂，立即前往那裡借書。在這個圖書館裡，他除了閱讀許多文藝、歷史和人物傳記類書籍外，還借閱有關科技方面的書，特別是煤與鋼鐵方面的書籍，這對他以後的事業奠定了良好的基礎。

在紡織廠工作一段時間後，卡內基聽說電報公司正在招收電報信差，他決定去應徵。面試時，他的勇敢、敏捷和誠懇讓老闆頗為喜歡，於是就被錄用了。電報業在當時是個新興行業，卡內基能得到這份工作，讓別人都很羨慕，他自己也很珍惜這個機會，工作特別賣力。他雖然年齡小，但是卻非常勤快，贏得了公司上下的好評。一年後，成為管理信差的監督

者。當然，卡內基並不滿足於僅僅做一個送電報的信差，每天他都提前一個小時到公司，打掃完環境後，就進入電報房偷偷學習收發電報。

命運總是青睞那些努力學習、勤奮工作的人。在卡內基 17 歲那年，匹茲堡和費城之間的火車開通了，並且在匹茲堡設立了西部管理局，局長是史考特。由於業務上的往來，局長認識了卡內基，並對他的勤勞、誠懇和聰明頗為欣賞。於是，在為鐵路架設專線時，史考特就跟電報公司的老闆商議，將卡內基帶到了鐵路部門。

到了鐵路部門後的卡內基，工作一如既往的熱情勤勞。在這一時期，他開始動腦筋想賺錢的途徑。天從人願，就在他為怎樣才能賺大錢傷腦筋時，亞當斯捷運公司的一個股東要賣掉他的股份。亞當斯捷運公司是一家正處於上升態勢的公司，這是一項肯定賺錢的買賣。但是當時的卡內基，由於剛剛支付了父親的的醫藥費和喪葬費用，身上所有的錢也只有 50 美元。於是，他向史考特求助，借了 600 多元，將股份買了下來。果不其然，亞當斯捷運公司的業務蒸蒸日上，其股票價值也不斷攀升。不久之後，卡內基的 600 美元的股票就上升為幾千美元。

史考特先生的地位一步步上升，卡內基也隨之走上發達之路。西元 1859 年，史考特先生升任賓夕法尼亞鐵路的副董事長，卡內基則升任匹茲堡管理局長。西元 1862 年，美國南北戰事正酣，南軍頻頻攻擊北方的運輸線 —— 賓夕法尼亞鐵路。由於當時的鐵路架設都是木橋，橋梁被燒毀的事件層出不窮，對北方造成了極大的牽制。卡內基看到了北軍的苦惱，也看到了一個發財致富的機會。他聯合自己的弟弟湯姆和其他幾個朋友，共同出資創立了鐵橋建設公司。公司最初的訂單是俄亥俄州的一家地方公司訂下的。俄亥俄鐵橋建成了，沉重的火車頭拖著三節車廂安全的通過了鐵橋。這一成功，為他們公司擴大了影響，訂單像雪片一樣紛紛湧

來，公司日益發展壯大。

　　一個偶然的機會使他走上了致富之路。有一次，在他坐火車去某地的途中，一位發明家坐在他的身邊，拿出了自己發明的新型臥車模型給他看。當時的臥車車廂很粗糙，幾乎就是在貨車車廂裡焊接幾個床鋪，而這位發明家的這種新型臥車頗像現代的普爾曼式臥鋪車。卡內基身上具有的蘇格蘭人特有的機警和遠見，使他看到了這項發明的遠大前途。於是，他借錢購買了那個公司的股票。當時該公司的股票有很優厚的利息，當卡內基 25 歲時，他每年從這筆投資中所拿到的分紅就達 5,000 美元。

二、鋼鐵大王的誕生

　　西元 1865 年，正當卡內基在鐵路的工作越來越好時，他卻出人意料的提出了辭職。他認為：「美洲大陸現在是鐵路時代，鋼鐵時代！需要建造鐵橋、火車頭和鐵軌，鋼鐵將是一本萬利的。」鐵路是賺錢的行業，也是使用鋼鐵最多的行業。鐵路造得越多，對生產和經營鋼鐵的人就越有利。而且，南北戰爭時期鋼鐵價格的上升，也使得卡內基看清楚了鋼鐵業的輝煌前景，他決定要對鋼鐵業進行投資。

　　西元 1860 年代，美國的鋼鐵生產經營極為分散，從採礦、煉鐵到最終製成鐵軌、鐵板等成品，中間須經過許多廠家，加上中間商在每個產銷環節層層加碼，致使最終產品的成本很高。卡內基深知傳統鋼鐵企業的這些缺陷，決心建立一個面目全新的、囊括整個生產過程的供、產、銷一體化的現代鋼鐵公司。當時，歐洲有著比美國更為先進的鍛造鋼鐵技術。因此，為了創立鋼鐵公司，卡內基渡過大西洋，到歐洲進行了長達 280 天的旅行和考察。此行，他獲得了重大收穫。在倫敦，他參觀了鋼鐵研究所，買下了工程師道茲兄弟的鋼鐵製造法的專利。他十分看好這個專利，在他

寫給弟弟湯姆的信中說道：「這種新方法將會為今後的路軌製造帶來革命。目前使用的這種鐵軌，含有相當多的碳，缺乏彈性，極易產生裂痕。而倫敦所發明的這種鋼鐵，採用一種特殊方法，在爐中以低溫還原礦石時，除去了碳和其他雜質，可以提高三分之一的純度，大大延長鐵軌的使用年限。」他說：「這項專利的價值至少值五千磅黃金。」同時，他還買下了焦炭洗滌還原法的專利。

卡內基又一次抓住了機會。毫無疑問，新技術的應用，必將帶來鋼鐵業的迅速發展。回到美國後，卡內基迅速行動了起來。西元1868年，卡內基建立了聯合製鐵廠，並建造了當時世界上最大的一座高22.5公尺的熔鐵爐，以弟弟湯姆未婚妻露西的名字命名。

與此同時，煉鋼技術的發展史上，迎來了它的一個里程碑──亨利‧貝塞麥發明了轉爐煉鋼法。這種方法在煉鋼過程中強化鼓風，為鐵水充分供應空氣，使鐵水中的碳、磷、錳等雜質氧化，同時提高爐溫，這樣就可以大大減少鐵水中的雜質和含碳量，提高鐵的品質。為了使煉好的鋼水容易倒出，又將煉鋼爐改進成可轉動的形式，所以叫「轉爐」。貝塞麥的這一發明，不僅大大提高了煉鋼效率，而且把煉鋼費用降低到技術革新前的十分之一。但是，這個方法也有一個缺陷，那就是轉爐內部耐火材料是矽酸鹽物質構成的，不能解決脫磷的問題，而歐洲90%的鐵礦都含磷，這個問題一直很難解決。然而，卡內基還是不顧別人的勸說和反對，大膽引用了這個新技術。也許上帝總會照顧那些膽大勇敢的人吧，不久之後，密西根州蘇必略湖畔的礦山中發現了大量的無磷鐵礦石，卡內基得知這個消息後，欣喜若狂。西元1872年，他放下其他行業，集中自己全部的資金，在匹茲堡的南面建起了一座貝塞麥法和道茲法並用的鋼鐵廠，開始更大規模的鋼鐵生產。

　　西元 1873 年，資本主義世界發生了一場嚴重的經濟危機，對美國經濟，尤其是剛剛開始的鋼鐵業造成了極大的衝擊。不少地方銀行倒閉，證券交易所關門，各地的鐵路工程支付款項中斷，致使現場施工戛然而止，鐵礦及煤礦相繼歇業，股票大幅度下跌，鋼鐵製造業破產倒閉的消息時有耳聞。在這種情況下，有許多人也勸說卡內基縮減生產。但是，卡內基獨具慧眼，他憑著自己多年經營的經驗，斷定這不是他的末日，而是他大展雄心的時刻到來了。他說：「在經濟恐慌不景氣的情況下，才能廉價買到鋼鐵廠的建材，薪水也比較便宜。其他製鐵公司相繼倒閉，向鋼鐵挑戰的東部企業家也不再插手，這是千載難逢的好機會。」為了保住鋼鐵業，在猛烈襲來的大恐慌中站穩腳跟，實施上述理想，卡內基不得不忍痛賣掉了臥鋪車廂製造公司及鐵橋建設公司的大部分股票。他又投資 100 萬美元，建造了 2 座轉爐、1 座旋轉爐、2 座熔鐵爐以及瓦斯生產器和電氣鋼鐵設備等等。

　　與此同時，卡內基毫不留情的將鋼鐵公司的投資者一個一個趕出公司，並增加了自己的股份。卡內基在擴大自己事業的同時，也不斷的利用機會吞併別的企業。他曾經先後吞併了普爾曼皇宮車公司、霍姆斯特德鋼鐵公司、狄克仙鋼鐵公司等。卡內基為了打敗競爭對手英國鋼鐵，積極向議會建議增加關稅，從而使關稅法通過。至此，卡內基的公司發展更加興旺發達了。西元 1892 年，卡內基把公司名稱改為「卡內基鋼鐵公司」，成為世界上最大的鋼鐵公司，他本人也成為名副其實的鋼鐵大王。

三、與摩根財團的合併

　　鋼鐵業的龐大利潤，使得許多人都想來分一杯羹。就在卡內基不斷吞併別的企業的時候，號稱「華爾街之王」的金融大王摩根也想吞併卡內基

的公司。於是，卡內基與摩根之間就爆發了一場關於企業併購的沒有硝煙的戰爭。

摩根野心勃勃，一心想主宰美國的鋼鐵行業。他先是在美國中西部合併了一些中小鋼鐵公司，成立了聯邦鋼鐵公司，並竭力拉攏國家鋼管公司和美國鋼圈公司入網。接著，聯邦鋼鐵公司的關係企業及摩根財團控制的全部企業，一起停止了對卡內基鋼鐵企業的訂貨。

面對這種糟糕的狀況，卡內基沒有驚慌失措，而是冷靜分析了自己公司的情況和當時美國鋼鐵行業的現狀。經過分析，他很清楚的看到，自己的鋼鐵公司在美國占有極大的市場，這些市場如果沒有卡內基鋼鐵公司的支持，勢必會有許多相關企業因此而蒙受損失。所以，卡內基不愁他的鋼鐵沒有出路。由於對自己的實力有著充分的自信，所以，面對摩根的進攻，他顯得胸有成竹，根本不吃摩根這一套。

摩根很快發現事情並不像自己所想像的那樣，卡內基並不是那麼容易屈服的人。所以他立即轉變了進攻方式，採取了第二個步驟，即直接跟卡內基談判收購其鋼鐵公司的事情。這時的卡內基年事已高，而且沒有理想的繼承人來繼承他的事業。再三權衡了利弊得失之後，他終於同意進行進一步的談判。他說：「告訴摩根，大合併相當有趣，不妨參加。」他提出接受收購的條件是：「對於卡內基鋼鐵資產的實價評估額，要以 1 美元對 1.5 美元的公司債。」這就是說，股票要以時價賣掉，他不要合併後的聯邦鋼鐵公司的股票，而是要具有黃金保障的公司債，並且要以 1：1.5 的比率兌換。對於卡內基而言，這是絕對合算的買賣，問題是，摩根會接受這個可以說是苛刻的條件嗎？

也許是卡內基鋼鐵公司太誘人了，摩根想得到它的心十分迫切。經過

長時間的談判，雙方達成了最後協議，卡內基鋼鐵公司歸於摩根，卡內基從新公司那裡獲得了 4 億多美元，成為當時世界上最富有的人，甚至超過了當時美國的國防預算。卡內基看準了摩根的心理，使自己所擁有的財產順利的翻倍。

被收購的卡內基鋼鐵公司與摩根財團的聯邦鋼鐵公司合併後，於 1901 年組成了美國鋼鐵公司，成為當時全世界最大的鋼鐵托拉斯。

四、晚年投身於慈善活動

擁有了龐大的財富之後，又該怎樣來運用呢？卡內基毫不猶豫的將自己的財富投到了慈善和社會福利事業上面。還在 33 歲那一年，卡內基就曾在日記上這樣寫道：「對金錢執迷的人，是品格卑賤的人。如果我一直追求能賺錢的事業，有一天自己也一定會墮落下去。假使將來我能夠獲得某種程度的財富，我就要把它用在社會福利上面。」在西元 1874 年的時候，卡內基和母親一起回到了闊別多年的故鄉鄧弗姆林，捐款 8,000 萬英鎊建立了一座宏偉的公共圖書館。隨後，他又陸續向蘇格蘭、英格蘭和愛爾蘭許多當局提供資助，建立圖書館。

1900 年，卡內基致信匹茲堡政府，願意出資 100 萬英鎊建一所技術學院。後來政府在肖萊公園附近劃出 32 公頃土地建成了卡內基技術學院，就是現在卡內基·梅隆大學的前身。根據卡內基的設想，學院將為當時的匹茲堡培養 3 年制所需的工業專門人才。最初該學院包括科學與技術學校（培養工藝師和助理工程師）、藝術學校（培養設計師和手藝人）、培養製造業和建築業的學徒工和熟練工學校，以及一所培訓家庭主婦和祕書的瑪格麗特·莫萊遜·卡內基學校。1967 年，卡內基大學與梅隆大學合併，成立了卡內基·梅隆大學。如今這個學校已經發展成為一所國際名

校，《美國新聞與世界報導》評其為全美明星級大學第 24 名，《紐約時報大學指南》也給予它四顆星的學術評分。

1901 年，將公司賣給摩根後，卡內基徹底退出業界，用自己的鉅額財富去做他早已想做的事情。

身為一個企業領導者，為了向那些幫助他獲得事業成功的員工們表示感謝，他拿出 500 萬美元為煉鋼工人設立了救濟和養老基金，以改善他們的生活條件。

由於家境貧寒而未能上學的卡內基不僅認知到人才的重要，也充分認知到知識的重要。他自己的知識主要來源於安德森上校的私人圖書館。這種經歷讓卡內基立志要為窮孩子建立更多的免費圖書館，他說：「如果我擁有了財富，我將建立大量免費的圖書館」。因此，在他獲得成功後，為了幫助那些有志上進而家境貧窮的年輕人，他也投資興辦了許多圖書館，對發展自己的第一故鄉英國、第二故鄉美國和其他國家的公共圖書館事業做出了極大貢獻。

1902 年，他捐款 2,500 萬美元，在華盛頓創立「卡內基協會」，由美國國務卿約翰擔任會長，主要用來發展科學、文學和美術事業。該協會曾建造一艘「卡內基號」海洋調查船，修正了世界航海圖。此外，還在加州山頂上建造威爾遜天文臺來觀察太空。對這個協會，卡內基一再追加資金，一年裡累計捐款達 7,300 萬美元。與此同時，卡內基在他的第二故鄉匹茲堡創辦了「卡內基大學」。後來，又在美、英各地捐資創辦了各種學校和教育機構。這類用於建造教育設施的捐款，達 9,000 萬美元之多。

在隨後的幾年中，卡內基又設立了若干項基金。他捐資 500 萬美元，設立「捨己救人者基金」，對在突發事件中為救助他人而犧牲或負傷的英

雄及其家屬予以獎勵或救濟。他捐資 3,900 萬美元,設立「大學教授退休基金」,以保障教育家的晚年生活。他還設立了「總統退休基金」和「作家基金」,對美國總統或作家的晚年給予資助。此外,他向 11 個國家提供了「卡內基名人基金」,並以 1,000 萬美元設立「卡內基國際和平財團」,專門資助為世界和平做出貢獻的人們。

1911 年,年邁的卡內基夫婦由於 10 年來一直直接參與捐獻工作,身心都深感疲憊,因而,卡內基決定再以僅餘的 1.5 億美元設立了「卡內基公司」,讓公司人員代理他們的捐獻工作。

直至生命結束之前,卡內基都在為社會奉獻著他的財富,其捐獻總額高達 3 億 3 千多萬美元。當然,在他身後,「卡內基公司」及各項卡內基基金依然在實施他的捐獻計畫,況且這筆鉅款還會不斷增加利息或賺進紅利,實際上他在世界上捐獻的數額遠大於這個數字。

五、與世長辭

晚年的卡內基將主要精力轉向了著書立說,成果頗豐。他曾經渴望著成為一個有錢人,但是在他的奮鬥過程中,人生觀發生了很大變化,反而對財富看得很淡。他曾經寫信給一位好友說:「人死而富是最大的恥辱。」西元 1889 年,卡內基出版了《財富的福音》一書。

1919 年 8 月 11 日,安德魯‧卡內基在麻塞諸塞州的「夏之家」別墅逝世,結束了他轟轟烈烈的一生,終年 84 歲。過了一輩子多彩多姿的生活,卡內基臨死時仍有兩件最遺憾的事:一是他無法買到世界的和平;二是他臨死時並不像他所想像的那樣窮。「在我的感覺裡,花錢要比賺錢困難得多!」這就是這位鋼鐵大王留給世人的最後遺言。卡內基死後的遺產,按照他的遺囑,卡內基基金會占絕大部分;卡內基公司擁有 2,000 萬

美元；剩下的 1,000 萬美元當作給家鄉鄧弗姆林的親戚友人每年 1 萬美元的基金，以及給原美國總統塔虎脫、原英國首相勞合喬治的年金各 1 萬美元的基金；剩餘小額金錢為傭人的年金。

　　安德魯・卡內基的一生是輝煌的一生，他憑著自己聰明的才智、敏銳的目光和遠見卓識，以驚人的毅力和頑強的鬥志，最終鑄就了鋼鐵王國，從而在美國歷史乃至世界史上都寫下了光輝的篇章。

名家點評

　　卡內基是歷史上的重要人物之一。這個冷酷無情的商人依靠鋼鐵工業大發橫財，最終卻又將其捐贈一空。

—— 美國《圖書館雜誌》

　　卡內基是十九世紀末、二十世紀初美國最偉大的商人，他精力充沛，無所畏懼，直到臨終時還很樂觀，甚至過了頭。他時而真誠，時而偽善；時而求實，時而浮誇。他是一位偉人，但他並不總是個好人。他能夠看到別人不能看到的尚待開發的新領域，他對生活熱情以及他自我娛樂的能力讓人尊敬或是憎恨。

—— 美國商業史專家理查德・泰德羅

　　他從一文不名的窮光蛋變成了億萬富翁，並且塑造了更多的百萬富翁。

—— 戴爾・卡內基

傳世名言

1　將我所有的工廠、設備、市場、資金全部拿去，但只要保留我的組織人員，四年之後，我又將是一個鋼鐵大王。

2　美國「鋼鐵大王」曾經對他的孩子說：「金錢不能換來感情。」他認為：「如果我特別大方，給你們很多錢，那你們可能只記得我的錢，卻記不住我這個人。如果我特別小氣，可能也得不到你們對我的感情，所以我寧願多花些時間關心你們，培養人與人之間的感情。因為在關愛面前，金錢就顯得無能為力了。你們應該牢記最能打動商人心的不僅僅是價格，還有感情。」

3　有錢人在道義上有義務把他們的一部分財產分給窮人，因為所有超過家用之外的個人財產都應該被認為是讓社會受益的信託基金。

4　對金錢執迷的人，是品格卑賤的人。如果我一直追求能賺錢的事業，有一天自己也一定會墮落下去。假使將來我能夠獲得某種程度的財富，我就要把它用在社會福利上面。

財富智慧

1　把員工看得重於一切，同時擅長把他們編排到為自己服務的機構中。卡內基認為，在企業各種要素中，人是最可貴的。用人恰當與否，直接關係到企業的發展和效益。一個成功的企業家，不僅應該能發現和使用人才，而且能千方百計的留住人才。他用人時，特別注意揚長避短，充分發揮一個人的長處，使他們更好的為企業服務。同時，這些人因為受到重視、得到信任，勢必會更加努力工作，來證明和實現自己的價值。

2　全心全意的工作，並適時的展現自己的智慧才能。要想成為一個成功的創業者，必須要勤勤懇懇的工作。當然，光有這些也是不夠的，你必須讓別人相信你的能力遠遠超出這些。無論做什麼，智慧和才華永遠都是

最受歡迎的東西。

3　苦難是金。永遠都不要因為自己所受的苦難而抱怨人生。其實，能夠經過苦難的鍛鍊，才更能體味人生的艱辛，才會有更加強烈的向上攀登的渴望。這些對於一個創業者而言，都是不可多得的財富。

延伸品讀

卡內基之所以成為一個受人尊敬的大企業家，不僅是因為他成功建立了鋼鐵王國，更重要的是，他在事業成功之後，能毫不猶豫的將自己賺得的龐大財富，幾乎全部捐獻給社會公益事業。

透過引入勞動生產率等管理方式和不斷的技術革新，卡內基幫助美國成為當時世界最大的鋼鐵生產國。

卡內基為現代人樹立了財富準則，他晚年致力於慈善事業，熱衷圖書館及各項公共事業的捐贈，並在生前將自己的全部財產捐獻一空。他在歐美政壇呼風喚雨，發揮金錢影響力，為和平事業做出極大貢獻。

金融寡頭 —— 摩根

商業鉅子檔案

全名：J・P・摩根

國別：美國

生卒年：西元 1837 年～ 1913 年

出生地：美國康乃狄克州哈特福城

人生軌跡

J・P・摩根，西元 1837 年 4 月 17 日出生在美國康乃狄克州哈特福城一個富有的商人家庭。是摩根財團的創始人和奠基人，美國華爾街著名的金融寡頭。

他擁有雄厚的銀行資本。

在華爾街金融市場上呼風喚雨，顯赫一時，被金融老闆們稱為「華爾街之王」。

他出身於金融世家。

他的祖父因股票投機而發財致富。

他的父親年輕時就從事銀行和保險業，並於西元 1863 年建立了英國第一家以發行證券和組織股份公司為業的銀行 —— J・S・摩根公司，為後來摩根財團在歐洲建立廣泛連結創造了有利條件。

摩根繼承了家族的金融投機傳統，並將它發揚光大。

摩根財團主要發端於銀行業，走銀行控制工業的道路，從而實現銀行資本和工業資本的融合生長，形成金融資本和金融寡頭。

十九世紀末、二十世紀初，摩根財團的投資公司、商業銀行成為華爾街最大的「貨幣托拉斯」，擁有十億美元的資金，在幾乎所有工業部門的大公司中持有股票，向這些公司董事會派駐代表，並成為它們的主要信貸來源。

這樣，以金融機構為核心而結合起來的摩根財團，其壟斷地位就不是局限於其一個工業部門，而是涉及美國經濟的主要方面。

西元 1860 年代，老摩根在紐約設立 J・S・摩根公司的分支機構，摩根成為他父親派駐紐約的代表。

西元 1871 年，與人合辦「德雷克塞爾—摩根」公司。

西元 1895 年，改名為 J・P・摩根公司，並開始向鋼鐵、鐵路及公用事業等產業滲透。

十九世紀末、二十世紀初，摩根公司經過激烈的競爭，不斷削弱和擊敗敵手，鞏固和發展了自己的壟斷地位，成了華爾街最有勢力的統治者。

美國總統西奧多・羅斯福曾不得不公開承認摩根在金融界的「獨霸局

面」。和摩根競爭的約翰‧洛克斐勒、愛德華‧哈里曼、雅各布‧希夫等金融寡頭，也曾一度表示「聽命」於他。

華爾街的金融界把摩根公司當作「銀行的銀行」。

西元 1895 年，摩根開始向鋼鐵業進行滲透，成立了聯邦鋼鐵企業。

西元 1898 年，承銷美國政府 2 億美元債券，西元 1899 年認購英國 18 億美元國債後，摩根一躍成為世界頭號金融大亨。

1901 年，以聯邦鋼鐵企業為基礎，以 4 億多美元的價格收購了卡內基鋼鐵公司，並將之改組為美國最大的鋼鐵公司。

1912 年，摩根財團控制了金融機構 13 家，被美國金融界稱為「銀行家的銀行家」。

1913 年，摩根在去埃及開羅的旅途中去世。

成長經歷

初露鋒芒

西元 1837 年 4 月 17 日，摩根出生在美國康乃狄克州哈特福城的一個富有商人家庭。祖父和父親都是極為成功的商人，這種家庭氛圍使得摩根從小就具有經商天賦，富有冒險和投機精神。西元 1857 年大學畢業後，他聽從父親的安排，到了父親朋友在華爾街開設的鄧肯公司裡實習。一次採購途中在紐奧良碼頭，一位陌生白人問其是否想買咖啡。那人自我介紹說，他是往來美國和巴西的貨船船長，受託從巴西的咖啡商那裡運來一船咖啡。沒想到美國的買主已經破產，只好自己推銷。如果誰給現金，他可以半價出售。摩根考慮了一下，覺得這樁生意不錯，決定買下這船咖啡。

他帶上咖啡樣品到紐奧良所有與鄧肯公司有聯絡的客戶那裡推銷，但是沒人接受，他們反過來還勸告他，也許這些咖啡與樣品不符，何況以前還發生過船員欺騙買主的事。但摩根相信自己的判斷力。於是他決定先以鄧肯公司的名義買下全船咖啡，並電告公司總部已買到一船廉價咖啡。然而鄧肯公司回電嚴加指責說：不許擅自用公司名義，立即取消這筆交易。無奈，摩根只好向父親求援。在父親的默許下，用他父親的戶頭，償還了挪用鄧肯公司的款項。另外，他還在那位船長的介紹下，買了其他船上的廉價咖啡。

事實證明他的判斷沒錯：艙內全是好咖啡，非但如此，就在他積極聯絡客戶的時候，巴西咖啡因受寒而大幅減產，國際市場咖啡價格猛漲 2 ～ 3 倍，摩根大賺了一筆。這次冒險的成功，使在商場上奮鬥了大半輩子的父親對他十分欣賞。出於對兒子能力的信任，老摩根為兒子在華爾街開了一間摩根公司，在這裡，摩根開始了他的發跡生涯。

大發戰爭財

在父親的資助下，J·P·摩根在紐約證券交易所的對面成立了摩根公司。他的事業開始了！一座經濟的摩天大廈就這樣奠基了！

當時正處南北戰爭時期。在戰爭前期，北方軍隊連遭失敗，為了改變戰爭局勢，西元 1862 年 1 月 27 日，林肯總統頒布的「第一號命令」，決定 2 月下旬北方軍隊總動員，陸海軍全面進擊，南北戰爭即將進入一個新的階段。摩根一下子激動起來。因為那時的林肯政府常被軍費嚴重不足所困擾。為解決軍費問題，財政部長波特蘭·蔡斯開始實施「赤字政府」政策，儘管政府出現貨幣不足，除國債外，蔡斯還用高達 7% 的利息發行戰爭債券。結果一種反常現象出現：如果北軍勝了金價就會下跌，反之

就上漲甚至暴漲。摩根意識到，這是一個對黃金進行投機的千載難逢的好時機。

不久，北軍又失利了。為補充軍備，蔡斯發行了 200 萬美元的戰爭債券，但是無人認購，最後只好透過紐約聯合銀行轉賣到倫敦。摩根很快就調查到債券是經皮博迪轉手的。摩根和倫敦皮博迪商量後祕密買下大量黃金，一家一半。美國、英國到處都流傳著皮博迪購買黃金的消息，金價也隨之飛漲。人們開始了種種調查和猜測，因為這時北軍不只一處失利，金價上漲似乎與軍備、日用品、工業用品緊缺沒有關聯，那麼一定是有一隻無形的手在後面操縱。隨後《紐約時報》宣布這個操縱者找到了，他就是年輕投機家 J・P・摩根。這家報紙嚴厲批評蓄意導致金價暴漲的行為。但是批評歸批評，金價還是在暴漲。隨後摩根雇用了一個電報工作人員，專門跟前線軍官聯絡，從而更確切的知道戰爭的消息。後來 J・P・摩根獲得絕密情報，美國政府要賠償英國 100 萬英鎊的黃金。不用說，J・P・摩根又發大財了。

南北戰爭後，摩根公司日趨興旺。他從前的同事、鄧肯公司的查爾斯・達布尼及他的表弟古特溫都加盟了他的公司，公司的名字也因此改為達布尼・摩根公司。

隨著摩根一次次獲利，他也終於從一個無名小輩成長為華爾街的一顆新星，從而掀開了摩根輝煌事業的新篇章。

涉足鐵路業

南北戰爭後不久，J・P・摩根把目光瞄準了鐵路投資事業，在一輪又一輪精心動魄的收購戰之後，所有過去曾輝煌一時的鐵路公司都成為摩根財團的茁壯生長的肥料。

▶ ▶ ▶ ▶ 金融寡頭──摩根

　　任何新興產業都要經過一個長時期的煎熬，才能進入收穫季節。19世紀的鐵路投機者，對於鐵路產業的前景相當樂觀。各個鐵路公司都鋪設了過多的雙線鐵路，軌距也不相同，整個鐵路產業完全陷入無政府狀態。而且，為了爭奪有限公司的運量，鐵路公司開始惡性競爭，將運費降低到不惜虧損的地步。這種無序競爭，造成了多數鐵路公司負債累累的局面。與此同時，產業界也開始產生各種聯盟與托拉斯。想在激烈競爭中求得生存，同時又想增加利潤，就必須組成更強有力的企業聯合。作為產業界最重要的運輸手段，鐵路也未能逃脫企業聯合的命運。在逐漸形成龐大企業聯合的同時，也必須投下資本以延長鐵路線或增加機器設備等等，因此，公司債券的發行量必須隨之增加。而所需金額是如此龐大，以致鐵路企業不得不依靠投資銀行。這就給了摩根一個運用自己的投資銀行系統對鐵路進行滲透的機會。

　　摩根涉足鐵路業是從插手著名的薩斯科哈那鐵路之爭開始的。薩斯科哈那鐵路是一條具有龐大商業利益的鐵路。它從紐約州首府阿伯尼首發，終到賓夕法尼亞州北部的賓加姆頓 —— 著名的煤炭集散地，全長 220 多公里，是聯結美國東部工業城市與煤炭基地的大動脈。而且這條鐵路南接伊利鐵路，西達中部重鎮芝加哥，匹茲堡的鋼鐵和產油河的石油都可經此運抵紐約。因此，華爾街的投機家們圍繞著這條鐵路的所有權問題展開了一場激烈的爭奪戰。西元 1869 年 8 月，華爾街年輕的投機者喬伊‧顧爾德聯合年輕力壯的吉姆‧費斯克，掀起了對這條鐵路的爭奪戰。他們利用華盛頓的金融緊縮政策，再印刷莫須有的公司交換債券，使鐵路半數左右的股份落入自己手中，同時行賄司法人員，在薩斯科哈那鐵路股東大會召開前，查封了薩斯科哈那總公司，並同時免去了薩斯科哈那鐵路總裁拉姆傑的職務。隨後，顧爾德迫不及待的將他所有的鐵路延長到賓加姆頓，準

備宣布擁有薩斯科哈那鐵路的所有權。但是，當他滿載武裝人員的列車駛
入薩斯科哈那鐵路時，卻被拉姆傑率領的全副武裝的公司職員們堵住，雙
方發生了激烈衝突，死傷慘重，成為轟動全美的一大慘案，政府被迫出動
軍隊平息事端。

　　被免職的拉姆傑不甘心自己的失敗，決心要奪回對鐵路的控制權。經
人介紹，他向成為華爾街金融投資家的摩根求助。摩根經再三考慮後答應
給他幫助。他們達成了協定，摩根協助拉姆傑透過法庭奪回對薩斯科哈那
鐵路的控制權，拉姆傑雇用摩根的岳父崔西律師及其助手韓特律師，並
在事成之後特別發行 3,000 股新股，使摩根、達布尼、崔西和韓特成為股
東。法庭抗爭很快見效，法院為拉姆傑復職。接著他們準備迎接股東大會
的爭鬥。崔西預料在大會上顧爾德和費斯克很可能以武力相威脅，摩根覺
得岳父的想法是正確的，就與拉姆傑等人進行了周密的協商與安排。股東
大會那天，摩根、拉姆傑、崔西、韓特 4 人一大早就趕到會場，卻見費
斯克早帶著許多全副武裝的侍衛來了。就在這時，會場大廳入口傳來一聲
斥喝：「費斯克，不要動！」隨即四周冒出許多身著灰制服的阿伯尼郡警
察，費斯克呆住了，他忘記了要求警察出示逮捕證、宣布對他的指控，就
糊裡糊塗的被押上馬車帶走了。這樣，費斯克和顧爾德破壞大會的計畫泡
了湯，股東大會順利舉行。會上拉姆傑繼續擔任總裁職務，摩根則被選為
薩斯科哈那鐵路的副總裁。人們後來才知道，逮捕費斯克戲劇性的一幕，
完全是摩根一手策劃導演的，那些所謂「警察」、「警察局長」當然也是
雇來的。

　　股東大會後，摩根實際上取代拉姆傑掌握了薩斯科哈那鐵路的實權。
華爾街乃至全美國都對此議論紛紛，各種猜測紛至沓來。這無形中提高了
摩根的知名度，無人否認他第一次涉足鐵路投機業所獲得的極大成功，並

且有人把他喻為華爾街極有手腕、謀略和發展前途的新軍。

西元 1880 年代，摩根開始致力於鐵路公司的籌資和重組，以結束無益的行業競爭。西元 1879 年 1 月 2 日，德雷克塞爾—摩根新廈在紐約華爾街峻工。不久「德雷克塞爾—摩根公司」為范德比爾特的紐約中央鐵路公司成功銷售 2,500 萬美元的股票。透過這次交易，摩根在紐約中央鐵路布下了陣勢，他本人也已經成為鐵路的負責人之一。摩根當年的設想：希望能夠在華爾街坐鎮指揮，成為全美企業的領導者。終於在鐵路事業中實現。他可以在鐵路業中發布「華爾街指令」了。西元 1882 年 2 月，摩根公司在極機密的情況下，在麥迪森街 219 號 —— 他的寓所中宴請了美、英、法等投資企業聯合的代表，以及全國主要鐵路的所有人。在這次會議上，摩根與各鐵路所有人達成了聯盟的協定，鐵路運費共同提高。這樣就消除了因鐵路之間的競爭而使運費降低，使鐵路公司白白受到無謂損失的可能。美國歷史學家將摩根這次召開的會議稱之為「歷史性的摩根會議」，因為從此以後，美國的鐵路界及金融的經營都成為「摩根化」模式，也就是所謂的「美國經營摩根化」。

這是「順應時代潮流而產生的摩根哲學」。這種摩根化體制的投資銀行，已經脫離了傳統的經營方式，參與了大企業的經營，這就是美國資本主義形成的開端，具有明顯的時代特徵。

進軍鋼鐵業

西元 1871 年，摩根與人合夥創辦「德雷克塞爾—摩根公司」，從事投資與信貸等銀行業務。開創投資銀行這一具有劃時代意義的偉大事業。西元 1894 年合夥人逝世，由其獨資經營。西元 1895 年改名為 J‧P‧摩根公司（摩根逝世後又順應潮流分組成上市的 J‧P‧摩根銀行〔商業銀行〕

和上市的摩根史坦利公司〔投資銀行〕），並以該公司為大本營，向金融事業和經濟各部門（諸如鋼鐵、鐵路以及公用事業等）擴張勢力，開始形成壟斷財團。1912 年，摩根財團控制了金融機構 13 家，合計資產總額 30.4 億美元。

華爾街的金融老闆稱摩根公司為「銀行家的銀行家」。在 1913 年美聯儲成立之前，摩根公司在美國經濟中甚至產生了類似中央銀行的作用，對美國的金融體系有著舉足輕重的影響。它用強有力的金融手段整合了美國的鐵路、鋼鐵、石油等行業，在重塑美國經濟的同時，也把它變成了華爾街的臺柱和「銀行界的勞斯萊斯」。

在工業生產迅速集中的過程中，銀行資本也更為集中。十九世紀末，紐約出現了金融實力雄厚的 3 家人壽保險公司和兩家商業銀行（紐約第一國民銀行和紐約花旗銀行）。它們各自控制著幾十家商業銀行和保險公司，形成了強大的金融壟斷組織，開始與工業資本融合。洛克斐勒財團和摩根財團就是這樣誕生的。二十世紀初，洛克斐勒財團和摩根財團已控制了美國全部國民財富 1,200 億美元的三分之一左右。

西元 1895 年，摩根公司開始向鋼鐵業進行滲透。當時，由於鐵路業的迅速發展，以及近代意義上的美西戰爭和波耳戰爭的影響，鋼鐵業的發展也極為迅速，鋼鐵價格一路上漲，利潤猛增，兼併事件比比皆是，但無序的價格戰也由此出現。摩根認為，要想在鋼鐵工業中建立正當的秩序，必須進行更大規模的兼併與改組。當時，美國最大的鋼鐵企業是有著「鋼鐵大王」之稱的卡內基鋼鐵公司。很顯然，直接吃掉卡內基鋼鐵公司是非常困難的。因此，摩根首先選擇了約翰·沃恩·蓋茲擁有的美國鋼鐵鐵絲公司。他利用拉攏蓋茲的律師等多種方法，半威逼半利誘的與蓋茲達成了一個協定：在美國鋼鐵鐵絲公司之上，成立一個聯邦鋼鐵企業，其中包括

全美 265 家鋼鐵企業。

接下來，摩根以此為資本，開始了那場和「鋼鐵大王」——安德魯·卡內基的家喻戶曉的談判。卡內基與摩根一樣，是一個極為出色的經營者，在歷次商戰中，可以說和以摩根為代表的金融寡頭平分秋色，成為唯一一個倖存者。因此這場談判對兩人來說都是非常艱難的。但有一點對摩根是非常有利的：雖然卡內基創造了如此龐大的成果，但是這時的他年事已高，開始有些力不從心，而且他沒有找到一個合適的繼承人來繼承他的事業。摩根從對自己有利的缺口下手進行，最終以 4 億多美元的高價收購了卡內基鋼鐵公司。

1901 年，摩根自己的美國鋼鐵公司終於正式成立。他繼續把卡內基公司作為新托拉斯——美國鋼鐵公司的核心。為了使公司加速運轉，摩根一方面制定高額產品價格，以擠壓中小鋼鐵公司的方式抬高了行業門檻；另一方面，趁這些中小公司財務吃緊時，繼續收購——美國鋼鐵公司一舉吞併了 700 多家相關鋼鐵企業。

此後，摩根的美國鋼鐵公司馬上開始降價，這種策略相當奏效，公司鼎盛時期，董事會控制了全美五分之三的鋼鐵生產，可以決定近 17 萬鋼鐵工人的命運。而美國鋼鐵公司也成為美國有史以來第一家資產超過 10 億美元的工業公司，控制著眾多礦山、選礦廠和冶煉廠，每年能生產出 800 萬噸鋼鐵——超過了美國鋼鐵總產量的一半，比世界上大多數國家的總產量還多。

幾年之後，卡內基與摩根這兩個當年在業界叱吒風雲的巨擘，碰巧在橫越大西洋的一艘客輪上相遇了。卡內基不滿的對摩根說：「我應該向你多要幾億美元。」摩根答道：「如果當時你要的話，我就付給你了。」

欲與總統爭高下

世界商戰中「趁火打劫」的談判高手當首推 J‧P‧摩根。

從西元 1884 年 11 月開始，美國財政部的黃金開始大量外流，市場上掀起了搶購黃金的風潮。美國政府不得不拋售美國證券換回黃金，致使國庫告急，落到了幾乎無力償清債務的地步。

面對國庫空虛帶來的經濟恐慌，美國政府一籌莫展。財政當局預估，必須立即籌集到至少 1 億美元的資金，才能度過這個難關。政府在搶購黃金風潮中的無能為力，又給了摩根一個發財的機會。最開始，摩根與另一位銀行家商定：他們兩家銀行組成一個辛迪加，承辦黃金公債，認購全部公債，這樣他們既可解救財政部危機，又可獲得高額利潤。但是，國會覺得他們的條件過於苛刻，因此沒有通過這個建議，總統克利夫蘭也表示難以接受。當時的財政部長卡利史爾計畫發行 5,000 萬美元的公債，其餘半數委託美國國內銀行存款。由於正值恐慌之際，銀行都自顧不暇，這位財政部長的呼籲便被理所當然的束之高閣了。於是他又使出苦肉計，以超出面額的 117 點公開募集 5,000 萬美元公債。這一招打破了金融界的慣例，也欺騙了投資銀行，並重創和惹惱了摩根。在摩根的操縱下，紐約的銀行拒絕幫助政府。這是因為他沒有接受摩根提出「要嘛認購全部公債，要嘛完全拒絕認購沒有任何商量餘地」的談判條件。

無奈，總統被迫再次召見摩根，尋求幫助。當摩根得知國庫存金只剩下 900 萬美元時，更是固執己見，並進而胸有成竹的說：「除了我和羅斯柴爾德組成辛迪加，使倫敦的黃金重新流入國內外，似乎沒有第二種辦法來解救陷於破產狀況的國庫了。現在，我手頭就有一張 1,200 萬美元的支票沒有兌現，若是今天將這張支票兌現，一切都完了，要不要我在這裡拍

電報，現在立刻匯到倫敦去呢？」

在摩根的威脅下，克利夫蘭總統不得不答應了摩根提出的條件，白宮首次在華爾街面前甘拜下風。當夜，摩根即取出大量美元交給財政部，幫助財政部度過了難關。這次的投機生意，不僅使得摩根聲望大振，而且透過向政府承包的公債價格與市場差價，摩根淨賺了 1,200 萬美元，並且還安排了一項國際協定，在公債發行結束前，不用美元兌換英鎊，也不購買美國的黃金。後來克利夫蘭總統問摩根怎麼知道歐洲銀行家們會購買這些債券。他回答道：「我只不過告訴他們，這對於維護公眾信譽和促進行業內部的和平是必須的，他們就買下了。」這件事顯示，到十九世紀末，摩根在商業界的聲望超過了美國政府。他在金融界的聲譽無人能比，是名副其實的金融界第一號人物。

此時摩根的言論「政府和法律沒法做的事，讓錢來做！」在美國廣為傳播。

政治家的眼光，銀行家的頭腦

十九世紀末，世界越來越走向全球化。身為一個金融投資家，摩根的眼光也隨之投向了整個世界。他已經不再滿足於僅僅在美國的投資，他要向美洲擴張，向世界擴張。對他來說擴張的最有力、運用最嫻熟的工具就是購買外國政府的國債。

西元 1898 年美西戰爭爆發。

還在戰爭之前，摩根就得知：墨西哥政府由於無力償還西班牙政府的舊債，已到了破產的邊緣。為了解決這個危機，墨西哥政府當局不得不繼續發行公債，以利用新債償舊債，度過眼下的難關。發行的公債金額高達 1.1 億美元。在這種情況下，別人都拒絕購買這些公債。但摩根卻認為：

此時墨西哥政府雖然處境艱難，但是政局尚穩定，如果此時自己伸出手去幫一把忙，既可以要求較多的實惠，又為以後的繼續接觸打下了良好的基礎。別人不敢做的事，做了才有更豐厚的利潤。基於這種看法，摩根立即和德國銀行聯合組織了辛迪加認購那些墨西哥公債。事實證明，摩根的決策是對的，對於摩根的及時援助，墨西哥政府也給了相當優惠的條件：以墨西哥油礦及鐵路權作為公債的擔保。這次行動不管從短期還是長期來說，都為摩根帶來了不小的收益。事後，不僅是華爾街、龐德街，就連法蘭克福及巴黎的商人們都佩服摩根頭腦敏捷，判斷準確，都不得不承認無論是在眼光還是在魄力上都差摩根一截。

摩根不但在墨西哥有動作，在阿根廷他也以一個救世主的形象出現了。阿根廷經過西元 1864 到 1870 年與巴拉圭的戰爭後，元氣大傷，到了西元 1890 年代，即陷入了經濟危機之中。倫敦的哈林公司以阿根廷的廣大土地作為抵押，購買了大量的阿根廷公債，獲利不少，然而因其財力限制，無法全部承擔阿根廷政府發行的公債。這就使摩根開始動腦筋：阿根廷的鐵路非常有潛力，起司產品在世界馳名，雖然政府非常腐敗，但對於外國資本卻是恭敬有加。這樣的政府倒臺了，對以後往南美發展也沒有好處，買阿根廷政府的公債，一則可以獲利，二則可以維持現政權，有利於自己今後發展，是合算的買賣。就這樣摩根毅然出資購買了 7,500 萬美元的阿根廷政府公債。

時光流逝，站在今天的角度，當年摩根對墨西哥與阿根廷放的債究竟起了什麼作用？是拉了美洲人民一把，還是更深的將其推入深淵，壓迫了各國人民？眾說紛紜，難以分辨，但摩根透過這樣的手段，擴大了自己的勢力與影響，撈取了大量的財富，這一點是確鑿無疑的。

做各國的債主自然風光，而摩根最感得意的是連當時世界上最強大的

國家 —— 英國都不得不向他求援。波耳（即現在的南非）在拿破崙戰爭結束後，成了大英帝國的一塊殖民地，英帝國為了開發鑽石與黃金，制定了殘酷而苛刻的殖民地政策，這樣就引發了兩次波耳戰爭。第二次波耳戰爭（西元 1899 年）時英國的戰爭費用出乎意料的龐大，遠遠超出人們開戰初的估算。屋漏偏逢連夜雨，歷來與英國水火不相容的德意志皇帝，又正野心勃勃的計劃建造一支大艦隊，英帝國歷來是海上的老大，豈能容忍他人取而代之？必然要與德國抗衡，於是展開了激烈的軍備競賽。一邊開戰一邊擴充軍備，英國的財政頓時陷入了極端困難的境地，單靠自身的力量已無力回天，必須求助他人了。這時英國政府首先就想到了摩根，於是派出羅斯柴爾德公司紐約代表處的貝爾蒙來徵詢摩根的意見，向他求援。摩根毫不推辭，一口答應了下來。他首先從第一次波耳戰爭的公債下手，負責購買了價值總計 1,500 萬美元的公債。後來又反覆的追加認購。實際上總共認購了價值達 1.8 億美元的英國政府公債。

做了這麼多筆戰爭債、公債生意，對摩根來說是利益無窮。到了二十世紀初可以毫不誇張的說，摩根已經成了世界的債主。

晚年生活

1912 年，美國舉行第 28 任總統大選，反托拉斯成為大選中的主題。民主黨高舉著討伐腐敗政治、清除壟斷、提高勞工地位的旗幟，推出激進派、紐澤西州長伍德羅·威爾遜為總統候選人，並在大選中獲勝。接著威爾遜任命主張財富再分配、粉碎托拉斯的更為激進的民主黨人威廉·布萊恩為國務卿。摩根覺察到反壟斷已成時代潮流，不是幾個人在短期內所能控制的。1912 年 11 月最後一個星期日，他不顧自己日漸惡化的健康狀況，依然前往眾議院銀行貨幣委員會主席普喬舉辦的「金錢托拉斯聽證

會」作證。這時的他，神情疲憊而蒼老，但他仍挺直腰板保持著威嚴的儀態，最後一次為自己的人格、為自己所認為是正確的事業進行辯護。他按照普喬和 5 位委員的要求，開始介紹說明事業夥伴及精確內容，詳細介紹了曾經成為金融業務代理的全部鐵路、企業與摩根公司的關聯，甚至公開了所有相關存款的金額。摩根言辭懇切動人，慢慢的提到他及他的證券交易所在與顧客的交易上，一般都以信用來換取抵押，只要信用保證，無論用多少款他都貸給。普喬以為他是指可償還貸款的信用。普喬一直認為摩根的信用貸款和清算交易，是造成經濟恐慌的一個原因。但是摩根說，他是指人，相信人的信用。普喬不甚理解他的語意，一個執著追求高額利潤的大企業家、大富豪，竟然會相信「信用」，而憑空為許多身無分文的人開出支票，有的甚至是萬元一張的支票。於是他問摩根金錢和人格哪一項更重要，摩根斷然回答：「當然是人格！金錢買不到人格。」第二天，倫敦各大報刊都醒目刊登：「摩根信條 —— 人格是信用的基礎！」

實際中，華爾街不標榜道德約束，仲介機構本身的自律發揮了不可替代的重大作用。堪稱華爾街頂級投資銀行的摩根財團在它邁向一流企業的歷程中，雖然不能說一直遵守了最高的誠信標準，但公正、誠信、自律絕對是他們長盛不衰的最重要原因之一。摩根銀行的職業精神和自律標準，對資本市場大多數機構來說，恐怕只能是高山仰止了。摩根銀行發跡於美國鐵路投資狂飆時期，資金主要來自英國。遠隔重洋的英國投資者依賴的就是摩根的信譽。

性格決定命運

摩根擁有鉅額財富而罕見的吝嗇。突然有一天，他靈魂開竅，他說：「當病痛襲擊我時，我意識到自己不是不朽的。……我發現生活中有些人

熱心幫助貧困的人們，正像我一心想賺錢一樣。」於是他決定開始獻身慈善事業。他晚年的行善就像早年的貪婪一樣無度。

早在西元 1857 年，摩根就開始資助巴爾的摩的一所「皮博迪學院」；西元 1862 年，他開始把 15 萬英鎊轉給一家信託基金，用於建造倫敦的貧民住宅工程，還立契轉讓了他在另一家公司的 5,000 股大宗股票，維持這個住宅區的運轉。為此，他獲得了「倫敦榮譽市民」的稱號。

他生命的最後階段，施捨到了驚人的程度：向耶魯大學捐贈了一個歷史博物館；向哈佛大學捐贈一座考古學和人類文化學博物館；為南部被解放的黑人設立一項教育基金……。

1913 年 3 月 31 日，摩根在去埃及開羅旅途中去世，有如巨星隕落。從此再也沒有哪個人能對美國經濟產生如此重要的影響：在摩根逝世的那一年，國會（不知是無意之中）建立了美國聯邦儲備局 —— 指導美國經濟的那隻著名有形之手。這是獻給摩根最好的頌詞。

人世滄桑，其間的千秋功罪，只有留待歷史去評說了。

財富金言

開源比節約更重要。

名家點評

雨果寫道：「這個世界上，有充滿恨的人和充滿愛的人，皮博迪屬於後者，正是在這種人的臉上，我們看到了上帝的笑容。」

—— 這是對喬治‧皮博迪這位摩根財團最初的創始人最高的讚譽！

　　《美國人物誌》這樣評價他：「摩根作為一個企業經營者，與當代最具有實力、擁有各種武器的金融資本家抗衡，他獲得了勝利，由此奠定了馳騁於企業大舞臺的基礎，也開拓了他自己的人生。」

傳世名言

1　你用不著在用錢方面節省，而應該想著怎麼才能多做事多賺錢。

2　個人的信用是財產，公眾的榮譽是保證金。

3　政府和法律沒法做的事，讓錢來做！

4　金錢買不到人格。

5　今天就要預測到明天需要什麼方面的人才。

財富智慧

1　不怕風險，勇於向強者挑戰，實現獨占鰲頭的目標，同時腳踏實地，一步一個腳印的去實現。

2　講求信用。個人信用不僅僅是獲得財富的間接保證，有時候更是創造財富的直接泉源。信用本質上是一種反映個人屬性的資訊，擁有價值，可以交易，因此信用資訊的使用也成為信用財富理念的重要組成部分。

企業典範 ── 亨利・福特

商業鉅子檔案

全名：亨利・福特

國別：美國

生卒年：西元 1863 年～ 1947 年

出生地：美國迪爾波恩

綽號：汽車大王

人生軌跡

西元 1879 年，16 歲的福特，獨自到底特律謀生，他做了很多關於機器生產製造的工作。

西元 1888 年 4 月 1 日，福特與戀人克拉拉舉行婚禮。

西元 1891 年 9 月 25 日，福特攜妻子到底特律，開始研製汽車。

西元 1896 年 6 月 4 日，福特自己研製的汽車開始試車。

1903 年，成立了「福特」汽車公司，福特任副董事長兼總經理。

1922 年，「福特」兼併了「林肯」公司。

1945 年 9 月 21 日，福特宣布退休，把權力移交給孫子亨利二世，安享晚年。

1947 年 4 月 7 日，這位著名的汽車製造專家與世長辭。

成長經歷

在世界汽車之林，福特公司生產的福特汽車占有重要的席位，福特公司的創始人亨利・福特不僅創建了福特公司，還創造了「流水線生產」，率先實行每週五日工作制，成為現代企業的典範。

十九世紀的美洲大陸，是無數拓荒者嚮往的地方，特別是剛剛獨立的美國，更是移民如織。在這樣的社會背景下，福特家族也從愛爾蘭移民到了美國，並在底特律的迪爾波恩定居下來。西元 1863 年 7 月 3 日，亨利・福特來到了人世。

福特在很小的時候，就非常喜歡機械，他對任何機械都充滿了好奇，把能找到手的機械總是反覆拆裝，不厭其煩的搞清楚它們的構造。久而久之，福特已經能很自如的修理一些東西了，如鐘錶之類的。對於福特的這一愛好，木匠出生的父親並不想進行干預，加之母親的鼓勵和支持，使得福特的這一愛好得以延續下來，並全身心的投入到機械的領域去鑽研，為他的成功打下基礎。

正所謂「天將降大任於斯人矣，必將苦其心志，勞其筋骨，餓其體膚」。可是好景不長，在他 13 歲的那年，一直鼓勵和支持他的母親去世

了，失去母親的操持，家中一切都更為艱難了，這對福特的打擊很大。

　　16 歲那一年，亨利來到離迪爾波恩只有 10 公里遠的底特律謀生，底特律這個工業城市給了福特這個機械迷很大的發展空間。他曾做過機器修理工人、機械製造廠工人，還到愛迪生的照明公司當過機械工程師，很受愛迪生的賞識。福特一邊工作一邊著手進行汽車的研製。當時的歐洲，汽車研究已經進入了成熟應用階段，而美國在這方面的研究才剛剛起步。亨利在既無資料又無技術指導的條件下，僅僅靠他對機械功能的熟悉及運用他那聰明的頭腦，在西元 1896 年 6 月 4 日凌晨 2 點完成了自己的第一輛汽車的製造。在一陣轟鳴聲後，這輛汽車居然向前移動了，這給福特極大的信心。

　　經過不斷的改進，西元 1899 年福特的新車誕生了，這輛車噪音小，力量大，速度快，可以與當時美國任何一輛汽車媲美。福特看到自己的成功，非常得意，頭腦一熱，他決定成立公司成批生產他發明的汽車。但他這次成立的公司很快就以失敗而告終，虧損額高達 86,000 美元，這是因為當時既沒有汽車設計製造圖，也沒相關資料，可以說他還根本沒有具備批量生產汽車工藝的能力。這次失敗並沒有影響到福特對汽車的熱情，因為，他認定了將來汽車一定會成為人們的代步工具，雖然第一次失敗了，福特還是熱衷於對汽車的研製。為了能很快的成功，只有提高知名度，提高了知名度，就能吸引一些大財團的投資興趣，於是他選擇了汽車比賽，把研製賽車作為他的主要工作。1902 年 10 月 10 日，福特的汽車在比賽中奪冠，後來他設計製造的「999」車在比賽中創造了全國紀錄，福特也因此出名，同時也因此而發跡。由於他的賽車性能優越，大財閥瑪律科姆遜決定與亨利‧福特聯辦汽車公司，1903 年 6 月 13 日，在瑪律科姆遜的遊說、活動下，以股份制形式的「福特汽車公司」宣告成立。福特公司最

早生產的汽車是面向富人的豪華型（A 型）車，由於價格太高，銷量不是太好，於是福特決定改產面向大眾的低價位汽車，這遭到了瑪律科姆遜的堅決反對，兩人的矛盾、分歧越來越大，最後瑪律科姆遜離開了福特公司，而福特及時的把面向大眾的「T 型」車投入生產。當時美國公路狀況很差，所以越野能力強、價格低廉的「T 型」車很快就占領了市場，備受人們的喜愛，並且，「T 型」車除了當作代步、運輸工具外，還能抽水、磨粉、脫穀，這就贏得了廣大農民的喜愛。在當時的美國掀起了一股「T 型」車熱，一時間訂單雪片似的飛來，產品供不應求。為此，福特大傷腦筋，思考如何提高生產效率，降低成本。

在妻子的啟發下，他受罐頭廠在生產過程中應用滑輪的生產過程啟發，又加上自己不斷的改進，終於發明了高效率的「運動中組裝法」（即現在的自動化流水線生產方法），在 1913 年 8 月正式試驗成功。自動化流水線是工業革命的一次飛躍，它大大的提高了生產效率，降低了生產的成本。採用自動化流水線生產後，福特公司的「T 型」車產量激增，年產由以前的 7,800 輛猛增至 17 萬輛，第二年為 25 萬輛，第三年為 73 萬輛。而汽車價格卻一降再降，由 800 美元到 700 美元再到 600 美元，最後每輛「T 型」車售價為 500 美元。到 1914 年，福特公司生產的汽車占美國汽車總產量的二分之一，占世界汽車總產量的四分之一。福特公司的「T 型」車因質優價廉而暢銷全球，從 1908 年生產第一輛「T 型」車到 1927 年 5 月最後一輛「T 型」車出廠，在短短二十年的時間裡，「T 型」車共生產了 1,500 萬輛，為福特公司累積了大量的資本，也為福特公司稱霸汽車業作出了極大的貢獻。但是，隨著社會的進步和科學技術的不斷發展，一成不變的「T 型」車必將退出歷史舞臺，這對保守懷舊的福特不啻是一個深刻的教訓，使他終於醒悟「進步才是真理」。

　　福特不但創造了「T型」車和自動化流水線的生產方式，他還率先實行每週五天、每天八小時的工作制，這一制度直到今天還仍被許多工廠、企業沿用。

名人小傳

　　亨利‧福特的父母是一對開明的父母，在支持福特的機械愛好時，希望他將來能繼承他們的農場，做一個好的農場經營者。可是福特卻違背父親的意願，毅然選擇了自己所喜愛的汽車行業。值得慶幸的是，福特的父親最終沒有把他自己的願望強加於福特，這才使得福特有機會成為一個名聞遐邇的人物。可惜的是，福特對待自己的孩子卻沒有能像父親對待他一樣的寬厚、豁達，這導致了一場「白髮人送黑髮人」的悲劇。

　　福特的兒子艾德索‧福特是個聰明的好孩子，福特非常愛他，希望他將來能夠繼承自己的產業。因此在艾德索很小的時候，他就總是把他帶在身邊，希望兒子能受到他的影響，將來做一個合格的接班人。可是隨著時間的推移，年老的福特對權力有一種極度固執的偏愛，所以他對他的權力繼承人艾德索產生了微妙的變化，害怕艾德索奪權。為此，他對兒子艾德索極度的不信任。凡是艾德索的建議、決定，老福特一概否定，而且還專門找了一個人（即貝內特）牽制艾德索，以致出現了在公司中貝內特的許可權超出艾德索的情況，並且員工對貝內特是言聽計從，對艾德索則是雞蛋裡挑骨頭，竭盡刁難之能事。為了不使家族財產落入旁人之手，艾德索就這樣長期生活在壓抑中，在公司裡繼續努力，長時間的壓抑讓他倍感憔悴，因為不堪重負於1943年就去世了。他的死在很大程度上是父親導致的，這讓老福特的打擊很大。為此，已經長大成人的艾德索的兒子班森斷

然宣布與爺爺亨利‧福特斷絕關係，使得福特家族內部開始分裂。最後，在妻子、兒媳婦及孫子的步步緊逼之下，老福特交出了公司的權力，這不能不說是他的一種悲哀。慶幸的是，後來親人們都對他很好，使他幸福、安然的度過了晚年。

流水線生產剛開始那幾年，由於勞動強度大，薪資低（工人日薪 2.34 美元），所以福特公司的工人流動量大。有時甚至是「成群結隊」的集體辭職，這對公司的生產造成很大損失。為了留住資深工人，提高產量，福特決定替工人加薪。

1914 年 1 月 1 日，福特主持加薪會議。會議在沉悶的氛圍中進行。雖然福特已經闡述了加薪的好處，可是股東們誰也不願把錢往外掏，況且當時福特公司有職工兩萬多人，每人每天加一元就是兩萬美元，一年就得多開銷七百多萬美元。所以，股東們都極不情願的 1 角 1 角的往上加，當加到日薪資 4 元 5 角時，一個股東沉不住氣了，氣憤的叫道：「這樣搞下去，你們還會有人提 4 元 6 角，4 元 7 角，甚至是 5 元，直到公司倒閉為止。」機智的亨利馬上接話：「5 元！太好了，那就決定日薪 5 元吧！」

亨利用當時最高的日薪 5 元不但贏得了工人的積極性，還受到了社會的好評。在加薪的同時，公司決定每天三班制，每班 8 小時，這樣福特公司二十四小時都在生產，把「送給工人的那部分又奪了回來」，加薪加班制使福特公司不但沒有損失，反而盈利更多，股東的紅利也在節節高升。

福特的婚姻是美滿的，只是到了晚年才出了一點不大不小的狀況。

福特 51 歲那年，他遇見了一個叫伊凡琳‧科特的年輕女孩（據說當時她只有 20 歲）。伊凡琳‧科特年輕、漂亮、活潑，福特被她深深的迷住了。不久，伊凡琳就被調到他身邊做了私人祕書，於是有關他倆的桃色

新聞就層出不窮。妻子克拉拉剛知道這些事時，總是和福特大吵大鬧，對伊凡琳也不客氣。一次在慶祝愛迪生偉大成就的酒會上，工作人員誤請了伊凡琳，克拉拉毫不客氣的指著伊凡琳喊道：「讓她出去，她沒有資格出現在這種場合。」但是乖巧的伊凡琳很會討克拉拉的歡心，往往是投其所好，做一些克拉拉高興的事。漸漸的，克拉拉不再那麼討厭伊凡琳了，也能與伊凡琳和睦相處。後來伊凡琳與福特的司機戴林格結了婚，並且有了孩子。直至福特去世，伊凡琳一家才離開福特公司。

傳世金言

如果你永遠滿足於做一個體力勞動者，那麼，下班的鈴聲一響，你就可以徹底放鬆。但是，如果你還要繼續努力，開創一番事業，那麼，下班鈴聲只是你開始思考的信號。

一個人或一小群人聚斂財富是無益的，因為這最終也會危害他們的利益。

正當價格是一件商品能夠持續出售的最低價格，正當薪資是勞動力購買者能夠持續支付的最高薪資。

石油大王 —— 約翰・大衛森・洛克斐勒

商業鉅子檔案

全名：約翰・大衛森・洛克斐勒

國別：美國

生卒年：西元 1839 年～ 1937 年

出生地：美國紐約州

職務：美孚石油公司董事長

人生軌跡

西元 1839 年，洛克斐勒出生。

16 歲時在一家商行做記帳員。

19 歲時與人合辦公司。

西元 1865 年，買下合辦公司的另一半股份，獨立經營。

西元 1870 年 1 月 10 日，在克里夫蘭市掛出了公司招牌 ── 美孚石油公司。

西元 1896 年，他退休之前，洛克斐勒的美孚石油公司已經壟斷了美國的市場。

西元 1896 年，洛克斐勒退休讓位。

1937 年，洛克斐勒離開人世。

成長經歷

約翰‧洛克斐勒一手創立了美孚石油公司，壟斷了全美的石油業，他也因此而成為美國有史以來的第一個 10 億富翁，同時他還締造了洛克斐勒家族這個王朝，使洛克斐勒家族成為能左右美國經濟的三大金融龍頭之一。

約翰‧洛克斐勒（以下稱洛克斐勒）的父親「大個子比爾」是一個賺錢能手。洛克斐勒在很小的時候，就在父親的薰陶和培養下，學會了做生意。父子間的契約式溝通，使得猶太人特有的商業意識，從小就深深的根植於洛克斐勒的心靈深處，以致兒童時代的玩伴問及他將來做什麼時，洛克斐勒不假思索的說：「我要成為一個擁有 10 萬美元的有錢人。」

一心只想賺錢當有錢人的洛克斐勒對上大學不感興趣。16 歲那年，他在一家商行裡找了份記帳員的差事，做得很出色。三年後洛克斐勒希望加薪的要求被老闆拒絕後，洛克斐勒毫不猶豫的辭掉這份工作。這時的他逐漸明白，靠替別人工作是永遠發不了財的，想要發大財，只有自己創業，於是與人合辦了第一家公司：克拉克─洛克斐勒商行。由於合作夥伴不善於經營，兩人的經營理念相差太大，西元 1865 年，洛克斐勒買下這

家公司自己經營，同時，洛克斐勒把目光轉到了石油行業，於西元 1870 年掛出了新公司招牌 —— 美孚石油公司，註冊資金為 100 萬美元，這在當時是全美國最大的石油公司，至此，洛克斐勒大舉進軍石油行業。洛克斐勒壟斷美國石油市場是靠降低生產成本和不斷兼併購買其他的石油公司來實現的。為此，洛克斐勒受到新聞界的攻擊，稱他為「劊子手、強盜、惡狼、掠奪寡婦和窮人財產的搶劫犯和流氓」，甚至稱他為「不顧窮人死活的吸血鬼」。洛克斐勒這個名字也就成了冷酷、貪婪、掠奪的代名詞了。但是洛克斐勒卻不為所動，他認為，在充滿競爭的商場上，適者生存，大魚吃小魚是天經地義的事，而且只有足夠強大的公司採取大量開發，大規模開採，才能降低成本，向全世界的人們提供價廉質優的石油產品，因此，不管新聞媒體如何咒罵他，他依然我行我素，不予理睬。

在控制了美國石油業以後，洛克斐勒又把觸角伸向了全球。可以說，美孚石油公司繁榮的時間表就是美國經濟稱霸全球的時間表。

十九世紀末，在世界各地，都可以看到美孚公司生產的產品，甚至在最落後的國家的窮鄉僻壤裡，也能找到「美孚」的蹤影：印度、暹羅以及亞洲各地。

強大的銷售網為洛克斐勒帶來了驚人的財富，1912 年，洛克斐勒的財產從 1901 年的兩億美元增值到九億美元，就這樣美孚石油讓洛克斐勒坐上了美國首富的寶座。

名人小傳

洛克斐勒不擇手段的降低生產成本和不斷兼併購買其他的石油公司，壟斷了美國石油市場，這種做法引起了社會各界的強烈抗議，受到新聞

媒體的猛烈攻擊。如西元 1897 年 9 月 18 日《世界日報》上的一篇文章這樣寫道:

「美孚石油公司的高層是一群吃人肉、喝人血的野獸,他們把有秩序的世界攪得天翻地覆,民不聊生,有些中產階級被迫沿街乞食或開槍自殺,他們掠奪婦女、老人、兒童、寡婦和小商小販口袋裡剩下的最後一分錢。這是一夥有組織的匪徒和強盜……」這些危言聳聽的報導引起了美國政府的注意,於是政府下令調查美孚石油公司和洛克斐勒本人,已經隱退了的洛克斐勒不得不出面接受法院的調查。當時的一家晚報報導了洛克斐勒接受調查時的情況:

「執著手杖的洛克斐勒仍穿著那件常穿的青色短大衣,頭上的那頂禮帽已經褪了顏色,臉色顯得有些難看,他畢恭畢敬的坐在一個指定的椅子上。他解開了大衣上的最後一顆銅鈕扣,雙腿交叉,兩隻手不停的撫摸褲子的膝蓋部分。他用直溜溜的兩隻炯炯有神的眼睛,一下子望著調查委員會的委員,一下子把視線轉向窗戶,他盡量壓抑內心的不安和恐懼,故意裝出一副紳士派頭。他回答委員們的問題時更令人啼笑皆非,忽而拉長脖子,似乎什麼也沒有聽到,忽而一問三搖頭。不知道、想不起來了、我沒聽說過……成了他最常說的詞彙。與其說是接受調查,不如說洛克斐勒先生在演默劇……」

洛克斐勒一生永遠屬於金錢和財富,卻與美女無關。他「一生只戀愛過一次」。

15 歲時,洛克斐勒在教會的唱詩班結識了美麗的女孩蘿拉,他深深的被蘿拉迷住了。「她極具吸引力!」洛克斐勒後來說,但生性靦腆內向的洛克斐勒卻不敢向蘿拉表達自己的感情。而蘿拉呢?也同樣被「帶輕

微感傷主義情調的憂傷少年」所吸引。隨著往來的次數增多，雙方熱情迅速升溫了，但又都保持著一定的距離，從未有過如擁抱、親吻一類的親密之舉。

終於，飽受情感煎熬的蘿拉主動出擊。在兩人的一次約會中，洛克斐勒被綠油油的草地吸引了，他忘情的躺在草地上，蘿拉深情的看著他，大膽的張開雙臂，撲入了「白馬王子」的懷中。從此，兩人正式進入了戀愛階段。西元 1864 年，兩人在教堂舉行了婚禮。婚後幾十年，洛克斐勒一直忠貞的堅守著當初在教堂的誓言：「在任何情況下彼此相愛。」蘿拉成了他一生中唯一的親密伴侶。在世界為數眾多的富翁中真是難找如此忠於愛情的人了。

西元 1865 年 2 月 2 日，洛克斐勒與合夥人克拉克分道揚鑣，雙方決定把公司拍賣給出價最高的人（只限他們兩個人之中）。洛克斐勒先報價：

「我出價 500 美元。」

「1 千美元！」克拉克超出洛克斐勒。

「6 萬美元！」經過幾次反覆報價，洛克斐勒沉重的喊出了他不願喊出的高價。

「7 萬 1 千美元！」克拉克顫抖著聲音叫喊道。

「7 萬 1 千 5 百美元！」一咬牙，洛克斐勒漲紅了臉吼道。

克拉克長長的嘆了一口氣，站起來握著洛克斐勒的手說道：「你行，你贏了，這筆買賣歸你了⋯⋯」

就這樣，洛克斐勒從以前的夥伴手中奪取了公司，大刀闊斧地做了起來。

經典語錄

　　我研究有錢人的時候，發現只有一個方法能使他們花了錢、得到真正的等價物，那就是培養一種情趣，把錢花得可以產生持久滿足的效果。

　　當紅色薔薇含苞待放時，唯有剪掉四周無用的葉，才能在日後一枝獨秀，綻放成豔麗的花朵。

　　我確信，有大量金錢必然帶來幸福這一假設是錯誤的。極富的人正像我們其他人一樣，假使他們因為有錢而得到快樂，他來自能做一些使自己以外的某些人滿意的事。

旅館大王 —— 康拉德・希爾頓

商業鉅子檔案

全名：康拉德・希爾頓

國別：美國

生卒年：西元 1887 年～ 1979 年

出生地：美國新墨西哥州聖安東尼奧鎮

人生軌跡

康拉德・希爾頓，西元 1887 年 12 月 25 日出生於美國新墨西哥州聖安東尼奧鎮，祖籍挪威。年少時期，就幫著父母開始工作。

1904 年，17 歲的康拉德・希爾頓在父母的支持下，開始獨立經商。

1913 年 9 月，籌集資金準備自辦銀行，結果遭到排擠。次年，在父親的支持下，當上銀行的副董事長。

1917 年，美國宣布參加一戰，希爾頓應徵入伍。

1919 年，其父遭遇車禍身亡，希爾頓退伍回家。

1925 年 8 月 4 日，達拉斯希爾頓大飯店落成，舉行了隆重的揭幕典禮。

1929 年秋天，在西部大城市艾爾帕索中心的拓荒者廣場開始建造一家耗資 175 萬美元的大飯店。

1930 年 11 月 5 日，希爾頓大飯店正式落成。

1938 年 1 月將德雷克爵士飯店買了下來。

1939 年，他又買下了長堤的布雷克爾斯飯店。

1945 年，以 150 萬美元買下了芝加哥的史蒂文斯大飯店。

1949 年，購買了被譽為「世界酒店皇后」的華爾道夫大飯店。

1954 年 10 月，希爾頓創造了他一生中最輝煌的一頁，用 1.1 億美元的鉅資買下了有「世界酒店皇帝」美稱的「史塔特拉酒店系列」，這是一個擁有 10 家一流飯店的連鎖酒店。這是酒店業歷史上最大的一次兼併，也是當時世界上耗資最大的一宗不動產買賣。

1964 年，希爾頓「父子」正式分家。美國希爾頓從希爾頓集團（總部倫敦）旗下分出，獨自營運全美 2,300 多家希爾頓酒店業務，而英國希爾頓集團則營運美國以外的酒店業務。根據雙方當時簽訂的協定，英國希爾頓和美國希爾頓共享對豪華酒店品牌康拉德（Conrad）的營運權，該品牌在全球約有 20 家賓館，同時共用市場開發、預訂和信譽程序等管理環節。

1979 年，這位 92 歲的旅館大王病逝於美國加州聖莫尼卡。

成長經歷

西元 1887 年聖誕節，康拉德‧希爾頓出生於新墨西哥一個邊陲小鎮 —— 聖安東尼奧。這個新生兒身上流著歐洲移民的血脈，母親是德國移民的後代，性格剛毅、堅韌不拔；父親來自挪威，身體強健，具有北歐海盜的冒險精神和充沛精力。他開過礦、做過貿易，後來在小鎮上經營一座頗具規模的店鋪。

希爾頓是在半開化的西部成長起來的。他在小鎮讀過 4 年小學，12 歲時在阿爾格布市的「高斯軍校」就讀，並受到嚴格軍事化管理。此後，又在一所經濟學校和礦冶學校學習過，但都是斷斷續續的。在校讀書時，每逢假期，他便到父親商店工作，有時還獨自到外地作生意。他學會了與人談價、殺價，掌握了些經營技巧。

1907 年，美國發生了經濟恐慌，一夜之間，希爾頓一家陷入了困境，入不敷出，家中僅剩下一間堆滿貨物的五金商店。為了擺脫危機，他們把貨物盡快處理掉，騰空房子開辦了「家庭式旅館」。父親當總管，母親做飯菜，而希爾頓和弟弟卡爾責無旁貸的擔負起攬客的任務。希爾頓這種經歷為他日後經營旅館業提供了很好的訓練機會。20 歲那年，希爾頓學音樂的妹妹和兩位同學組織了一個「希爾頓三人樂團」，父親讓他司經理之職。樂團在西部巡迴演出，但成績不佳，幾個月下來虧本 42 元。這 42 元虧本的代價是教會了希爾頓如何做經紀人。

1908 年全家遷往卡洛沙，父親留下希爾頓管理安東尼奧的生意，並將一部分股權轉給他，21 歲的希爾頓成了父親的合夥人。年輕人的思想總是動盪的、不安分的，對前途充滿著各種遐想。希爾頓這時突然不想經商而想從政。1910 年他參加州議員競選並如願以償。然而，議會裡無休

止爭吵以及議員們的爾虞我詐，很快又使他厭惡了政治，任期屆滿後就決定退出政界，從事金融業，做一個銀行家。為了實現這一理想，他開始籌資建銀行。1913 年希爾頓開始「籌資旅行」，他跨上了馬背，從一個牧場走到另一個牧場，不斷的與人洽談。經過一番努力，終於籌集了 3 萬美元，組建起「新墨西哥州聖安東尼奧銀行」。但是，年輕的希爾頓由於沒有經驗，董事長的職位被一個對他充滿敵意的人奪去。次年，在父親的支持下，希爾頓聯合眾人，重新推選了一位董事長，希爾頓自己也當上了副董事長。1917 年，美國參加第一次世界大戰，希爾頓不得不拋下銀行入伍。1919 年，他的父親遭遇車禍而去世，希爾頓因此退伍返鄉。

第一家飯店

希爾頓返鄉後本想留在母親身邊給她些安慰，但母親對兒子說：「你必須到適合你的地方，要放大船必須到深水。」哪裡可放大船，希爾頓並不清楚，一位朋友告訴他，要發財就去德克薩斯州。

德州是美國著名的石油產區，到處流淌著「黑色金子」，這裡腰纏萬貫者大有人在。有錢的地方就少不了各類人群，少不了酒吧、飯店、銀行。希爾頓揣著 5 千美元，帶著發財夢想隻身來到德州席可斯油區。

一天晚上，連連碰釘子的希爾頓來到「莫比萊」旅館投宿，但這家旅館已經爆滿，希爾頓找到老闆希望能通融一下暫住一宿，老闆卻板著臉說：「我天天都會碰到這類事，對不起，請 8 小時後再來碰碰運氣吧。」希爾頓為這個旅館的業務所震驚，而老闆卻抱怨說，他本想去投資石油賺大錢，而現在被旅館給綁住了。希爾頓見這裡生意如此興旺而老闆又有轉讓之意，於是連夜與老闆交易起來，最後以 4 萬元成交。希爾頓立即找到幾位合夥人，並從銀行獲得一筆貸款，買下了「莫比萊」。他在給母親的

電報中說：「第一艘大船已經下水。」在「莫比萊」，希爾頓旅館經營的兩大原則逐漸形成：一是最大限度利用空間。他將旅館大前廳切去一半，設立賣香菸、報紙、雜貨攤位。對餐廳進行改造，擠出了 20 張臨時床位。幾週之後，旅館帳面收入就有了顯著成長。二是「團隊精神」。這是他在軍隊中學到的，現在將其應用到管理上。

「莫比萊」經營的成功刺激了希爾頓的胃口，他與合夥人又在可堪納租下了「比頓」旅館，在華斯堡購買了「梅巴爾」，兩年後又貸款在達拉斯城購下了擁有 150 多個房間的一家大飯店。希爾頓租賃和購買的是些不被人們看好的二手旅館，但經他之手便化腐朽為神奇。「梅巴爾」被人視為「棄婦」，它外面破舊，內部骯髒。希爾頓看到，只要改變一下它的面貌其前途無量。在接手這家旅館後，他和工人一起動手，一天工作 18 小時，終於使它有了個模樣。「梅巴爾」業務蒸蒸日上，3 個月下來，旅館的老保險櫃已經不夠用了，只得到銀行去開個新戶頭。在德州，希爾頓正在編織一個更大的「飯店之夢」。

建造自己的飯店

希爾頓對經營二手飯店已不感興趣了，他產生了一個新念頭：建造一座百萬元的大飯店。他認為只有做百萬元生意才算是大生意。

希爾頓選中了達拉斯城中心的一塊地段，根據建築師評估，在這裡建一座像樣的飯店需要 100 萬。要建百萬元大飯店對希爾頓來說無疑是個冒險，當時他手裡只有 10 萬，加上合夥人也不過 40 萬，這些錢也只夠買土地。希爾頓考慮從銀行貸款，但究竟有多大把握自己並不清楚。也許希爾頓太急於建造自己的飯店，在資金還沒著落的情況下，就從地產商那裡協商買下土地並下令動工。接著希爾頓跑銀行貸款，結果遭到拒絕。一

開始，希爾頓就陷入困境。怎樣解決資金問題呢？經過一番苦思冥想，他有了一個大膽的主意。他找到地產商說：「我買你的土地是為了建飯店，要蓋大廈我的錢全得用上，所以我不想買你的土地，只想租下來。」地產商聞言大怒，希爾頓馬上補充說：「我若不能按期付款，你可收回土地連同地面建築物。」地產商覺得這樣並不吃虧，就同意了。希爾頓也提出一個附加條件：保留地產抵押貸款權。這樣希爾頓可以把有限資金用於建築上，更重要的是，他還獲得了寶貴的地產抵押貸款權。希爾頓以地產抵押從銀行貸款 10 萬，又從建築承包商那裡借了 15 萬。這樣，工程建築費基本上籌措起來。

　　1924 年希爾頓以無比興奮的心情主持了飯店大廈的奠基儀式，宣告第一個「希爾頓飯店」誕生。為了做好宣傳，他又租下了一家大劇院，排演宣傳節目，一切進行得似乎很順利。當大廈建到一半時麻煩來了，錢差不多快要用完，大劇院只好轉讓出去。工程開銷數額越來越大，每一項都超出了他的預算，帳戶已經沒有結餘款了。此時，一家建材商又索要 5 萬元欠款，希爾頓急得像熱鍋上的螞蟻，他明知帳面已經沒有錢了，卻昏頭昏腦的開了張 5 萬元的空頭支票，寫上收款人姓名放在辦公桌上，然後發瘋似的跑到大街上。當他清醒些返回辦公室時，祕書已將這張支票寄走。希爾頓後悔不迭，急忙找一位認識郵局局長的朋友，求他幫忙去郵局截回那張支票。這位朋友見希爾頓如此狼狽、緊張，爽快的開出一張 5 萬元支票給他，這才解了他的燃眉之急。

　　希爾頓雖然東挪西借不斷籌款，但隨著工程接近完工，費用也越來越昂貴，他已經支撐不住了。希爾頓十分清楚，失敗意味著事業和前途的毀滅。可怎樣擺脫目前的困難，情急之下，他想出了一個新主意，勸說地產商接過建築工程，使之最後完工，然後再租給他。地產商又一次對他大

發脾氣。當希爾頓提出年租為 10 萬時，地產商最後同意他的建議。1925
年 8 月「達拉斯希爾頓飯店」正式落成。希爾頓以主人身分主持了隆重的
揭幕典禮。面對這座耗資百萬的大飯店他感到有些眩暈，因為他幾乎被
壓垮了。

　　以 10 萬元建成百萬元大飯店，聽起來有點像天方夜譚，但希爾頓辦
到了。如果我們把大廈建造過程簡化一下，不難發現其中奧祕：希爾頓以
10 萬元拉起合夥人，使其資金擴大到 40 萬，然後以租借土地方式將 40
萬投入建築開工，並用地產商的土地獲得貸款。在資金仍然不足情況下，
將半截工程推給地產商，然後以承租人的身分接受它，從而避免了失敗。

　　1925 年對希爾頓來說是不尋常的一年。這一年既有痛苦也有成就，
另外，還有愛情。在飯店大廈建設期間，他認識了一位年輕漂亮的女
孩 —— 瑪麗，並開始苦苦追求。這位肯塔基州的女孩告訴他：希爾頓飯
店建成之日才是他們婚慶之時。臨別，瑪麗將一頂小紅帽送給希爾頓作為
定情之物，希爾頓則把建成飯店作為向瑪麗的獻禮。這場戀愛促使希爾頓
努力去工作。飯店建成不久，38 歲的希爾頓與瑪麗結為伉儷。

　　「達拉斯希爾頓飯店」的建成檢驗了希爾頓的能力，希爾頓飯店的良
好業績向世人證明了他的經營管理才幹，一些銀行家、新合夥人加入了希
爾頓的飯店業。憑藉著日益成長的財力，希爾頓接連建立起阿比林、馬
林、安吉羅飯店，他的事業一下子膨脹起來。

　　希爾頓對自己事業充滿信心，他要攀登另一個高峰 —— 建立一個豪
華的獨具風格的大飯店。1929 年他來到艾爾帕索。這是一座具有西部色
彩的大城市。在艾爾帕索的「拓荒者廣場」，希爾頓以 175 萬元鉅資建
造了豪華壯觀的「艾爾帕索希爾頓飯店」。飯店揭幕之日有萬餘人前來觀

禮。人們看到擁有華麗套房的 19 層大廈，300 多間以印第安、西班牙和拓荒者傳統風格布置成的房間時，無不為之驚訝。「達拉斯」、「艾爾帕索」飯店的建成是希爾頓前期事業的標誌。他在飯店業上的成就，使他在德州已小有名氣了。為了統一飯店管理，1929 年成立了「希爾頓飯店公司」。

絕不宣布破產

正當希爾頓雄心勃勃準備大展身手時，經濟危機的風暴席捲而來。在「艾爾帕索」揭幕慶典後的一週，傳來令人震驚的消息：紐約股票市場崩潰。由此引發的經濟危機使美國經濟幾乎癱瘓。隨之而來的是失業人數不斷增加，商品貨物無人問津，旅遊者銳減，飯店業生意開始衰退。

面臨驟然而至的經濟危機，希爾頓和他的同僚常常通宵達旦研究對策。希爾頓的策略是：厲行節約以圖生存，熬過危機再求發展。他指示各飯店經理：要留心浪費的地方，哪怕一枝筆、一張紙，當省則省。但同時又告誡，對客人的需求則不可以省，必須保持乾淨的床鋪、毛巾和新香皂，以維護飯店的聲譽。為了節約水電，飯店一些樓層關閉、電話停機。為了降低費用，希爾頓親自跑電力公司、自來水公司和洗衣店，與老闆們協商降低收費。但這些都不能從根本上扭轉虧損。

飯店的收益在急劇下滑，而地租、貸款利息、稅捐月月必須照付。希爾頓將自己的積蓄墊上去了，然而龐大的飯店業就像隻大怪獸，幾口就將其吞下。很快連利息都快付不出了，應交的稅款也只得拖欠。無奈，希爾頓開始新的貸款，以飯店的股票抵押，貸到了急需的 30 萬。他要用這筆資金進行周轉以換取更加珍貴的時間，熬到經濟好轉。然而沒過多久，薪水單、稅單、地租、利息追繳單又蜂擁而至，30 萬旋即一空。他還需要新的貸款來維持業務，但銀行的人像躲避瘟疫一樣遠遠躲著他。在這些日

子裡，希爾頓的情緒壞到了極點。他懷疑自己是否入錯了行，「或許我去學造搖籃和棺材都比做飯店好。」一向意志堅定的母親則鼓勵他說：「現在有人跳樓，有人沉默，你要振作起來，千萬不能洩氣。」一天，州法院代表拿著一份公文對希爾頓說：「這是法院的判決，你要付這筆款，不然就查封你的飯店。」接踵而來的是一家文具店又將希爾頓告上了法庭。原來希爾頓欠該店 10 萬元，現在只差 170 元尚未還清。希爾頓不知道今後還會有多少人會把他告上法庭。他的律師根據飯店業務和債務狀況勸希爾頓宣布破產。破產，意味著失敗，意味著十幾年奮鬥付諸東流，因此希爾頓大吼道：「我的信用還在，它是我生命中的血液，我絕不宣布破產。」

經濟危機挖空了這位富豪的錢袋，在最困難的日子他身無分文，不得不接受他人的接濟。一次他替車子加油竟付不出油錢，是加油員替他付了帳。不久，他連坐車的錢也掏不出來了。一位侍者見希爾頓如此困窘，一天，把他生平積蓄的 300 元塞到希爾頓的手裡說：「先生，這只是些飯錢。」

1931 年希爾頓的事業跌進低谷，貸款已經到期，他因無力償還，只得把幾家飯店抵押給莫迪家族。莫迪家族是個有勢力的財團，不僅經營銀行，也經營飯店業。在經濟不景氣的情況下，莫迪急需要一位有經驗的飯店管理人，而希爾頓是他理想的人選。於是莫迪建議將希爾頓飯店公司與莫迪飯店公司合併為「國家飯店公司」，由希爾頓擔任執行總經理，希爾頓控 1／3 股，莫迪控 2／3 股。這一建議的實質是莫迪對希爾頓飯店的兼併。但對希爾頓來說，這一建議卻是救命稻草，因為他可以依靠這個財團得以苟延殘喘以便熬過危機。當然，希爾頓也有自己的打算，為了將來東山再起，重振自己的事業，他又提出一個附加條件：合作一方一旦感到不滿時可以拆夥。

希爾頓一邊努力工作支撐著「國家飯店公司」，同時又開始冒險投資。他借錢與莫迪聯手投資石油開採，並成功的獲得了鉅額利潤，3年後償還了全部借款。

希爾頓與莫迪一直保持著良好關係，但與莫迪的兒子在飯店業務上經常發生磨擦。1934年，羅斯福總統實行「新政」，美國經濟開始復甦，希爾頓經濟狀況有所好轉，希爾頓終於和莫迪拆夥了。莫迪歸還了希爾頓的飯店，同時又貸給他95萬，希爾頓的飯店業務開始運轉，他終於從經濟危機的泥潭中掙扎出來。

希爾頓是一個有遠見的人，他識才愛才，懂得人才是他事業的希望。在經濟危機的最困難時期，為了留住人才，希爾頓將他的一些飯店經理及其家屬集中到「艾爾帕索飯店」，免費食、住。在他身無分文時，仍想盡一切辦法支付他們的薪水。當希爾頓飯店業務恢復運行後，這些人立即披掛上陣，為希爾頓創建飯店王國建立了功績。

大規模的收購

「惡夢醒來是早晨。」希爾頓是最早從經濟危機的惡夢中醒來者之一。從朦朧的經濟復甦中，他看到了飯店業未來的光輝前程。當人們對經營飯店還深存恐懼和疑慮時，希爾頓已經行動起來。1935他廉價收購了「北山飯店」、「格萊克飯店」，當把它們引上軌道後又轉賣出去，從中大賺一筆。

希爾頓已經恢復了元氣，把生意做到全美國。在經營上他又產生了一個新理念：要經營就經營最好的飯店。按照這個新的理念他開始了行動。1937年希爾頓來到西海岸舊金山市，組成了一個由銀行家參加的投資集團。1938年1月以410萬收購了豪華的「德瑞克爵士」飯店，之後又收

購了有名的「勃利克斯」。1941 年他又來到洛杉磯以 85 萬收購了坐落在美麗海濱的「彼得」飯店。希爾頓不愧是飯店管理的高手，三座飯店經過整修改造煥然一新，像三顆明珠在西海岸閃爍。

這幾次成功的收購，希爾頓並沒有滿足，反而更加激發了他的野心。他又把目光瞄向當時世界上最大的飯店──芝加哥的史蒂文斯大飯店。他特地在 1939 年年底親自去調查了該飯店。它可謂飯店中的巨無霸，擁有 3,000 個帶衛浴的客房，宴會廳一次可接待 8,000 位來賓。1945 年，機會來了，希爾頓與史蒂文斯飯店老闆經過幾個回合的討價還價，終於以 150 萬美元買下了這家飯店。不久，他又以 1,940 萬美元的鉅款買下芝加哥另一家最豪華的飯店──帕爾默飯店。

一連串的成功使希爾頓信心倍增，他決定挑戰紐約。1943 年他來到令人眼花繚亂的紐約。一位朋友告誡他：紐約飯店業早已死氣沉沉，只有傻瓜才投資這一行業。希爾頓另有看法，他認為飯店業已開始好轉，這正是投資的好機會。在紐約他說服了幾家大投資公司，與之聯手收購了著名的「福特」、「僕萊莎」飯店。人們用懷疑的眼光注視著希爾頓對「僕萊莎」的經營。紐約人把「僕萊莎」稱之為風姿漸衰的「女公爵」。它油漆脫落、大理石壁傷痕累累，水電管線年久失修，如果不加整修，這座精美飯店勢必傾頹。希爾頓接手後花了 600 萬進行粉飾裝修，使這位「女公爵」比往昔更具風韻。紐約有錢人多的是，他們不怕花錢，只要合乎他們的情調。「僕萊莎」裝修完畢後，紐約的有錢人和富家子弟爭相租用，作為私人會館和社交場合。對「僕萊莎」的經營再次顯示出希爾頓的才能。紐約人稱他是飯店業的「成吉思汗」。1946 年，希爾頓又在俄亥俄州買下了著名的「五月花」、「苔頓比爾莫」飯店。此時希爾頓的飯店遍布於美國東西南北，並在經營中逐步形成了自己的風格：大型與豪華。為了統一和協調諸多飯

店，1946 年 5 月建立起「希爾頓飯店集團公司」，希爾頓股份最多，資本為 920 萬。

當時美國的飯店業中，聲譽最高的飯店是「華爾道夫」飯店，被稱為「世界酒店皇后」。「華爾道夫」始建於 1931 年，胡佛總統曾親自為其剪綵。它不僅以其宏偉、豪華為世人矚目，更以它多次接待外國元首、首相、王公、名人而揚名天下。世界上一些大人物把它視為聖地「麥加」，到美國如不能住進「華爾道夫」便是種遺憾。1943 年希爾頓曾領略過它的風采，他感嘆道：「這是世上獨一無二的寶物，除了政府沒有任何一家可以再造這樣的飯店。」當時有這樣一種說法：不獲得「華爾道夫」就不能算是飯店業之王。

希爾頓對「華爾道夫」的傾心，在 1949 年終於有機會變為現實。1949 年，「華爾道夫」因經營狀況不佳，有些股東開始拋售其股票。對希爾頓來說這是收購它的最好時機。但是，傾心「華爾道夫」的人不只是希爾頓，還有其他有錢人。為了不使「華爾道夫」落入他人之手，希爾頓立即召開董事會。大多數董事認為「華爾道夫」業務狀況不佳，且股票價格較高，不同意收購。希爾頓則認為，「華爾道夫」的潛力是強大的，它能在經濟大蕭條中維持下來並小有盈餘就證明了這一點，而它的聲望更是一筆無價財富。希爾頓見董事會不理睬他的意見，便決定用自己的錢購買。他另組承購公司，到股票交易所大量收購該飯店股票，收盤時購進了 36 萬股每股 12 元。兩天後他又開了張 10 萬元支票作保，從而獲得了控股權。董事們見希爾頓賭注已下，只好答應參加承購集團。1949 年 10 月，「華爾道夫」納入了希爾頓飯店體系。61 歲的希爾頓終於實現了自己的夢想，成為了飯店業之王。

登上飯店業頂峰的希爾頓並沒有滿足於已經獲得的成就。1954 年 10

月，希爾頓創造了他一生中最輝煌的一頁，用 1.1 億美元的鉅資買下了有「世界酒店皇帝」美稱的「史塔特拉酒店系列」，這是一個擁有 10 家一流飯店的連鎖酒店。這是酒店業歷史上最大的一次兼併，也是當時世界上耗資最大的一宗不動產買賣。

希爾頓的雄心有多大，誰也說不清楚，他自己聲稱自己的事業是無止境的。1949 年後，他將生意做到了海外，做到世界其他國家。他與外國政府和商賈談判，組成一個個投資集團，在世界上建立一個個希爾頓飯店，從而在全球形成了「希爾頓飯店」體系。

1979 年，康拉德‧希爾頓在加州的聖莫尼卡去世，享年 92 歲。希爾頓留給世人的不僅是一幢幢華美的飯店建築，還有寶貴的經驗和忠告。他說：「今後的飯店型態，將不再是華爾道夫之類大建築，代之而起的將是規模較小的飯店、新的設計、提供舒適的服務……但不論如何，真正成功的關鍵還在於一個『好』字」。

財富金言

1　「讓每一尺地都產出金子」、「一切都要物有所值」。希爾頓在數十年的經商經歷中，充分利用了每一寸空間，摸清楚了顧客的消費心理，成功實現了使土地生利的賺錢哲學。

2　千萬不可愁容滿面，無論旅館的困難如何大，希爾頓旅館服務人員的微笑永遠是屬於旅客的陽光。微笑是連接飯店與旅客的最好的紐帶，微笑的奇妙在於它產生的魔力般的效應：讓顧客留下寬厚、謙和、含蓄、親近的印象，表現出對顧客的理解、關心和愛。可以說微笑是經營者必不可少的技能。

3　尊重別人，切莫輕視任何人。這是希爾頓成功的一個重要的經驗。在他

事業生涯的任何階段，他的身邊總是聚攏著一批優秀的人才。他們之中的許多人，既是希爾頓帝國的高階管理者，又是希爾頓本人親密的朋友。

4　不要讓你擁有的東西占據了你的思想感情。不要讓金錢和財富占據了自己的頭腦。他認為他曾擁有一切，事實上卻什麼也沒有。金錢雖然不是萬惡之源，但對於金錢的貪婪之心和無止境的占有欲，卻是萬惡之源。誰都希望金錢越多越好，但要由你來支配它，而不能由它來支配你。

5　充分利用資源。這是希爾頓最引以為豪的經營方針，用他自己的話來形容，就是「挖金」，他充分利用了他店裡的每一點資源，利用每一寸可以利用的土地，發揮最大的效率。

名家點評

希爾頓是一個理想主義者。他勇於做別人不敢一試的事情。

—— 希爾頓的合作夥伴之一

傳世名言

1　我認為，完成大事業的前提是偉大的夢想。

2　也許高山搖搖欲墜，但我依然滿懷希望，因為這是美國，我不願放棄自己的夢想。

3　做生意的唯一技巧，就是如何賺了錢，而又能使人感到滿意。

4　住進我的飯店，臨走時，把你不滿意的地方告訴我，當你第二次來住時，我們不會犯同樣的錯誤，這就是我的技巧。

5　有一項我嚴格遵守的原則是：要誠實。任何情況之下，都不要欺騙任何人，說話要算話。如果違背這一點，任何人的成功都只是暫時的，而不

是永久的。

6　在我認為，錯誤就是一種進步的象徵，這表示你已經在做你的工作。只有什麼都不做的人，才不會犯錯誤。

7　一個擁有純真微笑的小學畢業生，比一個臉孔冷漠的哲學博士更有用，因為微笑是工作人員的基本要求，也是公司最有效的商標，比任何廣告都有力，只有它能深入人心。

8　我們每一個旅館都是一個小型美國，這不是指一個張牙舞爪的強權，而是一個友好的社交中心。來自各個國家且懷有善意的人彼此和平交談。

9　要成功致富，一個人必須成為他所從事的那一行業的領袖人物。

財富智慧

誠實是成功的前提。在希爾頓經營酒店的過程中，他一再強調必須堅持最基本的原則，那就是誠實。因為誠實使得希爾頓在困難時期擁有了一個人們公認的好口碑，並使他進入了事業的輝煌時期。

必須懷有夢想。志向要遠大，必須懷有夢想，而且必須是博大的夢想。偉大的事業與鼠目寸光是格格不入的。許多人一事無成，就是因為低估了自己的能力，妄自菲薄，以至於縮小了自己的成就。希爾頓自己正是在一個個偉大夢想的激勵下，白手起家，矢志不移，一步一步登上事業的巔峰，最終創立了全球性的旅館業王國。

要發掘自己獨到的才智。只有發掘出自己獨具的才能，走一條最適於自己發展的道路，才能一步步走向成功。

要熱忱、執著，不能被暫時的困難擊倒。熱忱是一種無窮的動力，任何才華、能力、天賦都要借助熱忱的動力，才能發揮到極點。

延伸品讀

　　童年的希爾頓可能根本沒有想到幾十年以後，他會在餐飲業上獲得如此大的成就。一次極其偶然的機會，使希爾頓與餐飲業結下了不解之緣。從此他便以此作為他畢生奮鬥的職業。憑著過人的膽識，充沛的精力，敏銳的眼光以及勇於冒險的精神，抓住了一個又一個的機會，一步一步走向成功的巔峰。時至今日，「希爾頓」這個名字已經成了旅館與餐飲的代名詞。不僅在美國，而且歐洲以及全世界的許多國家，希爾頓這個名字簡直無人不曉。

　　如今，只要提起「希爾頓」三個字，人們很自然的就會聯想到那豪華舒適的大飯店。誰都知道康拉德・希爾頓是世界旅館業大王，在世界各地的大都市裡，都可以看到聳入雲霄的希爾頓大飯店。他所創立的國際希爾頓旅館有限公司，現在在全球已擁有 200 多家旅館，資產總額達數十億美元，每天接待數十萬計的各國旅客，年利潤達數億美元，雄踞全世界最大旅館的榜首。

動畫大王 —— 華特·迪士尼

商業鉅子檔案

全名：華特·迪士尼

國別：美國

生卒年：1901 年～ 1966 年

出生地：芝加哥

愛好：漫畫

人生軌跡

　　華特·迪士尼（1901 ～ 1966）1901 年 12 月 5 日降生在芝加哥。小時候的迪士尼沒有多少與眾不同之處，當他和哥哥羅伊·迪士尼一起在芝加哥美術學院裡學習繪畫和攝影的時候，他開始對大自然、對小動物產生了莫名的喜愛。創業之初的迪士尼已經很自覺的嘗試藝術與商業的結合，他一面進行商業廣告設計，一面成立了自己的 Laugh-O-Grams 公司，進

行短片電影的製作，但不久公司就倒閉了。然而迪士尼信心十足，1923
年他在好萊塢賣了一本《漫畫王國的貴族》，然後和支持他的哥哥羅伊‧
迪士尼共同成立了迪士尼電影公司。

　　1928 年，源於生活的靈感使他創作出了風靡世界的卡通形象 —— 米
老鼠（米奇），同年迪士尼公司就將它搬上了銀幕，影片獲得 1932 年奧斯
卡特別獎。從此這個可愛的米老鼠伴隨著一代又一代的美國人成長起來，
直至今日它仍然是迪士尼夢幻樂園的象徵。1932 年迪士尼創作出了彩色
卡通短片《花與樹》，這是他的第一部彩色動畫片，為他贏得了生平第一
個學術獎。1933 年，他又創作了可愛的《三隻小豬》。1937 年，迪士尼
終於創作完成了歷時三年的長篇動畫《白雪公主》，這部電影耗資 170 萬
美元，是美國，也是世界上第一部大型動畫片，獲得了極大的成功。

　　二戰結束後，迪士尼創作了一系列的銀幕經典，乘坐著施了魔法的南
瓜車一路唱著歌去參加舞會的《灰姑娘》。充滿了冒險精神，可以凌空飛
起的《小飛俠》以及超現實作品《愛麗絲夢遊仙境》。這些反應了迪士尼
對童話故事的著迷。1955 年的《小姐與流氓》則是透過一個小狗的故事
強烈的諷刺人類社會，片中喜歡吃義大利麵的小狗受到了美國觀眾的熱
烈歡迎。

　　從 1954 年開始，迪士尼公司創作了包括《沙漠生存》、《滅絕的大草
原》在內的多部優秀長篇紀錄電影。《海底兩萬哩》也受到了好評，它和
隨後的《破難船》都有關於地震、洪水等災難鏡頭，片中運用了大量突如
其來的 SFX 鏡頭。

　　1955 年，第一個迪士尼樂園落成。

　　1964 年華特‧迪士尼獲得了美國國內的最高獎 —— 總統自由勳章。

1966 年 12 月 15 日，偉大的動畫大師華特‧迪士尼與世長辭。

華特‧迪士尼的去世對整個公司無疑是一個重大的打擊，但他所打下的堅實基礎，已為公司今後的發展鋪平了道路。在「歡樂等於財富」這一宗旨指導下，1990 年代，公司陸續創作出了《獅子王》、《風中奇緣》、《鐘樓怪人》、《花木蘭》、《泰山》等一大批優秀的動畫片。

成長經歷

一、農場裡出來的漫畫少年

1901 年 12 月 5 日，在美國的芝加哥市，伊利亞斯一家又添了一個小寶寶，這已經是第三個孩子了。而這個不起眼的小寶寶，就是後來的動畫大師 —— 華特‧迪士尼。他的到來，無疑為父母肩上又添重擔。可是，華特比三個哥哥都漂亮，而且性情溫和乖巧，聰明伶俐，討人喜歡。不僅得到了媽媽的特別寵愛，而且幾個哥哥也非常喜歡這個小弟弟。

他的父親伊利亞斯是一個建築承包商，建造了好多房子，包括社區裡的教堂，他還親手建造了他們的房子。迪士尼 4 歲的時候，全家搬到了密蘇里州的馬賽林。農場的生活是艱辛的，但迪士尼對這段日子卻充滿了美好回憶。

離開芝加哥去鄉下的馬賽林，是迪士尼一生中的一件大事。正是在這裡激發了他對各種小動物的感情，培養了他熱愛大自然的特質，也誘發了他貪玩、調皮、好奇的天性。

在這裡，他最好的夥伴便是一些小動物。他養了雞、鴨、小豬等他喜歡的動物，其中一隻最大的豬是他最好的朋友，他替牠取名為「波克」。

▶▶▶▶ 動畫大王—華特・迪士尼

「牠非常愛惡作劇，在牠想鬧的時候，牠可以跟一隻小狗一樣調皮，跟芭蕾舞演員一樣靈活。牠喜歡悄悄從我背後頂我一下，然後高興的哼哼著大搖大擺的走開了，如果我被頂倒了，牠就更得意了。你記得《三隻小豬》裡的那隻蠢豬嗎？『波克』就是牠的原型。我拍牠的時候實際上是流著淚懷舊的。」迪士尼後來回憶這段童年生活時這樣說。

農場上的動物雖然幼小吵鬧，但與父親和兄弟們比，他卻更樂意和牠們在一起，他替牠們取名字，與牠們談話，編造關於牠們的故事，這些都為他在後來成為一名動畫大師奠定了基礎。

1910 年末，伊利亞斯一家搬到了密蘇里州堪薩斯市，並用賣農場的錢買下了該市星系報紙的一條送報路線，負責替兩千位客戶送報，每個客戶付三塊錢。於是，迪士尼和哥哥羅伊就成了伊利亞斯最初的送報童。

華特・迪士尼離開仙鶴農場時，就已開始跟母親學習認字了。母親為了讓他跟妹妹露絲一起上學以便能照顧小妹妹，所以迪士尼到七歲才開始上學。

他們上的班頓學校是一所八年制的學校，教學的內容也還算豐富多彩，設備相當齊全，只是學校老師常常按照既定的模式教育、管理學生。而這正與迪士尼的性格相反，他不喜歡學校的常規，而是希望按自己的想法去做；他不喜歡課堂內的東西，對作業從不認真，而對課外的一些讀物特別感興趣，比如，馬克吐溫的小說。這樣一來，他的功課就更不好了，再加上每天早起送報，更是拖了功課的後腿，以致老師經常抱怨他上課不集中。

迪士尼除了喜歡讀一些感興趣的課外讀物以外，最喜歡的要屬畫畫了。他的第一張漫畫是按照《理性》雜誌上的畫畫出來的，畫的是一個肥

胖的資本家和一個頭戴四方紙帽的工人。並且反覆練習,以致後來閉著眼就能一揮而就。

1917 年 6 月迪士尼從班頓學校畢業後,度過了一段假期,9 月就來到了芝加哥麥金利中學,主要學習繪畫。

來到麥金利中學,華特就成為校刊《金聲》雜誌的一名漫畫家,他有了一個充分展示自己藝術天分的好天地。後來,他還擔任了《金聲》雜誌的攝影。並且,每個星期都去芝加哥藝術學院學習解剖學、寫作技巧和漫畫,在這裡他有機會聆聽著名畫家的教誨,其中有《芝加哥論壇》的漫畫家加瑞·歐爾,《前進報》的漫畫家雷陸·戈西第。這些,都為迪士尼後來的繪畫事業打下了堅實的基礎。

二、創業的艱辛

1918 年,迪士尼加入了紅十字會美國救護車部隊,被派往法國參加了第一次世界大戰。1919 年當他回國的時候,在一家廣告公司找到了一份畫漫畫的工作。後來,他與自己的同事烏比·伊維克斯開辦了自己的廣告公司。然而公司前前後後僅維持了一個月的時間。迪士尼與烏比又來到了堪薩斯市幻燈片公司,不久該公司改名為堪薩斯市電影廣告公司。於是,他開始把自己全部精力都投入到心愛的工作中去了。在這裡,迪士尼逐漸掌握了先進的卡通拍攝方法,他畫的卡通也更加有真實感。因此得到了老闆的讚賞。在迪士尼及公司其他人的共同努力下,這家廣告公司的生意開始好起來。後來,迪士尼做出了他的第一部卡通片《歡笑卡通》,製作的技巧已經是相當高超,受到了許多觀眾的喜愛。

1922 年 5 月 23 日,迪士尼組建了自己的「歡笑卡通公司」。並向當地的投資者籌集到了 1.5 萬美元的資金。這時,烏比·伊維克斯也再一次

來到了他的身邊,兩人重新組合,再一次共同奮鬥。但是,他們又一次未能如願,因為經濟的因素,他的影片只完成了一半就不得不宣告破產,而且還欠下了幾千美元的債。於是,迪士尼不得不逃到了芝加哥,去找到了自己的叔叔羅伯特和哥哥羅伊。在那裡,迪士尼仍然沒有找到工作。終於有一天有人提出要使用迪士尼的動畫片做廣告,希望跟他合作,於是,他和哥哥羅伊建立了「迪士尼兄弟公司」。

1924 年 3 月,迪士尼的「愛麗絲」系列片開始在部分地區包括紐澤西州南部、賓夕法尼亞洲東部、馬里蘭州和華盛頓在內的一些電影院巡迴放映。

這時羅伊與艾迪娜結婚,使本不著急的迪士尼再也按捺不住了。他看中了自己廠裡的一位漂亮女孩莉蓮・彭德絲。莉蓮小姐出生於一個拓荒者的家庭,1923 年從路易斯頓的商業學校畢業,隨後進了迪士尼的製片廠。她開始進廠的時候別人告訴她,切莫把自己嫁給迪士尼兩兄弟中的任何一人,因為他們決心要當單身漢。但莉蓮卻發現迪士尼是一個極富誘惑力與個性的青年。他總是留著小鬍子,想使自己顯得成熟一些,平時也總是胡亂的穿幾件破舊而不合身的衣服,與一家電影製片廠的老闆身分極不相稱。當羅伊結婚後,迪士尼開始對莉蓮展開追求,並經常開著他那輛破福特車送她回家。此後不久,當只有莉蓮一個人工作的一個晚上,他走進工作間,第一次吻了她。

1925 年 7 月 13 日,他們在愛達華州路易斯頓結婚了。他們的婚禮之夜是在路易斯頓開往西雅圖的快車上。

1926 年,迪士尼將「迪士尼兄弟公司」的名稱改為「華特・迪士尼公司」。第二年 5 月,他製作的《幸運兔奧斯華》大受歡迎。但是,由於

代理商時新喜劇公司的惡意競爭，迪士尼的畫家全部被挖走，除了烏比之外。同時，迪士尼還失去了奧斯華的所有權。被逼到絕路上的迪士尼決定拿出自己的主打產品，與新喜劇公司競爭。然而用什麼來做動畫片的主角，迪士尼覺得還是相當棘手。終於在有一天夜裡，他想起了堪薩斯城車庫裡的那隻爬到他畫板上跳躍的老鼠，靈感就在這時誕生了。於是，他迅速爬起來，拉開燈，架起畫架，畫出了一隻老鼠的輪廓。這隻小老鼠的名字，他採納了妻子的建議，就叫做米奇。1928 年，第一部米老鼠動畫片開始製作。

他們在完全保密的情況下製作出了第一部米老鼠的動畫片《飛機迷》。起初沒有人願意發行這部片子。迪士尼知道他必須加點新東西才行，答案就是聲音。他跟一個叫派特・鮑爾斯的人簽了約，這個人不但發行他的影片，還為影院提供必要的音響設備。米老鼠讓迪士尼一舉成名，獲得了非凡的成就。

在隨後一年半的時間裡，製片廠生產了三十一部「講話的」短片。米老鼠大受歡迎，不僅使最能與之競爭的動畫片對手菲力貓和奧斯華黯然失色，且壓倒了一些真人的表演家，如巴斯特・基頓、哈樂德・勞埃德、艾爾・詹森等，甚至超過了一度高不可及的卓別林和他的小流浪漢。

1932 年到來，在他的堅持下，世界上第一部彩色動畫片《花和樹》問世了，它為華特・迪士尼贏得了一座奧斯卡獎，更重要的是，他已經逐漸培養起了自己的一支創作團隊，更大的輝煌正在前面等著他。

三、更大的輝煌

1933 年，即《三隻小豬》發行的第一年，該片的總收入已超過 12.5 萬美元，這對動畫短片來說是前所未有的。在破天荒的連續放映了兩年的

時間內,該片每天都在全國各地一家或幾家影院上映,包括在紐約無線電城音樂廳單獨放映了 5 次。總收入超過 25 萬美元。

《三隻小豬》在 1930 年代中一直連續發行。由於那隻狼很受歡迎,迪士尼便讓牠在一系列動畫片中當主角,這些影片都是以突出它的無聊而引人發笑,而不是表現它的威脅和恐嚇效果。就在《三隻小豬》走紅的第二年,迪士尼創造的另一個動畫明星唐老鴨誕生了。它最初出現在一部名叫《聰明的小母雞》的短片之中,很快它就與米老鼠齊名了。

然而他卻並不因此而滿足,他有一個更大的夢想,那就是拍一部長篇動畫電影,當時的卡通片只有短短十幾分鐘,只是電影正式開演前的串場節目而已,沒有人相信觀眾會花錢看一部全是卡通的電影,幾乎所有的人都反對他,但是華特・迪士尼又一次完成了一項別人眼裡不可能的任務。

他經過較長時間的深思熟慮後,決定選擇《白雪公主》的故事來拍第一部動畫長片。華特覺得這個故事頌揚真善美,斥責假惡醜,而又故事曲折,不僅有趣,還有抒情與浪漫的情調。這一切都是一部好的動畫片所必需的要素。

《白雪公主》拍攝了三年,迪士尼是頂著壓力來做這項工作的,他自己也知道,這項工作一旦開始,就沒有退路了,他必須走到底,而且必須把它做好,這關係製片廠的生死存亡,弄不好的話,破產不是沒有可能的。

全國的報紙都對迪士尼的最新計畫進行了報導,認為是好萊塢的最新和最受歡迎的神童的又一創舉。不過,電影業圈內的人反應卻不那麼熱烈,他們一致認為這一次迪士尼可能有點離譜了。這和一部 5 分鐘或 10 分鐘的動畫片不是同一回事。他們認為誰也不會願意從頭到尾看一部哥德

式小說體的童話動畫片，《白雪公主》很快就變成「迪士尼的蠢事」，傳遍各個製片廠的工地和管理部門。

迪士尼此時已經有了女兒黛安，他的小家庭其樂融融，莎倫·梅·迪士尼成了迪士尼的第二個女兒。家庭是他的避風港，但家裡人都知道迪士尼的心思現在全在製片廠，成敗就看《白雪公主》了。迪士尼開會討論每一個細節，比如，白雪公主何時才會注意到她身後獵人的出現。影片中插科打諢的笑料更是隨時添減。預算從 50 萬美元一直飆升到 150 萬美元，評論家們都不相信觀眾會願意看一部長篇動畫片。

《白雪公主》一開始放映，就售出了 2,000 多萬張票，總收入達 800 多萬美元，當時的票價平均為 25 美分。

《白雪公主》的紀念品比《三隻小豬》的盈利更多。發行的第一年，《劇藝報》把《白雪公主》列為好萊塢「空前的賣座冠軍」之一。在 1938 年的奧斯卡頒獎儀式上，迪士尼第二次獲得了特別獎，被授予一個大金像和七個小金像，以表彰這部影片「在電影藝術方面的重要創新，為動畫故事片開闢了一個令人著迷的偉大的新領域」。

《白雪公主》被配上 10 種語言在 46 個國家發行。外國觀眾的反應與美國觀眾一樣熱烈。該片的成功鼓舞了迪士尼。他再拍三部故事片：《木偶奇遇記》、《小鹿斑比》和最後拍成的《幻想曲》。

隨後的幾年，由於第二次世界大戰和全國性的罷工風潮，迪士尼公司一直在虧損。直到 1947 年，也就是戰爭結束近兩年，迪士尼製片廠才得到了近七年以來的第一筆收益，但僅僅上半年的純利潤就有 26.5 萬美元，而 1946 年則虧損了 2.3 萬美元。1950 年，二戰後第一部長篇動畫片《灰姑娘》大獲成功。隨後的《愛麗絲夢遊仙境》和《小飛俠》也獲得了極大

的成功。

四、創建遊樂園

經過了許多年，電影片廠的作風變得越來越官僚，即興而發的好點子越來越少。針對這一情況，迪士尼創建了華特・伊利亞斯・迪士尼公司，簡稱 WED 公司。WED 公司後來成為一個設計中心，為迪士尼樂園早期的規畫以及吸引大眾關注出謀劃策。

在經費吃緊的情況下，為了化解公司的經費危機，迪士尼計劃建造一個遊樂園。

1953 年 9 月，羅伊終於認同迪士尼樂園是個可行的項目了。他計劃飛往紐約把這個想法提交給投資商們。羅伊和 ABC 電視網達成了一項協定，ABC 向迪士尼樂園注入 50 萬美元資金。作為回報，迪士尼樂園給予 ABC 百分之三十五的利潤。1954 年年初，ABC 總裁羅伯特・金特納與迪士尼在電視上公開宣布了合作的消息：聯手推出一檔名為「迪士尼樂園」的節目。「迪士尼樂園」的電視節目於 1954 年 10 月 27 日首次播出，其中一集叫「迪士尼樂園的報導」，顯然是透過一些片段為即將演出的節目做廣告，並介紹遊樂場建造的情況。雖然迪士尼好像是坐在廠裡辦公室的辦公桌後面主持這個節目，實際上那些鏡頭都是在布置得和他辦公室一模一樣的一個攝影棚裡拍攝的，這個攝影棚現在已作為永久性展品，陳列在加州的迪士尼樂園裡。這個節目的名稱起初打算定為「迪士尼幻景園」，後來被美國廣播公司否決了，說它聽起來「太離奇」。他們指出，迪士尼最初為他們的遊樂場起名時，想到的《幻想曲》並不受大眾歡迎。根據他們的建議，迪士尼同意把遊樂園的名稱改為比較容易理解的「迪士尼樂園」。

　　根據《時代》週刊的報導，這個節目「非常成功，以致星期三晚上兩家電視臺的節目都失去了吸引力。」尼爾森調查到它的收視率高達 41%，是非常受歡迎的節目通常能達到收視率的兩倍多。那天晚上看電視的 7,500 萬美國人中，有 3,080 萬人收看了迪士尼的節目。美國廣播公司的一個董事鮑伯·金特納說，這個節目已使迪士尼成為新的電視大王，「壓倒了原來的大王亞瑟·戈費雷（哥倫比亞廣播公司與迪士尼競爭的對手）。」

　　「迪士尼樂園」成功了，它將繼續成為在電視觀眾最多的時候播放最長的電視節目之一，它實際改變了電視與電影業的面貌。

　　同一年中，華納兄弟廠在迪士尼之後，成為第一個製作有獨立性電視系列節目的大製片廠，它的節目也由美國廣播公司的電視臺播放，交換條件是按照迪士尼的先例，在每一集系列片播放後插進他的一部影片。那一年年終以前，所有的大製片廠都分別與這個電視網的電視臺商定了播放節目的安排。

　　這些情況使迪士尼非常高興，他把自己想像為電視這個新的傳媒領域裡的先知和先鋒。和他很遲才步入電影界不同的是，這一次他看到各處都有人在步他的後塵，這使他感到非常心滿意足。

　　不久，也就是 1954 年 8 月，第一座迪士尼樂園開始在阿納海姆破土動工。1955 年 7 月 13 日，離預定舉行迪士尼樂園開業大典日子還有四天的時候，迪士尼與莉蓮慶祝了他們結婚三十周年紀念日，邀請的 300 個朋友中，多數是製片廠的員工與他們的妻子，就在遊樂場裡舉辦了一個非公開的「慶功會」。

　　開業典禮邀請了 1.5 萬往來客，其中多數是員工和他們的親友。實際

到場的超過了 3.3 萬人。其中半數以上的是自由入場的。雖然當時出現了很多混亂的情況，但是電視專題節目還是使人們對當時的盛況留下了深刻印象。

1955 年 10 月的第一個星期，「米老鼠俱樂部」開始播映，在每個週日下午原本是死氣沉沉的 5 點鐘播出，並立即引起了轟動：這個節目的主題曲幾乎變成了美國所有兒童的一首流行歌謠。「兩隻老鼠耳朵」甚至比熊皮帽更受歡迎，第一年的銷售量已達到一天賣出 2.5 萬對。

五、輝煌的繼續

1957 年 2 月，迪士尼正式被授予了「里程碑獎」，在會上，各界人士對華特給予了極高的評價。

迪士尼樂園建成後，還面臨著擴大經營、鞏固和提高業績等等問題，迪士尼始終把這裡的工作抓得很緊。每天早晨，如果沒有重要的活動，他總會到 WED 公司看一看，因為這裡是他的事業的一部分。

WED 公司研製的一種「聲動電子雕像」，始終都是在迪士尼的關心下進行的。所謂「聲動電子雕像」，就是用電子技術控制的、能夠動作起來的人或動物的雕像。這項技術成功之後，迪士尼決定在迪士尼樂園中建造一個「總統大廳」，把美國歷史上的每位總統都製成真人大小，總統們不僅會動，而且能開口講話。還有一景稱作「鳥兒與人」，幾百隻模擬的鳥兒一展歌喉，還有南美原住民進進出出說說笑笑，使遊客嘆為觀止。

到迪士尼樂園建成 10 年之後，園中的景點已由原來的 22 個增加到 47 個，資產由 1,700 萬元增加到 4,800 萬元，遊客累計達 4,200 萬人次。

1964 年 4 月，迪士尼獲得了美國公民最高的榮譽。為表彰他畢生努

力獲得的成就，由詹森總統在白宮向他頒發「自由勛章」。

加州迪士尼樂園的建立，了卻了迪士尼的一樁心願，但這個永遠不會停止夢想的人，又有了新的計畫。

華特‧迪士尼晚年最大的心願是要在佛羅里達州建立一個更大更新的樂園 —— 迪士尼世界，不幸的是，樂園尚在規劃之中，華特於 1966 年 12 月 15 日與世長辭了。許多人都不相信他真的死去，甚至有人說，迪士尼會在某一天突然出現在我們面前。

一輩子都在照顧弟弟的哥哥羅伊，不顧自己本身的疾病，一心要完成迪士尼的遺願，5 年之後，佛羅里達迪士尼樂園的第一部分終於正式對外開幕，兩個月之後，羅伊了無牽掛的離開了人間。如今，迪士尼的主題公園在全球已經有好幾個，數億人在裡面體驗到了幻想世界的快樂。華特‧迪士尼，這個一輩子都在追尋夢想的人，最後不但實現了自己的夢想，也改變了這個世界的面貌。

財富經驗

1. 強調電影是給大多數人看的

他對他手下的工作人員說：「『迪士尼』是一項標準，是大眾腦中的一個形象。在他們看來，『迪士尼』是一種娛樂，是一種可以全家共享的東西。這一切都依靠有高度品質保證的迪士尼深刻的說服力。」

有一次，工作人員以「不適合小孩子看」為由否決了一個劇本，迪士尼就對他們說：「我的電影是要給全家人看的。如果只給小孩子看，恐怕我會窮得沒有衣服穿。」

2. 主張作品要貼近普通人

　　有一次他回憶說：「我年輕時曾讀過一本有關藝術的書，作者勸告年輕的畫家要自成一格。我就是這樣，既然生來就是個平凡的人，那麼始終就追求平凡的東西。」

　　有一次，他到法國訪問，一群法國的動畫工作者向他請教，他回答說：「不要搞什麼前衛派的東西，侃侃而談的藝術是不夠的，影片得要人們喜歡才行。」

3. 力求完美

　　迪士尼的檔案庫裡有一張華特和他的 10 位動畫角色站在一個攝影棚桌邊的照片。在桌子中間是 5 隻生動的企鵝。這些鳥都面向華特‧迪士尼，似乎牠們知道，從他那裡能夠得到下一頓飯。這張有趣而迷人的照片完美的表現了迪士尼魔法和信念：製造出格外熱愛動物的王國，並且永遠追求完美。

　　決心要超過顧客想像的迪士尼，經常對自己動畫電影中的動作感到不滿，其實它們已經很漂亮了，但他還是認為不夠完美。直到那時，迪士尼的動畫設計員都是依靠靜態的攝影和電影剪輯作為模特兒，設計自己的動畫形象。迪士尼很清楚這些動畫設計員，如果按照實物寫生，也就是說按照真的企鵝寫生效果會更好。

　　「我們如何能做得更好？」這是華特‧迪士尼每次要問的問題。但是知足和隨遇而安不是這個完美主義者的天性。他不斷努力改進自己的產品。他曾經說：「每次我逛自己的一個景點，我都會想到，這東西出什麼毛病了，並問我自己怎麼樣能夠進一步更好。」

4. 內容就是上帝

1995 年，邁克爾奧尼爾等人在美國的《商業週刊》上評論說：「迪士尼公司，他們的咒語是：『內容就是上帝』。既然創意是娛樂業成功的基礎，那麼，資本就應該投向那裡。」

迪士尼公司的「內容」，即是他們的娛樂產品。他們的產品是豐富多樣的，但簡而言之，主要是迪士尼影片、迪士尼樂園以及由這兩大產品和新產品延伸而來的唱片、錄影帶、光碟、圖畫書以及一系列周邊產品。在迪士尼公司看來，這些產品亦即「內容之所以有生命，是因為它們是美妙的創意的產物」。

名家點評

「對我們親愛的國家驚人的影響作用使他應當受到來自各方的稱讚。」

—— 諾曼・文森特・皮爾

全世界每一個地方都歡迎他，五大洲每一個角落都有他的影響，他的事業深入全人類的心靈。像他這樣的人，我們要等很久很久才會再遇到。

—— 艾森豪

迪士尼創造的奇蹟比生命的奇蹟更偉大。他創造的真、美和歡樂將永世不朽，留芳萬世，使世世代代的人們從中得到歡樂和啟示。

—— 美國前總統詹森

傳世名言

1　我唯一的希望是我們不會忘記一件事情……一切都是從米老鼠開始的。

2　當你相信一件事情的時候，你最好是毫無保留的、毫無疑問的相信它。

3　你不是為自己生產產品，你應當知道別人的需求，並為他們生產產品。

4　一雙雙手，一顆顆心，眾人的智慧會為你的成功做出貢獻。

5　華特‧迪士尼公司的發展壯大與其人力資源 —— 也就是我們的演職員有直接的關係。

6　進步不僅僅是向前進，進步還是夢想、工作、構築更美好的生活。

財富智慧

一、支持性衝突

在迪士尼掌管公司的時候，經常會邀請所有員工對一些問題發表自己的觀點並提出建議。在討論中，彼此之間的位階差別不見了，任何人都可以向迪士尼本人提出對電影劇本、公園項目或卡通形象的建議。

而這種自由討論的公司氣氛被稱為「支持性衝突」方式，並當作迪士尼公司的公司文化之一。

二、敢想敢做

在商業界的各個角落，人們都可以發現首批下海者，他們的一個共同之處是勇於大膽冒險，他們很清楚知道：抓住機會，需要人們能夠超越現實。更有甚者 —— 他們似乎欣賞這種機會。華特‧迪士尼正是這樣一種人。

事實上，如果迪士尼公司真的有一塊基石可以依賴，那麼只有一個詞可以用來描述它：勇氣。在迪士尼經營公司的 43 年間，他勇於接受挑戰，勇於冒險，最終，勇於超越。

從他開始決定生產自己的卡通片那一刻起，迪士尼就追求成功的極限。他率先在卡通片《威利汽船》裡使用音響。在革新方法還未從整體上被整個行業接受時，他已經與彩色電影公司簽約，並聰明的堅持對他們的卡通片擁有為期兩年的獨家經營權。他首創了與故事片長度一樣的卡通片《白雪公主》，徹底消除了人們一時對成人是否能夠坐 90 分鐘看完卡通片的懷疑。

甚至迪士尼決定建立迪士尼樂園，也代表了娛樂界一種新的冒險概念。直到那時，娛樂公司還帶有某種令人厭惡的含義，那種 1950 年代以前狂歡節的俗氣。迪士尼夢想一個地方可以展現具有歷史意義的重新建設：展覽和旅遊相結合，迪士尼的勇氣使它成為一個世界上著名的旅遊勝地。

迪士尼的經驗說明，一個公司如果樂於做有意識的冒險，就能提高產品和服務發展水準，隨後獲得極大的回報。但並非所有公司的員工和經理都是如此，患得患失使他們有太多的選擇。他們陷入公司官僚主義的困境，使管理不能順利進行。

三、要有夢想

要想表達夢想，可不是件容易的事。本質上講，夢想完全是個人的感受。華特‧迪士尼能夠把自己的夢想有效的傳達給別人，能夠使別人注意他怪異的想法，運用他們的創造力為實現夢想而做出貢獻。

創業初期，當迪士尼樂園規模還不大時，迪士尼曾召集屬下五、六個

動畫繪製者，到他的辦公室討論製作新電影的設想。具有戲劇性的是，他要著手從事一個新故事片的製作 —— 不是簡單的文字敘述，而是一個古老的傳說，也許還是其他的童話故事，在這裡面可以表達他的夢想和成功希望。在接到簡短的命令後，動畫師就會抓住他的「角色成員」（這是公司裡對員工的稱呼）的想像力，使他們全身心的投入到把迪士尼的夢想變為現實的工作中去。如：他堅持先建迪士尼樂園的城堡，而這一看得見的東西就會幫助構思他的設想，使人人都投身到他試圖創立的夢想中去。

四、注重合作

　　華特・迪士尼永遠承認合作對他偉大成就的價值，認為也許合作是造就他偉大的直接原因。在任何情況下，他對團隊概念的信任都表現在他的電影和整個公司裡。事實上，團隊工作是他的名言：「成為我們的客人」中所包含的重要成分。要想做到超越客人的期望，需要有整個團隊的良好合作，團隊中每個人都要發揮重要作用。

延伸品讀

　　迪士尼離我們越來越遠，可是他創造的米老鼠卻留了下來。

　　由於有了米老鼠，人們也就不會忘記迪士尼，所以迪士尼並沒有走遠，他永遠和我們在一起。

　　正如迪士尼自己所說，他是一個平凡的人。即使他後來做出不平凡的事，也還是把他當作平凡的人更容易理解他。

　　可是這樣一個平凡的人，卻創下並不平凡的偉業。他這一生如果僅僅去拍電影，他在歷史上也許會占據一席之地，可是他做得更好。他不僅創

造了米老鼠，而且還創立了「迪士尼樂園」。

100 年來，迪士尼已經融入美國人的生活，並在不知不覺中以不間斷的、細微的方式影響人們的生活和夢想。自大、愛惡作劇的、又熱心解決問題的米老鼠，成了美國經濟大蕭條時期的精神象徵，而那個笨拙、同時帶點小聰明的唐老鴨 —— 它生活中的跌跌撞撞讓無數美國人聯想到了自己。

而今，他的卡通電影已經傳遍世界，並影響著一代又一代的少年兒童。

汽車大王 —— 本田宗一郎

商業鉅子檔案

全名：本田宗一郎

國別：日本

生卒年：1906 年～ 1991 年

出生地：日本靜岡縣

人生軌跡

　　本田宗一郎於 1906 年 11 月 7 日出生在日本靜岡縣的一個窮苦家庭，他自幼便對機械表現出了一種特殊的偏好。畢業後，16 歲的他不顧父親堅決反對，毅然來到東京一家汽車修理廠當學徒。6 年學徒生涯結束後，他回到家鄉在濱松市開設了一家汽車修理廠 ——「技術商會濱松支店」。由於他技藝高超，待人誠懇，生意非常興隆。然而，目光遠大的他在修車店生意十分興旺的時刻，毅然關閉了自己的修理廠，因為他覺得修理汽車

不會有太大出息，自己應該從事更富創造性的製造業。

　　1934 年，宗一郎創建了「東海精機工業株式會社」，雖然初出茅廬，但在他的慘澹經營下，公司總算生存了下來。二戰以後，作為戰敗國的日本，經濟上同樣受到了毀滅性的打擊，本田公司處境艱難，加之在此以前豐田公司已持「東海」較多股份，個性較強勢的宗一郎不甘受制於人，於是，他在 1945 年將自己擁有的股份以 45 萬日幣價格轉讓給豐田，自己徹底撤出了「東海精機工業株式會社」。

　　1946 年 10 月，宗一郎設立了「本田技術研究所」，主要生產紡織機械，這是他人生旅途中的一個重大轉捩點。1947 年，本田宗一郎又親自動手研製了 50 毫升雙缸「A 型自行車引擎」，這就是最早的「本田摩托車引擎」也是本田 A 型摩托車批量生產的開始。他的成功引起了人們的注意，許多人都在仿製本田式的「機器腳踏車」。為在摩托車領域站穩腳跟，本田宗一郎決定生產真正意義上的摩托車。1948 年 9 月，他正式組建了「本田技術研究工業總公司」並自任社長，從此揭開了本田大發展的序幕。

　　本田宗一郎不僅有著極其旺盛的創造熱情和能力，而且還有一種與眾不同的超凡預見能力及冒險精神。他明白只有使引擎有力、耐用、廉價，才能使所產摩托車銷量增加，於是，他於 1948 年 9 月親自帶領研製了雙缸 98 毫升、1.7 千瓦（2.3 馬力）的「D 型」引擎，並以此為基礎推出了「本田—夢幻 D 型」摩托車。1951 年又主持研製了性能更好的四行程「E 型」引擎及「本田—夢幻 E 型」摩托車。這兩種摩托車的銷售都獲得了成功，為公司贏得了利潤。同時，他主動出擊聯絡到了一個負責銷售和公司管理的合股人 —— 藤澤武夫，當對方於 1949 年 10 月以常務董事的身分加入本田後，他就將公司的全部經營實權放心的交給了藤澤，自己則只埋

頭於技術開發，不斷拿出技術先進而又符合市場需求的產品。兩人幾十年合作的結果是發展壯大了本田公司，使其成為名震全球的跨國集團。他還積極引進先進加工設備。由於加工設備先進，加之其他多方面因素的綜合作用，本田產品一直保持著優質暢銷，在激烈的市場競爭中站穩了腳跟。

他知道必須走多元化產品策略路線，才能在激烈的市場競爭中永遠立於不敗之地。在經營摩托車獲得成功以後，本田於 1962 年開始涉足汽車生產。他們利用在摩托車開發、經營中獲得的豐富經驗及大量資金，不顧一切的投入汽車開發，結果獲得極大成功：先後推出過「T360」型卡車、「S500」型轎車、「N360」型轎車等汽車產品，其中「N360」型轎車成為過全球暢銷車；設計開發的 CVCC 引擎以及安裝此種引擎的汽車，因其控制排汙效果好，而於 1975 年在世界汽車界引起極大轟動，為公司贏得了不可計數的利潤及崇高商業聲譽。

本田宗一郎充分利用有效機會宣傳企業和產品，積極參加各種類型的車輛競賽活動。1961 年，他憑在英國舉行的比賽中擊敗長期居於壟斷地位的英國摩托車，以及在以後的比賽中經常獲勝，而確定了在國際摩托車市場的地位。後來，他又透過在標誌著世界汽車最高水準的一級方程式賽車中獲勝的方式，奠定了自己在這一領域的地位。1991 年 8 月 5 日，為世界汽車業留下了光輝一筆的本田宗一郎去世了。但他「三個喜悅」（購買的喜悅、銷售的喜悅、製造的喜悅）的企業口號和「三個尊重」（尊重理論、尊重創造、尊重時間）的經營經驗，還會繼續發揮其應有的作用。

一、好奇的鄉村少年

1906 年 11 月，在日本靜岡縣磐田郡光明村，一個男孩誕生了。父親本田儀平十分高興，替男嬰取名宗一郎。宗一郎的降生為貧寒的家庭帶來

一份喜悅。他的父親是個鐵匠，而宗一郎一共有 8 個弟妹，大家庭儘管很辛苦，但卻充滿了歡樂。從小，宗一郎這個做大哥的，就得看護弟弟妹妹，但是他偏偏特別貪玩，因此沒少挨罵。父親作為一個鐵匠，是很看重時間的，所謂「趁熱打鐵」就是抓住最好時機下錘，這樣打出的鐵才是好鐵。在父親的潛移默化之下，宗一郎雖然調皮愛玩，但卻逐漸養成了嚴守時間的習慣。3 歲時，宗一郎開始纏著祖父帶自己去村裡的碾米廠，看碾米機，然後去鋸木廠。回家則撿一點廢品做一些莫名其妙的東西玩。

上小學時，村裡開始裝電燈。電力工人全副武裝在電線桿上忙碌，一下子燈亮了，宗一郎又驚又喜，電力工人在他的眼裡成了英雄。一回家他就跳著叫喊：「我要當電力工人，我要當電力工人。」小學二年級時，有一天村裡來了一輛汽車，宗一郎聽說後立刻飛奔去看，慢吞吞行駛的汽車噴出一股股帶汽油味的廢氣，宗一郎跟在後面聞了個夠。現在，碾米機和電鋸已算不了什麼了，哪能跟汽車比呢，汽車還能載人跑呢，這個激動人心的場面令宗一郎久久難忘。這一年，還有一件令人振奮的事，附近駐軍要舉行飛機飛行觀摩表演會。宗一郎那天沒有去上學，偷出父親的自行車向二十公里外的濱松飛快的蹬去。然而到了濱松後才知道，要收入場費。身無分文的宗一郎十分掃興，但又不甘心回家，後來他爬到一棵大樹上，隔牆而望，終於看見飛機了。飛機發出隆隆的響聲，揚起一陣塵土，在空中表演著各種動作。這飛向藍天的巨型物體，更激起少年宗一郎對機器的濃厚興趣。

1922 年，宗一郎從學校畢業。這時原本開鐵匠鋪的父親改行經銷自行車。但是手下的自行車銷售店無法從廠家那裡要到車子，所以儀平就廉價購進破舊車子，精心整修後再出售。宗一郎經常去幫父親修車子，小小年紀就掌握了很熟練的修理手藝。但是，宗一郎並不想在農村待一輩子，

他早就下了決心，小學畢業後就到東京去，看看外面的世界。剛好這時他在父親訂的一份《自行車世界》雜誌上，看到了一則徵才廣告，於是說服了雙親，去信應徵，通知書很快就寄來了。畢業典禮一結束，宗一郎馬上隨父親到東京去了。繁華的東京大馬路上，汽車川流不息。早在 8 年前宗一郎就見過汽車，但 8 年後，他對汽車的嚮往仍不減當年。作為鄉下人第一次來到大都市東京，白天車水馬龍、晚上燈紅酒綠的熱鬧情景，使他驚嘆不已。

二、熟練的汽車修理工人

宗一郎應徵的是一家名叫技術商會的汽車修理廠。廠裡擁有 15 名員工，生意相當興隆。父親向主人問候並把兒子託付給他之後，就匆匆趕回去了。就這樣，宗一郎住進了修理廠。技術商會在當時的東京還是為數不多的汽車修理廠之一。

但是，理想和現實根本就是兩碼事。剛住進修理廠的宗一郎的職責是替主人照看孩子。看著前輩們個個手拿工具，滿身油汙，忙於做事，而自己卻背著小孩擦地板，宗一郎十分失望和悲傷，幾次想溜回家，但想起村裡的父母，他又打消了這個念頭。這種生活持續了大約半年之久。一天，主人說：「宗一郎，今天太忙了，來幫一下吧。」這一天終於到來了。雖然天下著雪，十分寒冷，但宗一郎顧不了那麼多。鋪上席子就鑽進了滴著水的車底。由於修過自行車，所以操作起來得心應手。從此後宗一郎的手藝得到了承認，照看孩子的工作少了，修理工作多了。

1923 年 9 月，東京發生了大地震。大地震引發的火災也殃及到了商會，店鋪燒了，許多修理工人都回鄉下去了。安定下來後，主人開始重建修理廠，重新開張時，修理工人只剩宗一郎和另一位前輩。工作卻比從前

忙多了，主人收購大量被燒壞的汽車，修理並翻新後高價賣出。生意興隆了，本田宗一郎也就徹底從看孩子的困境中解脫了出來。從那時起，他總是騎著摩托車到處跑，上門為客戶服務，修理各種汽車。修理工作為他帶來了樂趣，使他逐漸了解了汽車的構造和引擎的原理。他工作勤奮、聰明能幹，很快就成了一名優秀的汽車修理工人。

三、白手起家的本田

在技術商會長達 6 年的時間裡，宗一郎注意學習，很快掌握了汽車的全部修理技術，也懂得了在工作認真負責的同時，必須對待客人熱情，才會有生意的來源。這時的他，已經不滿足於當一個員工，於是在老闆的支持下，他返回故鄉，用老闆給的 200 日幣作為創業資金，掛起了「技術商會濱松支店」的招牌，雖然只有一名員工，但也算開始了自己獨立的創業生涯。

當時濱松只有兩三家汽車修理廠。濱松分店開張之初，人們都敬而遠之，不信賴他。但是由於本田宗一郎肯鑽研技術，尤其能修理棘手的汽車故障，後來越來越多的在別的修理廠無法修理的汽車，都能夠在這裡起死回生，宗一郎逐漸獲得了大家的好評：「只要拿到技術商會去，什麼樣的故障都能修復。」生意很快興隆起來，業務走上了正軌。宗一郎每天起早貪黑，拚命工作，加上心靈手巧，又理解顧客的心情，修理店的影響漸漸擴大，顧客增多，場地和設備也添置了。

進入第二年，本田宗一郎全身投入汽車的改造工作，這是應客運、貨運公司的要求，把客車的車身加以改造，可以增加兩三人的座位，又把貨車的車身也加以改造，這樣可以增加運貨量。由於宗一郎的技術高明，名聲四起，臨近地區的客戶都知道本田宗一郎的大名。因此，只能容納四部

車的修理工廠，已經無法接受更多的修理和改造車輛，便在第三年由小工廠搬到了占地 80 坪的較大廠房。

另外，一有時間，宗一郎就躲在一間小屋裡進行研究。改良汽車零件，並按自己的想像進行發明創造，那時候的汽車，輪圈都是木製品，易腐蝕、怕撞擊，一遇上火災，整個車輪全毀。於是本田宗一郎開始思考用金屬來製造輪圈。終於，經過廢寢忘食的研究，他研製出了鐵製輪幅，並於 1931 年獲得了專利。

宗一郎 30 歲不到，就很闊綽了。修車的事都交給員工去做，他仍然喜歡擺弄機器。他製造出水上摩托車，帶上年輕員工在湖上兜風。他還駕駛一輛由他改良的福特汽車，參加全日本汽車競速大賽，生活緊張又刺激。事業上的春天也為他帶來了愛情的春天。1933 年，他和小學教師磯部佐智結婚了。

1934 年，宗一郎突然提出關閉修理廠。當時修理廠有 50 多人，生意興隆。之所以有這個轉變，是因為經過仔細的市場調查，宗一郎發現：汽修業的競爭越來越激烈，但零配件供應卻日益緊缺。目光敏銳的他，大膽的在這個時刻提出調整方向，為以後的發展打下了良好的基礎。仔細核算了一下當前的形式和自己的經濟實力後，宗一郎決定涉足汽車行業，但不是做汽車，而是做引擎活塞環，好不容易說服大家，修理廠正式更名為「東海精機工業株式會社」，開始了向製造業邁出的第一大步。

然而，活塞環雖小，製作起來並不簡單。惡劣的工作環境，要求活塞環必須堅硬耐磨，彈性高、耐高溫。宗一郎傷透了腦筋，最後明白需要學習有關金屬工藝學知識，才能做好活塞環。於是他就以旁聽生的身分在濱松工專學習了兩年，終於解決了這一問題，成功製造出合格的活塞環。

1937 年，豐田汽車工業公司誕生，第二年工廠投產，成為東海精機的主要客戶。到 1942 年，豐田汽車工業公司已占有東海精機的 40％的股份。

這時候正是「二戰」期間，由於戰爭的原因，公司被徵用為軍需工廠，又開始製造戰艦和飛機的零部件。雖然宗一郎對戰爭一點都不贊同，但在戰爭經濟的刺激下，「東海精機」得到了很大的發展。不過，由於在資金和原料方面一直受大客戶豐田的制約，這使得宗一郎不是很滿足，他決定終有一天，他要自立門戶。

1945 年，日本中部發生大地震，東海精機的廠房、機器受損，正在搶修時，日本投降，戰爭結束了。停戰使徹頭徹尾的軍需工廠 —— 東海精機陷入困境，不知下一步如何。豐田汽車公司提出繼續為他們生產零部件，本田宗一郎卻不想再過唯命是從、為人做嫁的日子了。於是他把自己擁有的股份全部轉讓給豐田公司，獲得了一筆 45 萬日幣的鉅款。錢到手後，曾打算做一番事業，但一時又茫然。戰後的日本，社會一片混亂，物資受管制，許多買賣都要黑市交易。於是，宗一郎決定暫時觀望一段時間。儘管有錢，但 40 多歲的人整天「遊手好閒」，妻子、親戚們都為他著急。但宗一郎卻堅信，憑自己的才能一定會做一番事業出來。他並沒有閒著，他正在探索，正在觀望，看人們需要什麼。

四、本田企業的誕生

本田宗一郎在家裡待了一年，他看到剛剛脫離戰爭後，日本的衣料十分缺乏，於 1946 年成立了「本田技術研究所」，最初以製造紡織機械為目標，但因資金不足，就放棄了開發大型紡織機械。這時他又想到了生產摩托車。戰時陸軍通信機的微型引擎已派不上用場了，堆放在軍工廠倉庫

裡。宗一郎聽說後，立即廉價買來，裝在自行車上，第一輛機動二輪車誕生了。

這種被稱為「吧嗒吧嗒」的機動自行車博得好評。因為在當時，交通混亂，車輛擁擠，城裡人渴望有屬於自己的便捷交通工具。汽車買不起，這種機動車自然受到青睞。而農村裡的人也想要有好的工具，把米、菜從農村運到城裡販賣。所以「吧嗒吧嗒」一問世，周圍的人們聞訊蜂擁而至，第一批產品被搶購一空。本田技研所的工人們加班工作，「吧嗒吧嗒」的產量不斷增加，最初月產 300 輛，後來 500 輛、700 輛，大批購進的小型引擎已經不夠用了。

本田宗一郎終於決定自己生產引擎了。他賣掉祖傳的家產，籌措資金。經過努力，終於和朋友河島一起生產出 A 型引擎。雖然只是 50CC 的小型引擎，但它是宗一郎親手製造的第一部引擎。這就是最早的「本田摩托車引擎」，也是本田 A 型摩托車批量生產的開始。理想終於變成了現實。

A 型引擎的問世，使「吧嗒吧嗒」的產量激增，公司也擴大了。1948年，本田宗一郎以 100 萬日幣的資金，成立了「本田技研工業株式會社」。安裝了 A 型引擎的車子十分暢銷。宗一郎並不滿足，繼續研製出了性能更好的 B 型、C 型引擎。接著，他又研製了 D 型，一種 98CC、2.3 匹馬力的引擎，功率比 A 型大了一倍。若是還把它裝在自行車上，功率顯然是太大了。於是，宗一郎開始設計能與這種引擎相稱的車體。

1949 年 8 月，第一輛摩托車的試製工作完成。大家命名該為「理想號」，這是從自行車到摩托車的一次重大進展，本田技研工業公司的希望也寄託在「理想號」上。

技術上在不斷前進，但管理也不能放鬆。宗一郎是個很聰明的人，

他知道自己的專長是技術，而公司發展還迫切需要管理行銷人才。於是
1949 年，管理專家藤澤武夫加盟本田的事業，使本田的市場逐步擴大，
後來他被稱為「管理界的本田宗一郎」，本田的第二號人物。

1950 年 3 月，公司在東京開設了經銷店，邁出了走向全國的第一步。
新產品「理想號」一起進了東京，但人們對它的評價不太好，主要是太笨
重的車身，必須開發更大功率的引擎。

宗一郎和河島喜好共同分析、共同努力，研製出了新的引擎，它就
是頂桿式（OHV）引擎。直到現在，世界上絕大多數四行程引擎都沿
用了頂置閥門設計，這不能不說是一大創舉。這種 OHV 式引擎，四行
程 146CC，5.5 匹馬力，被命名為「E 型引擎」。它將會為公司帶來新
的希望。

兩個月後，劃時代的「理想 E 型」摩托車開始試車了。冒著狂風暴
雨，河島親自駕駛，宗一郎和藤澤駕駛汽車尾隨。引擎運轉良好，試車成
功。三人擁抱在一起，高興的流下了眼淚。E 型引擎的試製成功，「理想」
克服了車身過重的缺點，深受好評。然而宗一郎並未鬆一口氣，他又著手
開發安裝在自行車上的微型引擎，不久就推出了「佳普」號。該車的引擎
只有 50CC，但功率卻比 A 型提高了一倍多。「佳普」外型設計美觀，速
度快，深受顧客歡迎。緊接著，又開發有高性能的摩托車「奔利」號，和
世界上首次使用合成樹脂製作車身的「天使」號。這兩種車的問世，使本
田公司共有四種類型的摩托車投放市場。公司的規模也不斷擴大，效益不
斷提高，初步具備了大企業的雛形。同年，宗一郎成為日本最年輕（46
歲）的「藍綬帶獎章」獲得者。

一切都是那麼順利，宗一郎幾乎有些飄飄然了，但是考驗接踵而至。

　　1954 年，因為宗一郎決策失誤，向銀行借貸鉅款，而市場的變化使得投資效益無法立即得到實現，公司負債沉重，生產資金短缺。同時，「理想」等型號摩托車的品質問題引起消費者不斷投訴，銷售額直線下降。

　　這時的宗一郎臨危不懼，他要藤澤借來大筆優惠貸款，自己則把全部精力放在改進「理想」號上，幾乎到了痴迷的地步，有次做夢的時候他忽然想出了一個新的技術方案，趕忙記錄下來，天沒亮就去試驗，結果竟真的成功了！為此他和藤澤都激動得哭了！事後，宗一郎感慨萬分：「人沒有刺激和壓力就不會進步，困難痛苦時的智慧才是最可貴的！」

　　就是在這種動力的支持下，他不顧同行的蔑視和嗤笑，參加了 1959 年世界最高水準的摩托車 TT 賽，慘敗卻不灰心，不斷改進技術，終於在 1958 年的 TT 賽上獲得了第 6 名，在 1961 年賽事上獲得了冠軍，在 1966 年更是創造了奇蹟，壟斷了 4 個級別組的世界優勝獎，包攬了賽程的前 5 名，至此，他從傳統摩托車強國義大利、德國人手中奪取到市場，奠定了「本田」家族的盛名和地位。本田宗一郎終於把理想變成現實。這意味著本田技研工業的技術水準得到了迅速的提高，在世界上贏得了聲譽。

　　1960 年，本田技研工業生產的摩托車突破了 149 萬輛的紀錄。出口 6 萬輛，居世界第一，終於成為世界一流的摩托車公司。1965 年，本田技研工業在日本國內 204 家機車廠商中脫穎而出，奪取了日本第一和世界第一的摩托車廠商稱號。本田宗一郎成了促使摩托車業成為年銷售收入達 30 億美元的行業偶像。如今，本田技研工業仍然是世界上最大的摩托車製造商，在全世界摩托車的銷售中，每 4 輛當中就有 1 輛是本田摩托車。

五、本田帝國

　　不僅如此，摩托車不能使宗一郎滿足，因為汽車才是他最終的目標。

1961 年，他開始研製高性能賽車，並準備參加世界汽車業最高水準的 F1 大賽。儘管沒有像提出參加 TT 大賽時那樣遭冷眼，但人們仍說：「摩托車雖有了點成績，汽車可就不同了，本田行嗎？」宗一郎沒有理會別人的議論，而是埋頭苦幹，傾注全部心血進行賽車的設計和改良，反覆試驗，造出「理想的賽車」。

但是第一次參賽，結果十分糟糕。1964 年 8 月，德國紐倫堡，本田 F1 賽車只跑了十二圈，就因引擎故障不得不退出比賽。9 月的義大利賽，10 月的美國大賽，本田車都沒能堅持到比賽結束。儘管成功研製出了引擎，但整部車的機械穩定性和裝配工藝都是第一次接觸，以宗一郎為首的技術人員終於了解到自己技術上的不足。但是他們毫不氣餒，重新活躍在賽車研製現場。

1965 年，本田賽車在 F1 歐洲賽程頑強拚搏，終於在最後的墨西哥賽程獲勝，稱霸世界。這一勝利意味著本田的汽車製造技術已跨入先進行列。

攜 F1 賽車技術之利，1966 年 3 月，本田技研工業總公司研製出劃時代的輕便轎車「N360」。「N360」一上市，馬上得到好評。高速、輕便、寬敞的優點贏得了顧客的讚賞，銷售量大幅上升。

正在本田的汽車事業不斷發展的時候，1970 年 12 月，日本公布了「馬斯基法」，即限制汽車排放廢氣法。該法規最早是由美國人馬斯基提出的，日本人借鑑實行，但它的廢氣排量規定值為美國的十分之一。要通過「馬斯基法」，關鍵要開發出合格的引擎，汽車生產廠家能否繼續生存下去，關鍵在此一舉，同時這也是一種社會責任。宗一郎親臨前線，指揮開發研究工作。他和年輕的技術人員一起收集資料，查閱文獻，終於在

1972 年 10 月，經過反覆的試製，宗一郎成功開發出符合法規的 CVCC 引擎。本田技研工業總公司的成功贏得了榮譽，受到美國環境保護局、全美科學協會的高度評價。

1973 年，本田公司正式採用 CVCC 引擎生產「西比古」轎車，第二年又推出「阿科德」（雅閣）車，顧客接踵而來，應接不暇。

到了 1980 年代，本田公司已經成為日本第三大汽車製造商，而到了 1980 年代末，他已成為世界上的第三大汽車製造商。與此同時，本田宗一郎的接班人河島喜好奉行他的「經營要面向世界」的基本方針，決定到美國建廠生產本田汽車。本田公司在美國生產的本田 —— 阿科德牌汽車在 1980 年代末和 1990 年代成了美國最暢銷的汽車，並使本田宗一郎成為第一位進入美國汽車名人堂的日本企業家。

六、最高的榮譽

1973 年 9 月 24 日，本田公司舉行創業 25 周年紀念活動，就在這一天，本田宗一郎辭去了本田技研工業總公司董事長一職，就任公司最高顧問，把公司最高領導者的寶座讓給了 45 歲的河島喜好。

1974 年，本田宗一郎「忍痛割愛」，讓創業功臣、歷盡滄桑的弟弟本田弁一郎從公司常務董事的位置上退下來，離開了公司。他擔心自己隱退後，周圍的人會盡力推薦弟弟擔任下一任董事長，本田公司不知不覺會成為同族經營的家族公司。基於這樣的理由，本田宗一郎當然堅決不讓兒子進入本田公司。

本田宗一郎把一個世界性的大企業拱手讓給了一個毫無血緣關係的外人，這在日本企業史上被傳為佳話，也是富有遠見的創舉。本田宗一郎說：「本田公司不是本田家族的，企業乃社會產物。」在不少公司的領導人

挖空心思把親屬往公司裡安插的時候，本田宗一郎卻表現出了企業家所特有的驚人氣魄，不是任人唯親，而是任人唯賢。

在本田宗一郎退出江湖的歲月裡，世界上多種榮譽隨著本田技研總公司的發展源源而來。如：1978 年，榮獲義大利產業獎；1979 年，榮獲比利時頒發的王冠勳章；1980 年，榮獲瑞典頒發的北極星勳章；1981 年，榮獲日本頒發的一等瑞寶勳章；1984 年，榮獲法國頒發的勳章；1991 年榮獲美國汽車工業協會頒發的特別獎等等，舉不勝舉。

此外，本田宗一郎還獲得美國密西根理工大學、俄亥俄州立大學及哈佛大學名譽博士。其中，1989 年本田宗一郎的雕像列入美國汽車城底特律的「汽車殿堂」，是他一生最高的榮譽。因為能進入這個殿堂的日本人只有本田宗一郎一人，並且他的雕像與「汽車大王」福特並肩同列在殿堂裡，讓世界愛好汽車的人瞻仰，這是他生前的光榮，也是死後名垂青史的恆久紀念。

1991 年，本田宗一郎在東京與世長辭。他的晚年一直伴有肝病和糖尿病，直到去世為止，這兩種病一直纏身。

財富金言

一、技術至上

正如本田技研工業總公司的名字一樣，尊重技術是本田宗一郎始終如一的態度。但是，技術不是抽象的東西。的確有「優秀的技術」、「當代著名技術專家」的說法。但是，如果技術中缺乏了某種「東西」，技術至高無上的想法也就可能失去它的本來面目，變成怪物。

「技研」的確是以技術至上為宗旨，沒有派系，也沒有血緣關係網，注重才幹，謀求合理化，這樣的公司理所當然會獲得迅猛發展。這大概就是本田技研工業總公司在激烈的競爭中立於不敗之地的奧祕吧。

二、拒絕模仿

本田宗一郎認為模仿是先甜後苦，創新是先苦後甜，他說：「我討厭模仿，所以我們公司是以我們自己的做法做的，吃盡了苦頭。然而，超越他們之前是花了不少時間，但在超越後，我們技術力量上的領先就形成了彼此間的差距。我們從一開始就選定了艱苦奮鬥的方向，所以是先苦後甜。模仿只圖一時的舒服，日後就會叫苦不迭。作為一位研究人員，認知這一點的重要性是尤為重要的。我現在還是這樣想的，模仿一次，就會永遠模仿下去。」

三、人盡其材

在本田宗一郎看來，每個人都有自己的優缺點，最重要的是如何去合理運用。他說：「公司裡每個人都毫無保留，完全暴露自己的優缺點，是一件好事。石頭就是石頭，金子就是金子。教練要盡量掌握運動員的特點，並使之得到充分發揮，做到人盡其才，物盡其用，合理安排。那樣，石頭也罷，金子也罷，統統都會成為真正有用的東西。」

四、保持樂觀心態

即使是身處逆境，宗一郎還是充滿信心，沒有絕望，沒有被困難嚇倒。在危機關頭，沉著應戰，他想的只是如何解決出現的困難。因為他深深的懂得：絕望將一事無成。只有勇敢的迎著困難上，才能衝破難關。他

說：「人，假如戰勝不了逆境，要想獲得成功是不可能的。」

名家點評

那位「先生」（指本田宗一郎）真讓我佩服得五體投地。他從不考慮買賣的得失，一味去創新，去發明。即使你說這件事是否可以緩一緩，他也只是說「知道了，知道了」，但從未停止過他的發明創造。

—— 前豐田公司董事石田退三

他（本田宗一郎）對任何失誤都不曾考慮過「不可能」這三個字。他克服了戰爭期間物資不足的困難，曾在自己工廠的一角自製水泥和石灰。更有甚者，據說他還自己動手製成了玻璃板。撇開那種做法的利害得失，這不正是向各種不可能因素挑戰，化不可能為可能的極好例子嗎？

—— 日本企業家川上嘉市

本田宗一郎是自亨利·福特之後世界上最有才氣、最成功的機械工程企業家。

—— 世界上最偉大的推銷員喬治·吉爾德

戰後，日本的經營者中，要數真正創造出財富來的人，只有 SONY 公司的井深大和本田技研的本田宗一郎了。其他皆非個人所創造，而是整體組織創造出來的。

—— 日本商工會議所會長五島升

傳世名言

1　害怕失敗，最好什麼都別做。

2　技術，本是源於人們的欲望中。整體來說，人們首先具有要提高自己生活的一種欲望，創造財富就是其中之一。人們首先為了自己，充滿著要如此這般提高自己的生活水準的迫切感而工作著。

3　天才技術專家絕不是為了名聲和金錢去開發技術的，而是強調在謀求自我實現的過程中找到自己存在的價值。

4　成功只有百分之一的可能，它是經過九十九次失敗後才獲得的。

5　我絕對不贊成透過限制進口外國汽車來維護自身利益的這種閉關自守的做法。技術競爭始終應該由技術來決定勝負。

6　我即使被流放到《魯賓遜飄流記》中提到的孤島上，也要想方設法活下去；即使把我撒在瓦礫上，也要發芽、開花、結果，我有自信。

7　人，不管時間多麼寬裕，沒有錢就不可能得到享受；相反，不管多麼有錢，如果沒有時間，生活同樣會不快樂。

8　我從自己的經驗中體會到，創造發明不是異想天開，而是走投無路、迫不得已時的智慧結晶。

9　不管機器怎麼先進，機器始終代替不了人。

10　許多人把事業的要素歸納為資本、勞動、經營這三者，而把最重要的因素 —— 時間給疏忽了。

財富智慧

一、注重人才

　　本田公司的創業者本田宗一郎先生不僅是一位卓越的決策者，他的用人之道也是獨具匠心。日本向來是被稱為「工作狂社會」，人人都被灌輸以廠、以企業為家的思想，尊奉為企業獻身的精神。本田在寫給報紙的雜談中卻發表了迥異的見解：「企業經營者的最主要的工作當然是經營好企

業。但是還有更重要的事情，這就是向到企業裡來工作的人灌輸一種意
識：『把勞動作為享受自己幸福生活的手段』、『不必為企業犧牲』、『不是
為企業為社會，而是為了我們每個人更幸福的生活而勞動』、『企業應成為
實現這一目標的場所。」本田先生以員工為主體，確定了企業和個人之間
的關係。以此為基礎，全體員工的智慧是公司最寶貴的財富。聰明的管理
者都會充分利用這一資產。本田採取的方法是讓這批會思考的員工享有承
擔風險的自由。如果員工害怕犯錯誤，必然只會重複同樣的工作程序，不
思索改進之道。害怕嘗試新鮮事物的心態，必定扼殺員工的創造力。本田
公司不遺餘力的開發員工的才能，結果證明是正確的。它不僅為公司創造
了更可觀的效益，而且使員工真正愛上了公司。本田公司的員工流動率僅
為 2%，遠遠低於其他汽車工業公司的平均水準。

二、培養團隊精神

本田公司致力於營造一個人人平等的環境。在本田公司，你看不到私
人停車場，也找不到專為主管開設的餐廳。從工廠經理到生產線工人，所
有的人都在同一個餐廳用餐。工程師和管理人員不僅和生產工人同桌吃
飯，而且整天和工人們待在生產線一起工作。他們並不是在生產現場尋找
靈感，而是和工人一起處理零件及操作機器設備的問題。在本田的工廠
裡，所有的管理人員都不怕弄髒雙手。同樣，在本田公司中，也沒有私人
辦公室，所有人都在一個沒有間隔的大辦公室裡辦公，辦公桌彼此相鄰，
絲毫沒有位階差異。這種工作環境特別容易激發團隊精神。沒有私人辦公
室、停車位及餐廳的工作環境，傳給全體員工一個明確的資訊：在公司
中，絕對沒有「菁英分子」或「非菁英分子」之分，每個人都感覺到自己
是一個平等團體中的一員。

團體精神的樹立有利於團體決策的執行。從字面上看，團體決策是指一群人共同參與解決一件事情。團體決策不是指非要投票表決，或遵守少數服從多數的原則。本田的團體決策，是指各個部門都派人參加，如果有人提出良好的構想或方案，將由全部參加者逐步達成共識。團體決策至少有兩個重要作用：第一，在規劃初期，即需要不同部門派代表參加，因此代表可將講座的意見回饋給所屬的部門。第二，由於一開始就參與其事，將來在執行時，各部門都主動協助，而不是袖手旁觀。

三、尊重創新

在目前全世界這種日新月異的進步的新時代，資本力量在創業經營中的重要性已經讓位給創新，就是說走在時代前列的創新將引導企業走向繁榮。沒有創新，就算擁有財富，也趕不上時代的潮流，成為失敗者。有些公司沒有資本，但依靠創新獲得發展。相反，不少企業儘管資本力量雄厚，工廠設備齊全，人員也不少，卻因為經營不善和缺乏創新精神而出現虧損。時代的迅猛進步把企業經營中資本和創新的重要性顛倒過來了。

四、尊重理論

就在公司經營中，凡是與公司有關的業務經營都要建立在尊重理論的基礎上。當然，還要尊重每個人符合理論的想法，即創新和改良才有進步和發展。他們認為，人的體力只不過二十分之一馬力，而人的價值卻是與根據理論思考問題和合理地處理事務的智慧和能力成正比的。「如果我們公司有新穎之處的話，那就是不僅它的從業人員年紀輕，而且是否尊重新理論。我們公司今後的發展和進步不論何時都取決於更合乎理論。」

五、尊重時間

本田宗一郎常說，「拿紡織品作比方，技術是經線，時間是緯線，二者相交織，方成為產品 —— 織物，為迅速生產織物，就只有增加穿引緯線的織梭的速度。」、「雖然發明了好技術，但若錯過好時機，技術的作用也就等於零。在發明、創造和改良過程中，時間是最為重要的因素，不管多麼好的發明和發現，如果比別人晚了，哪怕是百分之一秒，也就不成其為發明和發現了。創新和時間是絕對分不開的。」如果說，尊重理論是要把企業的創新活動建立在「理論」這一深度的基礎之上，那麼，尊重時間就是要把握時代的脈搏，掌握創新的時機，使企業永遠走在時代的尖端。

在科技技術日新月異的今天，創新是企業的立身之本。本田有一個著名的「三尊重」理論，即「尊重理論、尊重創新、尊重時間」，這是本田宗一郎多年企業經營管理實踐的經驗總結，並已作為最重要的指導思想，被寫入本田公司的「五項營運方針」之中。「三尊重」可以說是本田公司的經營思想的核心。

延伸品讀

他以非凡的才能，把公司從一個街道小廠變成世界性的大企業，累積了許多寶貴的經驗，無論經營思想、用人之道等，莫不如是。他謙稱自己只是一個「名駕駛員」而已，但他的精神卻世代相傳，永放光芒。

本田宗一郎曾說過：「人生就像是駕駛飛機。起飛的時候，大家都來送行，熱鬧非常。技術上也沒有什麼，只要會掌舵，起飛並不難。要是在飛行中途遇到氣流不好，飛機就搖擺不定，駕駛員都會冒險認真控制飛機安全。要緊的是降落的時候，如果操縱失敗，那就血本無歸。我希望，在

人生的最後一段路，當要降落的時候，能夠平穩的落地。如果能被稱讚為名駕駛員，那就再好不過了。」

確確實實，本田宗一郎是個「名駕駛員」。

他，舉世聞名。

他，當之無愧。

財界總統 —— 鄭周永

商業鉅子檔案

全名：鄭周永

國別：韓國

生卒年：1915 年～ 2001 年

出生地：朝鮮北部江原道通川郡

人生軌跡

鄭周永，韓國現代集團創始人，被譽為「財界總統」。1915 年 11 月 25 日，出生在朝鮮北部江原道通川郡的農民家庭。小學畢業後，離家外出打工。做過許多工作，例如鐵路苦工、碼頭苦力等。後來，在一家米店工作。由於工作勤奮、肯出力，深得老闆賞識，老闆就將米店完全託付給他管理，為他的生活帶來了一個良好的轉機。22 歲那年，回鄉奉父母之命成婚，並自己開了一家米店。

這一時期，正是日本帝國主義對整個東亞及東南亞發動大規模侵略戰爭的時期。日本強制朝鮮實行糧食配給制，鄭周永的米店被迫關門。

米店關閉後，鄭周永又做過汽車修理工人。日本投降後，他與別人合夥成立了「現代自動車工業社」。由於他的修車技術好，服務態度好，贏得了客戶的信任。所以，工廠在一年之內就發展成了擁有百人的大型汽車修理廠。正在這時，他又發現經營房地產業能夠獲得較高的利潤，於是，他不顧朋友的反對，執意投資房地產業。

1947 年 5 月 25 日成立了「現代土建社」。1950 年，朝鮮戰爭爆發，他以企業家特有的鑽營精神與美國第 8 軍打交道，承建軍需設施，獲得暴利，並為此後進入國際市場累積了經驗和技術。此後，他以堅韌不拔的努力，將這家小公司領進了跨國企業的行列，並將它發展成為韓國第一大企業 ── 「現代」集團。

1958 年，鄭周永戰勝許多競爭對手承建漢江大橋，使他在聲譽上、實力上成為韓國建築業界執牛耳者。

1965 年鄭周永出征泰國，戰勝西德、日本等國強手奪標成功，承建高速公路。這次出師不利，出現虧損，但由此他看清了自己與國際先進企業的差距。1968 年到 1970 年間他承建漢城（首爾）至釜山高速公路時，吸取了在泰國的經驗教訓，圓滿完成了任務。

1975 年 10 月，鄭周永打進中東。翌年，承建沙特港口工程。這項工程使他聲譽大振，成為世界建築市場強有力的競爭者。

1972 年，他插手造船業，在一無資本、二無技術的情況下，他周遊歐洲謀求貸款，同時尋找油船買主，然後一邊建廠一邊造船。僅 2 年又 3 個月，一座現代化造船廠和兩艘巨型油船同時竣工。1981 年他用 16 個月

修建第二座船廠，使他擁有年造船 215 萬噸的能力，成為世界造船大戶。1983 年他獲得世界 1／5 的船舶訂貨，使韓國成為僅次於日本的世界第二造船大國。

1973 年，鄭周永開始經營汽車製造業。1975 年製造出福尼牌轎車及多種型號卡車。1976 年轎車開始外銷，1986 年打進美國市場。如今「現代汽車」已成為韓國最大的汽車製造集團，在國外設有 400 餘個銷售網站，市場遍於 60 多個國家，成為美、日等先進汽車廠家的強勁對手。

1983 年，鄭周永躋身於電子產業，開始與「金星」、「三星」等老牌電子企業集團競爭。它生產的家電產品及通訊設備、汽車電子裝置等，贏得了世界聲譽。

1987 年 2 月，退居二線，但在遇到重大決策時，他仍有著關鍵作用。

鄭周永是最早動手發展與社會主義國家經貿關係的南韓企業家之一。1989 年 1 月他對蘇聯的訪問，使他投資開發西伯利亞的大計畫趨於成熟。隨後他對北韓破天荒的訪問，為渴望祖國統一的朝鮮人民帶來了美麗的期望。

1992 年他加入統一國民黨，同年 12 月參加第 14 屆總統選舉，失敗後退黨。

2001 年 3 月 21 日，在首爾病逝。

朝鮮戰爭結束之後的建設和六十年代的工業化發展，為鄭周永帶來一個又一個獲利豐厚的合約，他把自己的事業發展到汽車、輪船和機械製造，還有半導體與電子產品。

成長經歷

　　1915 年 11 月，鄭周永出生在朝鮮北部江原道通川郡的農民家庭。家有八兄妹，他是長子。他的父親將一切希望都寄託在他身上，希望他能成為一個出色的農夫。從他十歲那年起，父親在凌晨 4 點就叫醒他，帶他下地工作。同時父親要鄭周永在農閒時讀書。在鄭周永眼裡，父親是一個模範農民，沒有一個農民比他工作更投入、更賣力，無論嚴冬還是酷暑，永無止息。但即使是這樣，也依然無法維持一家人的生計。這種嚴酷的現實，使得鄭周永不願再重複他父親的老路，他認為，與付出的汗水和時間相比，種田的成果太少了。與其死守毫無開墾價值的土地，不如去工地賣苦力賺錢，就是再苦再累也比種地強，有了離家外出的念頭。

　　1931 年鄭周永小學畢業，因為家境貧寒，被迫輟學。年底他從報紙獲得招募工人的資訊，決定外出找工作。因為害怕父親不允許，他就與兩位好友不辭而別。他們沒吃沒住，晚上露宿路邊。經過長途跋涉，才在一個工地上找到一個修鐵路的苦工做了下來。二個多月後，父親找來了，將他領回家，此後他又二次出外尋工，都被父親帶回家中。第四次離家出走時，他隻身來到仁川碼頭做苦力，在漢城當過近一年的工人，最後又在一間米店尋得待遇較好的工作，得以安頓生活。這是他多次離家出走的第一次轉機，當時他未滿 20 歲。

　　米店老闆是靠賣芹菜起家的，現在已經建立了規模不小的工廠和商會。老闆的發跡之路，對鄭周永是一種鼓舞，他希望像老闆一樣，能夠憑自己的努力出人頭地。憑著自己的勤奮誠實，鄭周永得到了老闆賞識和客戶的信任。沒過幾個月，老闆索性將米店交給他來管理，他也因此學到了許多經營之術。米店老闆有一個兒子，十分不成材，將老闆創下的基業幾

乎揮霍殆盡。老闆在極度失望之下，將米店送給了鄭周永。這簡直就是天上掉下來的餡餅，鄭周永喜出望外。他將米店名稱改為京一商會，繼續經營大米生意。由於他良好的信譽，生意也越做越好。他用賺得的錢為家裡添置了田地。他的父親看著兒子在外已經闖出了成果，就再也沒有說讓他回家務農的話。22 歲那年，鄭周永回鄉，奉父母之命與同村的女子邊仲錫結婚，婚後夫妻感情甚好，共同度過一段艱難的日子，還養育帶大了六個兒子鄭夢弼、鄭夢九、鄭夢根、鄭夢禹、鄭夢憲和鄭夢準。婚後的鄭周永回到了漢城，繼續經營他的米店。

但是，天有不測風雲。1937 年，盧溝橋事件爆發，日本侵華戰爭全面爆發，朝鮮成為日本侵略中國的重要基地。為了搜刮戰爭物資，日本在朝鮮實行糧食配給制，嚴禁糧食買賣。鄭周永的米店也被迫關門。米店夭折，鄭周永受到強大衝擊，但他並未灰心，開始尋找別的賺錢途徑。

他發現，在戰爭年代，汽車修理業是個投資少、利潤多的行業。正在這時，有一家汽車修理廠由於經營不善，瀕於破產，於是，他借錢買下了這家工廠。由於他的勤奮，和以前經營米店得來的經驗，工廠很快就由赤字變為盈利，20 天左右就還了一半的借貸。可惜，好事多磨，開業第 25 天，一個工人不小心將火種掉在了地上，引起了一場大火，將工廠燒毀了。又是一個沉重的打擊。但他還是沒有屈服，又集資重新辦起專修汽車的「亞都服務」，在經營中他也學會了汽車原理和引擎的構造知識。

然而，好景不長，1942 年，日本殖民當局頒布《企業整頓令》，鄭周永的汽車修理廠很快被別人吞併。失去了工廠的鄭周永並沒有氣餒，他很快就發現：由於戰爭，汽車運輸業成了能賺錢的熱門行業。於是，他就用這幾年累積下來的錢，買了 30 輛卡車，成立了車隊，與一個日本人開設的寶光株式會社簽訂合約，做起了礦石運輸生意。1943 年正式投入營運。

1945 年 5 月 15 日，日本投降前夕，鄭周永將車隊轉讓了出去，帶著一大筆錢返回了家鄉。

1945 年 8 月 15 日，日本宣布戰敗投降。不久，鄭周永又回到了漢城。當駐韓美軍拍賣日本在朝鮮強占的房地產時，鄭周永與幾位朋友合買了漢城中區草洞 106 號的一塊土地。經過幾個月的修整後，鄭周永在這片土地上又建起了一個汽車修理廠。1946 年 4 月，首次掛起了「現代自動車工業社」的牌號。當時進駐朝鮮南方的美軍車輛很多，鄭周永因修理經驗多，技術好而獲得客戶信任，不到一年，鄭周永的工廠就發展成為近百人的大型修理廠。

戰後，美國為了與蘇聯爭奪對朝鮮的控制，大力扶植韓國企業的發展，為韓國企業注入了大量的資金。但是鄭周永很快發現，美國資金大部分都投到了建築業上了，自己經營的汽車修配業，很難得到美資的扶助。便想投資建築業。他的朋友都勸他不要涉足自己陌生的行業。但是，鄭周永想：別人能做的事，我為什麼不能做呢？他相信憑著自己多年經營得來的經驗，一定能成功。1947 年 5 月 25 日，他又在「現代自動車工業社」牌子的旁邊掛起「現代土建社」的牌子。這一天也就成了一家跨國大企業的生日。

1950 年，朝鮮戰爭爆發。戰爭對於絕大多數人們而言，意味著災難，但是對頭腦靈活的鄭周永而言，戰爭就意味著發財。鄭周永的弟弟鄭仁永能說一口流利的英語，這為鄭周永與美國軍政廳取得聯絡，向美國人尋求更多的建築合約提供了便利。戰爭期間，只要能賺錢，他什麼都做，例如汽車修理、承包建築工程、從事運輸業等。在美國軍政廳的扶持下，鄭周永的事業蒸蒸日上，獲利龐大。在為美軍建哨所的工程中，他的利潤就高達 500 ～ 600%。承建美軍的建築工程，不僅使鄭周永獲得了鉅額利

潤，還使他獲得了極其寶貴的建築業經營經驗，為他在戰後韓國重建中的活動發揮了極為重要的作用。

朝鮮戰爭結束後，政府開始在廢墟上重建韓國。在這樣的環境中，建築業理所當然的成為了最賺錢的行業。鄭周永的「現代建設公司」的業務迅速擴展，成為國內最著名的建築工程公司。從 1957 年開始，政府在全國範圍內修建公路，現代建設公司成為築路大軍中的中堅力量。但是，鄭周永並不滿足於現代在國內的發展，他希望將現代集團建成世界性的大公司。1965 年，在爭奪修建泰國北大年至那拉特高速公路的合約的競爭中，他擊敗了來自 16 個國家的 26 家競爭者，贏得了勝利，成功躋身於國際建築業的行列之中。但是，這次的工程建設並不讓人很滿意。鄭周永從這次的失敗中看出了現代與國際先進企業的差距。他深刻的總結了這次失敗的經驗教訓。1968 年，現代承建韓國境內漢城至釜山的高速公路。這是韓國歷史上第一條高速公路，對韓國人民來說，它的成敗關係著國家的榮辱。因此，全國上上下下都十分關注公路的建設，當時的總統朴正熙還親自參加了開工儀式。鄭周永也十分清楚他所擔負的重任：他不僅僅是在修建一條高速公路，同時也在重建韓國人民的民族自信心。為了建好這條公路，鄭周永吃住在工地上，仔細研究施工的每一個細節。1970 年 7 月 17日，公路建成通車。朴正熙總統親自主持了通車慶典，並授予鄭周永「銅塔產業勛章」。

越南戰爭期間，韓國成了美國在亞洲的橋頭堡和軍需供給基地，鄭周永獲利不菲。1975 年，現代建設公司進入中東，其最大的客戶是沙烏地阿拉伯，公司先後派往那裡的建築工人有兩萬多人。1981 年，現代建設公司更名為現代工程與建築公司。到 1990 年代初，公司已經發展成為韓國最大的建築企業，也是世界上屈指可數的大型建築企業。現代建設公司

是後來現代集團的奠基。現代集團的最高管理層，幾乎全部來自現代建設公司。

進軍造船業

在擴展建築業的同時，鄭周永也將眼光投向了重工業。

1970 年，他在蔚山買了一塊土地，準備建造船廠。建造這個廠需要大量的資金，政府雖然同意貸款，但也只解決了 1／6 的款項。而且當時韓國並沒有什麼大型造船廠，許多銀行因為對鄭周永工廠的造船技術表示懷疑，而不願把錢貸給他。鄭周永發揮了他出色的公關能力，使國外銀行家相信，並不是韓國造船技術不行，而是政府的外交和工業政策跟不上。在他的努力下，終於湊齊了建廠所需的資金。通常而言，產品的生產是在建廠之後。但是，鄭周永此時做了一個大膽的決定：在籌集建廠的同時，建造巨型油輪。1972 年 3 月 23 日，蔚山造船廠正式成立，油輪也同時完工。鄭周永同時舉行了船廠竣工儀式和油輪命名儀式。建廠與造船同時進行的決定，是一般人覺得不可思議的事情，但也就是這個決定，讓現代集團避免了被貸款利息壓垮的危機。

油輪的建造是相當成功的，它為鄭周永帶來的是客戶的信任和紛至沓來的訂單。從 1974 年到 1992 年，現代重工業公司建造船隻 332 艘，總噸位達 3,380 萬噸。1991 年，公司接受的訂單總噸位達 200 萬噸，占世界造船總量的 13%。1992 年，現代重工業公司建造 26 艘輪船，總噸位達 180 萬噸，占韓國造船總產量的 40%。這一年，其銷售額達 31 億美元，其中出口高達 24.7 億美元，占韓國造船業出口的 70%，全年利潤則達 3.6 億美元。現代重工業毫無爭議的成為了一個一流的大型造船廠。還在 1985 年的時候，船廠就能夠同時建造 46 艘船隻，總噸位達到 365 萬噸。

進軍汽車製造業

早在 1965 年，現代承建韓國的公路時，鄭周永就對總統朴正熙說過，希望有一天，在韓國的公路上跑的，都是韓國自己生產的汽車。這句話並不是他隨口說說而已，他從來就沒有忘記過汽車。長期從事汽車修理業得來的經驗，為他再次踏入汽車業奠定了基礎，當然，這次經營汽車業的目的不再僅僅是賺錢，而是希望能夠生產出韓國自己的國產車。

1967 年，鄭周永註冊成立了現代汽車公司，開始進軍汽車業。翌年，與美國福特汽車公司簽訂了《標準海外裝配廠特許協定》，由福特汽車公司向現代汽車公司提供設備和技術，由現代汽車公司進行裝配。「讓韓國公路上跑的都是國產車」的夢想，讓鄭周永並不滿足於僅僅做一個汽車裝配商。1970 年代早期，鄭周永做出了一個至關重要的決定，即不再僅僅依賴於外國車型的授權許可，而是要同步開發現代自主擁有所有權的轎車車型。透過引進 Giorgio Giugiaro ltaldesign 設計室的車型以及使用從日本和英國學習到的生產技術，現代汽車的第一個自主車型 Pony 終於投產。1976 年 1 月，第一批國產轎車駛出了現代汽車製造廠的大門，韓國成為世界上第 16 個能夠自行生產轎車的國家。這款微型汽車在國內市場迅速獲得了極大成功，令現代汽車雄踞國內市場首位長達 20 年之久。同時，現代汽車開始試驗性的進軍海外市場。在 1976 年就有價值 250 多萬美元的 1,019 輛小馬汽車出口到中東、南美和非洲的許多國家。

1980 年代，韓國創造了經濟發展史上的「奇蹟」，現代公司也隨之進步神速。1980 年代初，現代汽車公司做出了一個重大決定：對其蔚山工廠進行大規模的擴建。這令工廠實現了從小批量生產到大批量生產的重要轉變，使其成為一個能夠生產轎車、卡車和大客車，擁有自主智慧財產權

的大型汽車製造公司。鄭周永的眼光已超越了國界。1980 年代中期，現代汽車公司在加拿大確立了堅固的先遣陣地，並開始準備向最具挑戰性的市場 ── 美國 ── 進軍。到 1990 年為止，公司對美國的累計出口量已逾 100 萬輛之多，這個里程碑標誌著現代汽車終於在美國的競爭版圖上有了一席之地。

　　1990 年代，現代致力於自身技術的發展。1991 年，公司發表了其首個內部獨立設計的動力總成 ── Alpha 型引擎。兩年之後，公司又發表了 Beta 型引擎。1992 年 1 月，現代汽車以其概念車型 HCD-1 向汽車世界首次描述了現代對未來的展望。1998 年，亞洲金融危機爆發，韓國經濟發展遭受沉重打擊，現代汽車公司度過了艱難的一年，市場的銷售量嚴重下降。為了度過困境，公司推出了 EF 索娜塔（sonata）和 XG 兩種新車型。與此同時由於韓圓貶值，出口情況對現代集團有利，汽車出口量持續迅速成長。這期間公司也進行了合併和工業結構重組。收購起亞（Kia）／Asia 汽車廠，以及與 Hpl 和 HMS 的合併令現代汽車達到了在全球市場中競爭所需的經濟規模。1999 年度對現代汽車來說是一個非常活躍和富有收穫的年度，公司又推出了其四款最新車型：世紀 Centennial、雅紳 Accent、酷派雙門轎車 Coupe 改進型和特傑 Trajet。特傑 Trajet 是現代汽車首次推出 MPV 車型，它的成功推出令現代汽車進入了世界轎車市場的一個新領域，並且進一步拓寬了現代汽車公司龐大的車型系列。

　　目前現代汽車在世界汽車產業中居第 7 位，是韓國最大的汽車公司，主導著韓國的汽車工業。擁有世界最大規模之一的汽車生產基地蔚山工廠，全州車廠，牙山工廠，8 個研究中心，擁有韓國唯一的具有國際水準的汽車綜合試驗場等。主要產品有 ACCENT、SONATA 等等轎車以及各類大中小型客車、載貨汽車、牽引車、自卸車和各種專用汽車等，各類型

汽車年產能力 145 萬輛。在全世界 190 多個國家和地區擁有近四千家銷售商，今天現代汽車公司每年可出口 50 萬輛以上轎車。同時在北美、亞洲、非洲和歐洲等地區建立了汽車生產基地。

現代汽車公司的標誌橢圓內的斜字母「H」是現代公司英文「HYUNDAI」的首個字母，橢圓既代表汽車方向盤，又可看作地球，兩者結合寓意了現代汽車遍布世界。

進軍電子業

電子業是 20 世紀新興的產業，因為可以賺取鉅額利潤，所以具有強烈的吸引力。鄭周永也不例外。現代集團投資電子業要比其他公司晚很長時間，但是，由於投資金額大，所以很快就後來居上。

1982 年，鄭周永開始投資電子業，一年之後，其經費就已超過 3 億美元。有了鉅額資金的支持，公司發展很快。到 1980 年代末，現代電子公司的利潤已經名列整個現代集團的第七名。

剛開始時，現代電子公司主要生產他人的專利產品。1980 年代末開始為德克薩斯儀器生產公司生產 256 位元動態隨機存取記憶體半導體。德克薩斯派了一些專家到韓國指導生產，為現代電子提供了先進的電子技術。1987 年，現代電子公司生產出了以自己的名字命名的電腦。僅次於韓國最大的電子公司 —— 三星公司。1990 年代以後，現代電子公司在晶片和個人電腦的研究生產方面已經能夠與三星公司並駕齊驅，不相上下了。

晚年生活

龐大的財富使鄭周永成為韓國人心目中成功的楷模，但是也同時帶來

了揮之不去的煩惱。進入 1990 年代，鄭周永明顯的蒼老了，他的幾個兒子為了爭奪集團的繼承權，勾心鬥角，導致家族內部發生分裂。現代集團爭奪繼承權紛爭，起因是集團創辦人鄭周永的次子、集團主席之一的鄭夢九，趁其五弟鄭夢憲出國公差期間，將其一名親信降職，企圖進一步奪取集團控制權。鄭夢憲回國後，隨即聲稱在父親同意下，公布有關調職命令無效，兩兄弟就此事爭搶繼承權所屬。為了平息這場爭奪戰，1996 年 1月 3 日，鄭周永宣布由鄭夢憲繼承現代集團掌舵人，而鄭夢九則專責掌管汽車業務和仁川鋼鐵公司。

2000 年，鄭周永宣布辭職，退居二線。

2001 年 3 月 21 日，這個韓國現代史上的傳奇人物，現代集團的創始人兼名譽會長，因患急性肺炎在首爾一家醫院病逝，享年 86 歲。他的去世驚動了韓國朝野，總統金大中等政界要人和經濟界知名人士紛紛發出唁電以示哀悼。韓國最大的企業聯合組織韓國經濟人聯合會甚至要求為他舉行國葬。這位盡享哀榮的人被稱作「在韓國現代史的每個重要關頭都留下足跡的時代巨人」。

由於他生前曾經 8 次訪問朝鮮，開發朝鮮金剛山觀光專案，對改善朝韓關係做出了重要貢獻，因此，在他去世後，朝鮮領袖金正日也為他發來了唁電，並派專人到他靈前致哀。金正日在唁電中稱讚鄭周永為「南北和解合作、民族大團結和愛國統一事業做出了貢獻」，他對鄭周永的去世「表示深深的哀悼」。這是朝鮮半島在 50 多年前一分為二以來，朝鮮首次派遣弔喪代表到韓國向一位逝世的韓國人致哀。

財富經驗

　　一個只有小學學歷的農民的兒子，能夠成為一名博學多才的企業家，在全國的建築行業獨領風騷，像這樣的經歷真是不多見，可以說是韓國企業家的典型。

—— 韓國前總統朴正熙

　　鄭周永的投資理念是在風險中求勝，在穩定中求速，在勤儉中發展，這三點包括了現代理財者的經營奧祕，因此他是一位極其成功而又詭祕的投資者。

—— 韓國首爾大學經濟研究中心

　　鄭周永身上表現出了強烈的現代企業精神，即「創造、開拓、剛強和節儉」，這四點支撐了「現代集團」的財富大廈，是其他企業應該仔細領悟和學習的。

—— 《韓國日報》

　　鄭周永的一生充滿神祕色彩，在各種困境中不斷尋找新出路，從來不喪失信心，因為他是韓國現代企業的精神領袖。

—— 美國《富比士》雜誌

　　鄭周永無論什麼時候、在什麼地方投資都是以信譽為本，這是因為他把信譽看作企業的生命。

—— 美國《時代》週刊

傳世金言

1　一個企業、一個人、事業受挫，可以爬起來再做，還有復興的機會；而

一旦名譽掃地，喪失信用，就永遠翻不了身了。

2　企業是國家的一部分，只有國家發展了，企業才能夠壯大。

3　企業不是賺錢的機器，而是創造社會財富和精神財富，引導國民奮發向上的特殊團體。

4　為國民提供滿意的產品，為國家提供應該負擔的稅金，這是企業的社會責任。

5　領導者的責任不是批准下屬的工作，而是指出下屬的工作有什麼不足，尋找有沒有比這更好的辦法。只是畫圈批准，那是應付，是領導者的失職、失責。作為負責人，你的工作年限、經驗和能力都應該優先於部下，你應該提出比部下更高明的意見，否則就是不稱職。

6　只有找出追求的目標，工作起來才會興趣盎然，永不疲倦，生活才會過得充實自信。

7　企業的根本是什麼？是在競爭中獲勝。只有那些比同行生產出更好更便宜的產品供給國民的企業，才有存在的價值。

8　一個人的一生是很短暫的，只有在有限的時間裡多做一些有意義的事情，才不至於愧對一生。

財富智慧

1　恪守信用。鄭周永始終把「信用就是財產，有信用就有一切」作為自己的座右銘，他認為「一個企業、一個人、事業受挫，可以爬起來再做，還有復興的機會；而一旦名譽掃地，喪失信用，就永遠翻不了身了。」1953 年他承包一座大橋的修建工程，由於遇到特大洪水災害，加之戰時物價上漲，開工不到兩年，工程費總額比簽約時高出了 4 倍，使他虧損近 7,000 萬元。這時，有人勸他趕緊停止施工，減少損失。但他覺得金錢損失事小，維護信譽事大。於是變賣所有家產，擔負起鉅額虧損，終

於在 1995 年年底將大橋品質保證的按時交付使用。這一工程雖然使鄭周永吃了大虧，以致瀕臨破產，但卻因此樹立起了恪守信用的形象。這為他奠定了成功的基礎，使現代集團得以逐步發展為世界著名的企業集團。

2　首先，熱愛自己的事業。只有這樣，才能把自己全部精力和智慧絕對的投入事業，使繁忙的工作變成一種享受。

3　永遠充滿自信。相信自己選擇的目標，即使受到挫折，也初衷不改，並為之奮鬥，直到實現預期的目標。

4　要有承擔責任的勇氣，有強烈的冒險情神，不因害怕失敗而瞻前顧後、畏縮不前，說做就做。一旦遭受失敗，積極主動總結教訓，引以為戒，為下一次成功奠定基礎。

5　想別人所不敢想，成別人所不能之事。在鄭周永承建沙烏地阿拉伯朱拜勒工程時，施工中需要 90 多個重逾 50 噸左右的鐵製沉箱。這些鐵箱在韓國的蔚山造船廠造成後，被鄭周永用救災的平臺船分十幾次運到了施工現場。此舉，讓許多國外專家嘆為觀止。由此可見，在經營企業過程中，一旦遇到難題，不應一味的到經驗和傳統中去尋求解決辦法，而應勇於創新，突破舊的思維模式，尋找新的解決途徑。

延伸品讀

鄭周永是一個令人感興趣的人物。與世界上許多成功人士相比，他的發跡更加令人崇敬 ── 他完全是依靠自身的努力而成事的。有人說，南韓的經濟發展創造了奇蹟。鄭周永成功的經營，創造了奇蹟中的奇蹟。其實，他有成功，也有失敗，甚至於他的失敗比其他南韓企業家更多些。但不論是成功或失敗，都透露著鄭周永獨特的秉性和作風，展現著一個創業者的進取精神。

　　鄭周永的名譽博士學位則多達 9 個，學校從韓國的各大名校，如延世大學、西江大學、慶熙大學，到美國的華盛頓大學、霍普金斯大學，專業更是涉及工學、理學、經營學、經濟學、政治學、哲學、文學等各個領域。

　　鄭周永的一生折射出韓國經濟演進過程。韓國人把鄭周永視為韓國的洛克斐勒或卡內基。他使一個被長期侵略的殖民地國家，擁有了與已開發國家相媲美的大企業。他的成功，得益於他身上表現出的強烈的現代企業精神，即「創造、開拓、剛強、勤儉」的特質。這四點支撐了鄭周永的財富大廈。在他的詞彙表中，只有「困難」，沒有「失敗」。就是這樣的執著、這樣的不肯屈服，他才創造了如此壯麗的「奇蹟」。

台塑之王 ── 王永慶

商業鉅子檔案

全名：王永慶

國別：臺灣

生卒年：1917 年～ 2008 年

出生地：臺北新店

人生軌跡

1917 年 1 月 18 日生於臺北新店。其父王長庚以種茶為生，生活頗為艱辛。

15 歲小學畢業那年，王永慶便到茶園當雜工，後又到一家小米店做學徒。

第二年，他就用父親借來的 200 元做本金，自己開了一家小米店。

1954 年籌資創辦台塑公司，1957 年建成投產。

靠「堅持兩權徹底分離」的管理制度，他的「台塑集團」發展成為臺灣企業的王中之王，下轄：台灣塑膠公司、南亞塑膠公司、台灣化學纖維公司、台灣化學染整公司、台旭纖維公司、台麗成衣公司、育志工業公司、朝陽木材公司和新茂木材公司等 9 家公司，在美國還經營著幾家大公司；資本總額在 1984 年就達 45 億多美元，年營業額達 30 億美元，占臺灣全民生產總額的 5.5%，在民間企業中首屈一指。與台塑集團企業有著存亡與共關係的下游加工廠超過 1,500 家。

50 年後的今天，台塑集團成為臺灣最知名的企業集團，也是臺灣最大的民營企業集團。1990 年，台塑集團成立福懋科技公司，主要從事 IC 封裝及測試等電子業務。

1995 年，南亞科技公司成立，由王永慶親自出任董事長，主要生產顯示器、記憶體（DRAM）、半導體等電子產品，已成為台塑集團最大的高科技企業。目前，南亞科技公司資本額達 275 億元新臺幣，股市市值超過 600 億元新臺幣，年營業收入達 300 多億元新臺幣。

1995 年，台塑集團還成立台灣小松電子材料公司，主要生產矽晶圓電子材料。目前，台灣小松電子材料公司計畫投資 100 億元新臺幣，生產 12 吋晶圓。

另外，2003 年，南亞科技公司與英飛凌公司合作，投資 22 億美元興建的華亞半導體公司，開始生產最先進的 12 吋晶圓，2004 年正式投產，年產晶片 5.4 萬片。這一切預示著，台塑集團在半導體領域的投資步伐加快，未來發展前景不可小視。

到 2002 年，台塑集團共有近百家分子企業及關係企業，員工達 7 萬

多人,資產總額 1.5 萬億元新臺幣,資產淨值與營業收入均超過 7,000 億元新臺幣,在臺灣企業集團中均排名第 1 位。到 2003 年,集團營業收入估計超過 8,000 億元新臺幣,6 家上市公司以 12,585 億元新臺幣的股票市值高居第 1 名。

1990 年代以來,王永慶又將目標投向了中國,雖然建立石化產業鏈的「海滄計畫」失敗,但仍在中國各地建立了以石化原料加工為主的 30 多家企業與大型發電廠,而且還在兩岸構建新的石化、汽車、鋼鐵、物流、醫療等重要產業,再創新的奇蹟。

成長經歷

一、茶農出身的苦孩子

王永慶祖籍是福建省安溪縣,那裡土地貧瘠,人民生活很困難。王永慶的曾祖父因為日子過不下去,只得離鄉背井,漂洋過海到臺灣尋找生路,後來便定居在臺灣臺北的新店。王家幾代都以種茶為生,只能勉強糊口。1917 年 1 月 8 日,王永慶就出生在這樣一個貧苦的茶農家中,父母希望孩子將來有值得慶賀的成就,就取名「永慶」了。

王永慶剛剛學會走路,就跟著母親出外去撿煤塊和木柴,希望能換點零錢,或者供自己家燒水做飯。童年的小永慶常常是三餐不繼,有時他餓極了,只好偷偷摘路邊的芭樂吃。家裡偶爾「改善生活」,煮一些地瓜粥,他也只能分到一小碗。王永慶 7 歲那年,父母實在不忍心讓孩子失學,取出多年積攢起來的幾個銅板,把他送進鄉裡的學校去念書。別家的孩子第一天上學,都會穿上漂漂亮亮的新衣服,可王永慶還是平時的那一套,他穿的褲子是用麵粉袋改做的,上面還印著「中美合作」的字樣。他

頭上戴的草帽早已破了，但還得靠它擋一擋烈日風雨。他買不起書包，只能用一塊破布包上幾本書。他連鞋子都沒有，總是赤腳在泥濘的山路上奔波。

就是這樣的生活，王家也沒能維持多久。小永慶9歲那年，他的父親不幸臥病在床，全家人的生活重擔都落到了母親的肩上。王永慶看到母親日夜不停的操勞，總想多幫母親做點事。挑水、養雞、養鵝、放牛……只要是他力所能及的，他都盡量多做。就這樣，他勉強讀到小學畢業，只得依依不捨的告別了學校。

王永慶的祖父勞苦了一輩子，最後只留下了一條教訓給孫子。他對王永慶說：「種茶這一行，看來是難以維生的。就是餓不死，也吃不飽。你是讀過書的人，希望你不要再困在這裡，還是立志出門闖天下吧！」

二、嶄露頭角

王永慶15歲時，家境已經十分困難。吃不飽肚子，小學讀完，無法再上學的小永慶，離鄉背井去找工作，到一家米店當小二，專司送米。幾個月的送米生活，他從剛開始有飯吃、有事做的興奮與滿足，已經變得不滿足和有野心了，想自己開個米店。

1932年，他16歲，他積攢的工錢和父母幫他借200元起家，開了個小米店，從此開始了他人生創業之路。

米店開張之初很困難，因為米店的對象是每個家庭，而這些家庭都已經有了固定的米店供應。王永慶只得挨家挨戶去拜訪推銷，好不容易才爭取到幾家顧客。

面對米店開張時的困境，王永慶心裡想：「如果我的米的品質與服務

不比別人好的話，這幾家好不容易爭取來的試用客戶，說不定在試用之後，又會回頭向原來的米店買米。這麼一來，連原有的試用客戶也保不住，更談不上再去爭取其他新客戶了。」

於是，王永慶就在米的品質與服務上下苦功。

經過王永慶的艱苦努力，他的米店的營業額大大超過了同行店家，越來越興旺。後來，他又開了一家碾米廠，自己買進稻子碾米出售，這樣不但利潤高，而且米的品質也更有保證。

抗日戰爭勝利後，臺灣的經濟也開始發展，建築業動得最快。王永慶敏銳的發現了這一點，便抓住時機，搶先轉向經營木材，結果獲利頗豐。這個赤手空拳的農民兒子，居然成了當地一個小有名氣的商人。

這時，經營木材業的商家越來越多，競爭也越來越激烈。王永慶看到這一點，便毅然決定退出木材行業。

那麼，該做什麼好呢？

1950 年代初，臺灣急需發展的幾大行業，是紡織、水泥、塑膠等工業。當時臺灣的化學工業中有地位有影響的企業家是何義，可是何義到國外考察後，認為臺灣的塑膠產品無論如何也競爭不過日本的產品，所以不願向臺灣的塑膠工業投資。王永慶卻大膽接手這一投資。經過 3 年的辛苦籌建工作，1957 年 3 月，塑膠工廠完工，並正式生產。公司也更名為台灣塑膠工業股份有限公司（簡稱台塑公司）。6 月 16 日，在高雄廠舉行開工典禮、經濟部次長李景潞（後任味全公司總經理）、經濟安定委員會祕書長錢昌祚、美國安全分署署長卜蘭德夫婦等前來祝賀。王永慶親自主持，並發表重要演說。

然而，公司的發展果然不出何義所料，產品沒有銷路。首批產品 100

噸,在臺灣只銷出了 20 噸,明顯供大於求。按照生意場上的常規,供過於求時就應該減少生產。可王永慶卻反其道而行之,下令擴大生產。他認為唯一的出路就是增加產量,降低成本,方能轉危為安。於是,他便籌設加工廠以消化 PVC 粉,再以加工品拓展外銷,得到主管部門的贊同與支持,王永慶果然絕處逢生。1958 年,台塑公司塑膠粉月產量增加了一倍,從原來的 100 噸增為 210 噸,成本略有下降。塑膠粉產量增加後,為消化這些原料產品,王永慶當機立斷,於 1958 年成立南亞塑膠公司,建立從原料生產到加工的一體化生產體系。

不久,王永慶決心闖蕩香港,尋求市場。他在香港認識了在日本神戶開設一家 PVC 充氣製品廠、生產充氣玩具等產品的美商卡林。在當局的支持下,王永慶與卡林在臺灣成立了卡林塑膠公司。正是這家生產雨衣、浴簾等塑膠製品的企業成為王永慶事業的轉捩點,PVC 粉有了銷路,救活了台塑公司,王永慶不僅度過難關,還開創了臺灣塑膠三次加工業的商機。但如果僅限於從事塑膠充氣加工,在石化工業領域是不會有大的作為的,也不能進一步擴大 PVC 銷路。

三、塑膠帝國

台塑公司當初生產的 PVC 粉上市後,因塑膠業中下游加工業不發達,不能有效消費 PVC 粉,使產品滯銷。

王永慶便於 1958 年建立了南亞塑膠加工廠,以便自己為自己創造市場,自行吸收台塑公司的產品 PVC 粉。沒想到,後來竟以外銷為主的塑膠三次加工產業的迅速發展,為南亞公司開創了無限商機,下游源源不斷的原料需求,使南亞公司的生產規模迅速擴張,業績更為顯著。

在 1971 年時,南亞公司的營業額首次超過 30 億元,成為臺灣最大的

民營企業，不僅超越了老大哥台塑公司，更遙遙領先大同、台泥等臺灣老字型大小企業。此後，南亞公司營業額連續 20 多年高居臺灣民營企業之首，在政府表彰的績優廠商中，也已 10 年奪冠，這一輝煌業績在世界上也不多見。

南亞公司已不僅僅生產塑膠製品，還生產纖維、染整及電子材料等多項產品。1989 年布機工廠擴建完成後，每年嘉義新產硬質、軟質膠布產量均居世界第一。其聚酯纖維產品不僅產量居世界前列，其品質與效率也達世界一流水準。

由於企業組織龐大，為求得最大的合理化經營與提高效率，南亞公司將各不同的事業機構劃分為塑膠第一、二、三、四事業部及門窗、纖維、台染、可塑劑、電路板、工務、國外等 11 個事業部。

面對全球資訊電子產業的迅速發展，南亞公司於 1995 年 7 月 17 日，又成立「電子材料事業部」，統管液晶顯示器、銅箔基板、環氧樹脂等科技產業，由南亞公司協理王文祥兼任該事業部經理。

當臺灣企業界一**轟**而上角逐於木材行業時，王永慶果斷的轉向了塑膠行業。可是，當他在塑膠行業站穩腳跟之後，卻又以高瞻遠矚的眼光，去關注他當初藉以發家致富的木材行業。這一看，又讓他看出了新的發財途徑。

王永慶看到，由於臺灣木材銷路好，商家大量砍伐，可是他們要的只是樹幹部分，有三分之一甚至一半的樹枝，都被白白拋棄而浪費了。王永慶想，臺灣的棉花產量嚴重不足，一直靠進口來補充，如果利用廢棄在山上的樹枝製造人造纖維，以替代天然纖維，一定會有發展前途！經過考察論證，1964 年 10 月，王永慶開始創辦台灣化學纖維工業公司。兩年半以

後，彰化八卦山下矗立起了一座新型的工業城，成為當時世界首創的連貫作業的人造纖維工廠。它使大量過去被拋棄的木材廢料變成了紡織纖維，既節省了外匯，又降低了成本，為臺灣纖維工業發展史寫下了嶄新的一頁！而台塑、南亞、台化三大企業，使王永慶在當時臺灣 50 家大廠商中名列第三！進入 1990 年代，王永慶的產業已發展成一個龐大的企業集團，包括 16 家大企業公司，擁有員工 4 萬多人，股東 10 萬人，每年的營業額高達 1,650 萬新臺幣。所以時至今日，木材業及相關加工工業仍是台塑集團經營領域的重要一環。

四、「六輕」王國

王永慶從經營石化業中下游的塑膠產品起家，儘管早已在 1970 年代就成為世界級的「塑膠大王」，但長期無法進入官方壟斷的石化上游，即石油冶煉行業。王永慶為此奮鬥了 20 餘年，才在臺灣經濟自由化的 1990 年代初得以實現，在臺灣興建第一個民營的「輕油裂解廠」即所謂的「六輕」（臺灣第六個輕油裂解廠），從而建立起一個完整的石化工業體系，實現了王永慶多年的石化王國夢。

「六輕」位於臺灣西海岸雲林縣麥寮鄉。這是一個填海造地、興建幾十座工廠的重大工程。該工程占地 2,600 多公頃，一至三期工程已投資 5,400 多億元新臺幣，2003 年已正式啟動第四期工程，再投資 1,250 億元新臺幣，前四期總計投資 6,650 億元新臺幣（約 200 多億美元），是臺灣歷史上最大的民間投資工程。全部工程完工後，預估可創造 8,300 億元新臺幣的產值，超過 2002 年臺灣新竹科學園區 7,000 億元新臺幣的產值規模，「六輕」將成為與臺灣新竹科學園區齊名的另一個臺灣經濟奇蹟。

「六輕」四期工程完成後，將建成包括三座輕油裂解廠在內的 80 多座

工廠,年煉油量將增加到 2,310 萬噸,日煉油量將超過 50 萬桶;乙烯年產能提高到 280 萬噸,丙烯產能達到 250 萬噸,石化主要產品規模將躋身世界前五大企業。

「六輕」的整體經濟效益更為可觀,不僅為台塑集團帶來鉅額收益,而且對當地與臺灣總體經濟貢獻甚大。前三期投資總額所產生的直接生產總值達到 6,100 億元新臺幣,帶動相關上、下游產業產值 1 萬多億元新臺幣,對臺灣國內生產總值的成長貢獻率達 6.7%,建廠期間為中部地區帶來了 10 萬個工作機會,而整個產業鏈帶動的工作機會更達 75 萬個。

然而,近 90 歲的王永慶並沒有就此停步,而是又提出投資近千億元新臺幣的「六輕」五期工程規畫,在投資發展石化工業的同時,發展半導體、平面顯示器等高科技產業,使台塑集團未來在高科技產業領域占有一席之地。

台塑「六輕」是臺灣的一個跨世紀大工程,被稱為臺灣的「第二次工業革命」,也是王永慶人生的又一個重要豐碑。

五、電力與電子王國

為了保證集團企業穩定的電力供應,及爭取高利潤的電力事業,台塑集團近年來大力發展能源電力事業。目前台塑公司、南亞公司、台化公司、台塑石化公司等都建立了汽電共生發電廠,另外還專門成立了麥寮汽電公司。為應對臺灣「電業法」的修正可能出現的變化,台塑集團未來將透過自有輸電線路,連接各地電廠,建立「台塑電力中心」,形成一個獨立的電力系統。

另外,台塑集團還在大陸建立了漳州華陽電廠與昆山汽電共生廠等,而且還計畫擴大漳州電廠及興建新的汽電共生廠,增強台塑集團在大陸投

資事業的用電需求。電力事業逐漸成為台塑集團又一個新的事業王國。

王永慶是以石化業起家，建立起世界級的石化企業集團的。不過，1980 年代後期，在長子王文洋的帶領下，台塑集團逐漸進入高科技領域發展，而且在電子材料領域已占有重要地位，目前又進入顯示器、半導體、網路科技等領域發展，正在建立起一個新的電子半導體產業王國。

經營石化下游產品的南亞公司是台塑集團第一個進入電子產品高科技領域的企業。1986 年，任南亞公司第四部經理的王文洋主導，投資生產印刷電路板，並逐漸打出知名度，到 1990 年代中期，已成為臺灣最大的印刷電路板企業。後來，印刷電路板事業逐漸從南亞公司分離出來，成立南亞印刷電路板公司，專門負責生產印刷電路板、銅箔基板、液晶顯示器等產品，業務發展迅速，目前年營業收入已超過 130 億元新臺幣，已是全球第二大印刷電路板供應商。

1990 年，台塑集團成立福懋科技公司，主要從事 IC 封裝及測試等電子業務。1995 年，南亞科技公司成立，由王永慶親自出任董事長，主要生產顯示器、記憶體（DRAM）、半導體等電子產品，已成為台塑集團最大的高科技企業。目前，南亞科技公司資本額達 275 億元新臺幣，股市市值超過 600 億元新臺幣，年營業收入達 300 多億元新臺幣。1995 年，台塑集團還成立台灣小松電子材料公司，主要生產矽晶圓電子材料。目前，台灣小松電子材料公司計劃投資 100 億元新臺幣，生產 12 吋晶圓。另外，2003 年，南亞科技公司與英飛凌公司合作，投資 22 億美元興建的華亞半導體公司，開始生產最先進的 12 吋晶圓，2004 年正式投產，年產晶片 5.4 萬片。這一切預示著，台塑集團在半導體領域的投資步伐加快，未來發展前景不容小覷。

　　台塑光電公司目前投資 160 億元新臺幣，計劃生產年產 72 萬臺的電子顯示器。同時，台塑集團還建立了台塑網路科技公司，正式進入網路領域。

　　目前台塑集團在電子、半導體等科技領域的規模還趕不上專業的高科技企業集團，但已初步建立起從研發到電子材料、顯示器、動態隨機存取記憶體（DRAM）、半導體製造與測試、光電、網路等較為完整的電子科技產業體系，一個新的台塑電子科技王國正在誕生。

六、宏偉藍圖

　　此外，王永慶還十分看好生物科技事業的發展前景，近年來，台塑集團積極進軍生物科技事業。2001 年，成立長庚生物科技公司，由三房大女兒王瑞華擔任總經理（楊定一任董事長），負責中藥與西藥產品的開發，目前主要生產綠茶素、靈芝等 30 多種保健產品。2003 年，長庚科技公司開始評估在臺的「香草藥草科技園區」投資計畫。2003 年底，台塑生物公司正式自台化公司分割成立，王永慶的小女兒王瑞瑜擔任總經理，主要開發生物醫學材料，整合台塑集團在醫藥製造、長庚大學研發、長庚醫院臨床實驗等三大資源。預計生物科技產業將成為台塑集團未來一個新的重大事業。

　　88 歲時的王永慶開始積極推動「養生村世紀大夢」。王永慶親自捐出大片土地，投資 100 多億元新臺幣，興建「長庚養生文化村」，計劃透過「以工代金」辦法，讓老人在這裡得以「活到老、做到老」，安養晚年。

　　加上長庚醫院體系及長庚護校等醫療事業，台塑集團正在建成一個包括醫療、醫藥、醫療器材、生物科技、保健、安養等在內的醫療健康養生體系。

近 90 高齡的王永慶，似乎還沒有停止事業的發展，還在不斷規劃新世紀的投資計畫。2003 年 11 月 14 日，王永慶提出一個更為驚人的投資建設計畫，即打造「臺北副都市」的世紀投資大案。

這一規畫包括興建桃園觀音國際港、大型煉鋼廠、汽車城、燃煤電廠、高科技園區、金屬加工製造園區等項目，總計投資超過 1.26 萬億元新臺幣。此一投資案將成為王永慶麥寮「六輕」工程之後，又一個驚人之舉的世紀超級大工程。

其中觀音國際港規畫更具策略布局。觀音港位於桃園科技工業區、觀塘工業區及大潭工業區之間，海域面積達 1,200 公頃，陸地 800 多公頃的範圍內，初步規劃總投資 570 億元新臺幣，計畫興建 27 個碼頭的國際大港。若能順利推動，未來台塑集團將擁有麥寮、觀音、寧波三大港口，形成臺灣海峽的貨物運輸網絡。

七、輝煌的頂點

今天的台塑集團，已不僅是石化業的老大，也已取代曾稱霸臺灣紡織業數十年的台元、遠東紡織公司的地位，成為紡織界的新霸主。

1990 年，台塑集團幾乎囊括了除下游成衣部門之外臺灣紡織上游與中游業的各項第一。南亞公司是臺灣最大的聚酯棉、聚酯絲與聚酯加工絲生產企業；台塑公司是臺灣最大的壓克力棉、碳纖維與地毯生產企業；台化公司是臺灣最大嫘縈棉、尼龍絲、紗廠、尼龍加工絲廠與短纖平織布生產企業。

在台塑集團眾多公司中，台塑、南亞、台化 3 家公司則是台塑集團的主力，被譽為王永慶累積財富的「三寶」，更是臺灣製造業的榜樣。

　　王永慶事業的不斷擴張，他旗下的公司逐漸形成一個頗具實力的集團，並在 1970 年代末登上臺灣第一財團的寶座。1978 年，台塑集團企業營業總額第一次超過 10 億美元，成為臺灣最大的民營企業。

　　1980 年代初，台塑集團的業務進入一個迅速發展的新時期。到 1988 年底，台塑集團營業額超過 1,000 億元新臺幣，員工近 4 萬人，不僅仍是臺灣第一大企業集團，也是臺灣唯一晉身國際大廠商的民營企業集團。1984 年美國《財星》雜誌發表的「全球五百強企業」排名，台塑集團躍入第 202 位。

　　1992 年底，台塑集團 15 家主要公司的資產總額為 1,925 億元新臺幣，約 80 億美元；營業淨額達 1,402 億元新臺幣，約 60 億美元。台塑集團仍是臺灣最大的民營製造業企業。

　　在《卓越》雜誌調查的 1994 年臺灣企業集團綜合排名中，王永慶率領的台塑集團仍穩坐第一名的寶座。其次才是蔡萬霖家族的霖園集團、辜振甫家族的和信集團、徐有庠家族的遠東集團與吳東進的新光集團。同年，台塑集團營業收入總額高達 2,398 億元新臺幣，首次突破 2,000 億元，從上年排名第二名再回升至第一名，且營業收入成長率高達 34.71%，較百大集團平均成長 15.92% 高出許多。除了國際石化業市場景氣外，企業經營效率高也是重要原因。台塑集團共賺進 287 億元新臺幣，比第二名的霖園集團足足多了近 130 億元新臺幣。1995 年，台塑集團營業收入再攀高峰，計 294 億元，較上年成長 22.6%，足見台塑集團的賺錢能力非同一般。

　　在《卓越》雜誌列出的臺灣集團 12 個之最中，台塑集團占有 5 個，分別是：營業收入最多的集團（2,398 億元新臺幣），資本額最大的集團

（1,203 億元新臺幣），員工人數最多的集團（5.2 萬人），賺錢最多的集團（稅前純收益為 287 億元新臺幣）及最大的製造業集團。王永慶也因此是令臺灣企業家們最佩服的企業家。在 1996 年《天下》雜誌的調查中，王永慶蟬聯「企業界最佩服的 5 大企業家」冠軍，王永慶在臺灣企業界的聲望之高，無人能夠相比。

財富經驗

一、價廉物美

王永慶做生意只有一個信念 —— 價廉物美，這條人人都會說的準則，真正做起來卻並不容易，而台塑的成功，就是向著這個目標努力的結果。台塑的管理模式，也就是在向著這個目標不懈努力的過程中，不斷摸索，逐漸累積，並且永不滿足的完善，才建立起來的。

要做到價廉，既要設法降低成本。王永慶在低成本上所下的工夫之大，連世界級的管理大師都望塵莫及。

要做到物美，就要想辦法提高品質。台塑提高品質的目標，是在一點一滴的不斷追求合理化的過程中實現的。

二、實行午餐匯報制

台塑成功的另外一個法寶，就是「午餐匯報」。這是台塑追根究柢精神的最直接表現，王永慶透過連珠炮式的發問，一直要把最後一個細節弄到水落石出。台塑企業管理上的許多問題，就是在這裡被挖掘出來，最後得以解決的。

「午餐匯報」是推進台塑合理化的「催化劑」，是台塑成長的原動力。

三、注重求本

王永慶強調「只求根本，不問結果」，即求本精神。王永慶在企業經營中，從不著眼於「該賺多少」或「賺了多少」，而只是看重管理扎根工作的追求。他認為，企業的經營和樹有細根一樣，必須從容易忽略的根源處著手，才能理出頭緒，使事務的管理趨於合理化。他認為細節的問題關係重大，要做好管理，一定要從細微之處著手，這才是根本的做法。王永慶說：「管理沒有祕訣，只看肯不肯努力下工夫，凡事求得合理化，台塑經營管理的理念是追根究柢，止於至善。」

四、注重適才適能

對人才的使用注重適才適能。對員工的要求公共無私，完全看個人的能力，嚴格按工作品質與數量，以實際工作成效作為考核標準，絕不以資歷作為評判標準，這是台塑人才主義和用人的原則之一。第二個原則是適才適能，因才適用。王永慶說：「如有不適，則予迅速遷調，使其適任發揮所長，以免貽誤公務與埋沒人才。」

名家點評

王永慶是臺灣的經營之神，他的影響力遍及歐美市場，為此他的人生是輝煌的。

—— 臺灣大學世界經濟研究中心

王永慶以其出人意料的決策，締造了一個震驚世界的塑膠王國。可以講，他是一位名副其實的決策大師。

—— 美國〈人物專欄〉

決策需要的是膽略和變化，迄今為止，王永慶在經營過程中則完全發揮了決策的這點要求。他不斷的變化思維，去尋求一個個最好的商機。

—— 《美國大百科風雲人物》

在決策果斷方面，王永慶似乎具有天賦，也許，這種天賦是由於他對市場的觀察力所致。

—— 美國《世界成功商人》

台塑的管理應該不算十全十美，因為王董事長追求至善至美的目標是永無止境的，所以台塑企業的管理永遠不可能是最好的。

—— 前任行政院副院長邱創煥

傳世名言

1　即使市場萎縮一半，我們還站在具有購買力的另一半市場上。

2　幼年生活的困苦，也許是上帝對我的賜福。

3　天下的事情，沒有輕輕鬆鬆、舒舒服服讓你能獲得的，凡事一定要經過苦心的追求、鑽研，才能真正明瞭其中的奧妙而有所收穫。

4　神創造人，畢竟是很公平的，道理只有一個，那就是人必須先苦而後才有甘。天下事都是要經過相當辛苦才可以得到的，這個道理很淺，卻很難實踐，這是一般人的毛病。

5　經營企業，不能只看眼前。一開始就賺錢的企業是很危險的，徒然養成老大自恃的刁氣，大概也因此種下他日垮掉的因子了。

6　無論什麼時候企業都在激烈競爭的漩渦中，為了不在競爭中落後，必須將對方經營的想法、動向摸得一清二楚。

7　公司經營的成敗，人的因素最大，屬於人的經驗、管理、智慧、品行、觀念、勤勞等無形資源，比有形資源更為重要。

財富智慧

一、加強對員工的培養和訓練

　　台塑把公司內的人員，看成是公司的財產，都加以很好的培養和訓練，從而提高公司的發展實力。王永慶說：「企業要培養力量，再多的財力也不足惜，主要還是人才的養成。如何開發個人的潛在能力，使之充分發揮，是今後主管的重要課題。」王永慶放手以企業內部的主管作為主要指導者，讓他們在教學中進一步提高自己的主管能力，同時向受訓者灌輸工作上必備的知識，吸收企業所累積的實務經驗，以加強其工作實效與潛能。這樣，企業受益，受訓者也受益，一箭雙雕，可謂絕招。

二、壓力管理

　　讓企業有壓迫感，這是王永慶的壓力管理的重要一招。企業有一種壓迫感，他們就不滿足於現狀，這種在工作上的認知是企業必須有適度的壓力，可激發潛能，使工作獲得更好的表現。王永慶說：「賦予一個人沒有挑戰性的工作，是在害他。人的潛能是無盡的，給予沒有挑戰性的工作，這個人的潛能根本無法發揮，他的一生就完了。」

三、注重獎勵的作用

　　注意實行獎勵管理。台塑的獎金分年終獎金和改善獎金，還有行政獎勵、獎狀以及刊載台塑企業雜誌等精神上的獎勵。因為台塑推行一加一等於三的績效獎金制度，把公司最重要的人力資源，發揮到最大效用。王永慶說：「管理必須訂立明朗的標準，才能促使工作人員了解所追求的目標，這還不夠，必須再進而設計使工作人員產生切身感的措施，使其工作

績效與本身利害息息相關,工作人員自然就主動努力,朝著明確的目標邁進。」

四、堅持客戶至上

王永慶說:「什麼是市場?客戶就是市場!不掌握客戶,就沒有市場。」為此,台塑盡力做到滿足客戶的四個條件:第一,價錢要公道,甚至在競爭的市場中要配合客戶的需求,壓低價格供應。第二,品質要符合水準,而且確保穩定。第三,交貨期要準確及時。第四,服務必須周到。王永慶說:「以上四個條件,缺少一個都不行。」

延伸品讀

「王永慶」這個名字,在華人世界,無人不知,無人不曉,特別是當代經營企業的企業家和從事商業活動的商人,很少有人沒聽說過「王永慶」這個名字的。

如果有人沒聽說過「王永慶」這個名字,就像美國人不知道華盛頓、法國人不知道拿破崙、德國人不知道希特勒一樣,特別是從事石油化工的人,不知道王永慶都是極其可笑和無知的。

然而,創業艱難百戰多,成功之際誰人說。享有「白手成功企業家」美名的王永慶,在艱難的創業道路上跌跌撞撞,經過六十多年的風風雨雨,終於走出了屬於自己的成功之路。從他成功的歷程中,我們可以學到很多很多,他的吃苦耐勞的精神,不同於西方和日本的獨特管理方式,還有他那超人的自信等。這些都是值得企業家甚至是我們每一個人學習的。

船王 —— 包玉剛

商業鉅子檔案

全名：包玉剛

國別：中國

生卒年：1918 年～ 1991 年

出生地：浙江寧波市鎮海區莊市鎮鐘包村

愛好：游泳、跳繩

人生軌跡

包玉剛於 1918 年農曆 10 月 13 日出生於浙江寧波市鎮海區莊市鎮鐘包村。父包兆龍，曾在上海開天寶錢莊，並從事多種行業。

包玉剛少時在葉家義莊 —— 葉澄衷家族創辦的中興學堂上學。小學畢業後，跟隨父親到漢口和上海繼續受教育，曾在上海吳淞船舶學校就讀。22 歲投身於金融界。起先，包玉剛在中央信託局衡陽辦事處工作，

後擔任了由陳敦甫為最大股東的中國工礦銀行衡陽分行副經理，抗戰後期，被調到重慶，任工礦銀行重慶分行經理。

1945 年抗戰勝利，包玉剛回到上海，參與接收上海日本帝國銀行的資產。後來帝國銀行改成為上海市銀行，包玉剛任上海市銀行業務部經理，第二年，任該行副總經理兼業務部經理。

1949 年包玉剛全家移居香港，改行從事進出口貿易，具有經營方略眼光的包玉剛認為，香港雖為彈丸之地，但海洋無限廣闊，發展航運大有可為，於是 1955 年轉營航運業。

1955 年，他向銀行借到 77 萬美元，買進了一艘已有 28 年船齡、載重為 7,800 噸的舊燒煤船，取名為「金安號」，開始了他的航運業務。

他以低租金、長合約的穩健經營方法，打開了局面。一年之後，又以借款買船的辦法，增加到 7 艘船。以後幾年中，他的船隊又從 20 多艘猛增到 60 多艘，大小油輪都有了。1967 年後，包氏組織環球航運集團。1970 年，他與滙豐銀行首腦桑達士合作，成立「環球航運集團股份有限公司」，以包為主席。到 1972 年，成立「環球國際金融有限公司」，由包玉剛出任董事會主席。1975 年，包玉剛登上了世界船王的寶座，贏得了「東方歐納西斯」的稱號。到了 1981 年，包玉剛環球航運集團的船隊已發展到 210 艘，2,100 萬噸，成為世界上擁有船隻噸位最多的船王。此後，包玉剛又以極大的氣魄，在李嘉誠的協作下，以 21 億港元，收購了九龍倉的大部分股票，出任九龍倉董事會主席。不久，他開始把原有的 210 艘船悄悄的一艘艘賣出，把資金轉到陸上。他投資香港地下鐵路和地下隧道，任隧道公司主席；又出任《南華早報》董事長；並再度與李嘉誠合作，全面收購四大英資洋行之一的「會德豐」的股權。以後，包玉剛又向空中

發展，以大量資金投入英國人控制的國泰航空公司，出任該公司的董事長，又投資於新成立的港龍航空公司，出任該公司董事長。

包玉剛除了擔任上述等職之外，還擔任香港上海滙豐銀行董事會副主席、日本興業銀行高級顧問、美國大通銀行國際諮詢委員會委員，還擔任過國際獨立油輪船東協會主席、勞埃德船級社東亞社主席等職。

包玉剛又是一位國際活動家，和世界一些國家的元首、總理都有往來。1976 年，他被英國女王封為爵士。比利時國王、巴拿馬總統和日本天皇，都曾授予他勛章或獎章。他和英國首相柴契爾夫人經常聯絡。1982 年 3 月，「國際聯合投資公司」向英國訂購的 1.5 萬噸貨輪「聯勤」號在英國森德蘭港下水，柴契爾夫人應包玉剛之邀，主持了命名典禮。1982 年 9 月，柴契爾夫人訪問中國期間，又應包的邀請，在上海為「世誼」號貨輪主持命名典禮。

1991 年 9 月 23 日包玉剛先生與世長逝。

成長經歷

一、大海的嚮往

1918 年，包玉剛出生在浙江寧波一個小商人家庭，父親包兆龍是一個商人，常年在漢口經商。儘管他事務繁忙，但卻對子女非常嚴格。由於家庭還算富裕，他決定讓子女接受當地最好的教育。於是，他把包玉剛送進了以教學品質優良而文明的葉氏中學讀書，為包玉剛打下了堅實的文化基礎。包玉剛自小就天資聰穎，深得祖母和母親的疼愛，而且更是以勤奮好學、誠實穩重而受到學校老師、同學和鄉親的讚揚。

▶ ▶ ▶ ▶ 船王—包玉剛

　　寧波地處東海之濱，是浙江省最大的港口城市，是鴉片戰爭後「五口通商」的口岸之一，有著悠久的商業傳統，形成了歷史上著名的商幫 —— 寧波幫。包玉剛家所在的村落，離海不遠，因此，童年的包玉剛除了上學讀書，最喜歡的就是去看大海、去看船。

　　畢業後，包玉剛離開寧波鄉下，跟隨父親包兆龍到了上海。或許是運河與黃埔江上那些銜尾擊舷的船隻使他發生了興趣，到了上海他便進入上海吳淞船學校就讀，可惜美景不長，父親在上海開了個天寶錢莊，還有企業生意，在漢口還經營著布鞋。抗日戰爭的硝煙把父親吹到了漢口，他也只好放棄學校的船舶模型，前赴漢口協助父親打點生意。

　　或許是父親的生意太小，他覺得「沒意思」。他從小就喜歡自己闖天下，於是，便隻身投入了金融界。1938 年，包玉剛來到上海，在中央信託局保險部工作，憑著自己的努力和在銀行裡累積的經驗，在 7 年短短的時間裡，他就從普通職員升到了衡陽銀行經理、重慶分行經理，直到最後的上海市銀行副總經理，而這時候的包玉剛還不到三十歲。前面的路途可謂一帆風順。但在 1948 年，他卻辭職了，因為在這個方面沒有興趣，親友對此都迷惑不解。

　　1949 年初，包玉剛與父親一起攜著數十萬元的積蓄，到香港另闖天下。開始的時候做些小生意，累積了點錢，但接下來做什麼呢？包玉剛想起了童年對海的嚮往，於是提出了海運的主意。母親勸他，「行船跑馬三分險」，搞海運等於把全部資產都當成賭注，稍有不慎，就會破產，父親認為，香港的航運業已經十分發達，競爭相當激烈，而包玉剛對航運完全是門外漢，憑什麼經營航運？但包玉剛主意已定，矢志在海洋運輸業謀求發展。他一面繼續做好父親和其他家庭成員的說服工作，一面四處了解有關船舶和航運的情況，認真研讀有關航運和船舶方面的書籍。

包玉剛終於可以一圓自己的海上之夢了！雖然這個路程十分艱難，而當時他已經 37 歲了。

二、東方歐納西斯

但是，萬事開頭難。起初父子倆靠有限的資金，和幾位從上海來的舊同事一起做進出口生意，用兩百多元在華人行租了一間小辦公室，房間內部像個小鴿籠，裡面的人不出來，再來人就絕無插足之地。幸虧生意還馬馬虎虎，買賣中國土特產，有乾貨、豆餅、鴨毛、肥料、牲畜飼料等等。但是，天下路雖多，卻並非包玉剛想走哪條就可以走下去。這時土產出口已由官方統辦，本來土產進出口就不好做，現在的政策更使生意雪上加霜。

聰明的人是絕不會一條死路走到底的。靈活轉向是商人的天賦。1955年，父親替兒子選定的事業：從房地產生意開始。「薑畢竟是老的辣」，這個決定比李嘉誠轉身房地產早了三年。可這次兒子沒聽老子的話，都快到「不惑」之年了，包玉剛有自己的興趣，有自己的打算，幾年的進出口生意，雖沒發跡，卻也累積了不少經驗和資訊，他對香港的地理環境也有了更深的感受和認識。這個背靠大陸，通航世界的自由港，還有什麼比發展航運事業更有利呢？於是，他決意試一試，儘管他並非水手出身，也沒學過航海，坐在船上頭就暈，但他不怕，他有這種決心，更有這種魄力。

他費九牛二虎之力終於說服了父親。開始的時候，資金不夠，並在摯友鄭煒顯的協助下，從日本神戶銀行貸了一筆 70 多萬美元的款。包玉剛專程到英國買回了一艘以燒煤為動力的舊貨船，這艘船已經使用了 28年，排水量也只有 8,200 噸。雖然這艘船很破，但包玉剛卻像得了稀世珍寶一樣，請人將它整修油漆一新，並取名叫「金安」，包玉剛第一次走上

甲板時，高興極了，東摸摸，西看看，像站在宇宙中某個點來欣賞地球。他畢竟有了屬於自己的第一艘船，這艘船就是事業的開始。1955 年，包玉剛成立了「環球航運集團有限公司」，並與日本一家船舶公司談妥，將「金安號」轉租給這家公司，從印度運煤到日本，採取長期出租的方式。

這是一個冒險的決策，因為當時世界各國經營航運業的人，都是採用傳統的短期出租方式，也就是每跑一個航程，就與租用船隻的人結算一次。這樣不但收費標準高，而且隨時可以提高運價。聞名世界的希臘船王歐納西斯、美國船王路德威克以及老一代香港船王董浩雲，都是這樣做的。可是包玉剛與他們都不一樣，他出人意料的採取了長期出租的經營方式，把自己的船為期 3 年、5 年甚至 10 年的租給別人，租用者按月繳納租金，但租金標準卻要低得多。許多人都在嗤笑這個不自量力，不懂規矩的年輕人，但包玉剛自有他的打算，他曾對人說：「我的座右銘是，寧可少賺錢，也不去冒險。」他謀求的是長期則穩定的收入，這是放眼未來的一種經營方法。而短期出租就要承擔一定的風險。

有膽識有智慧的人，時來運到便一飛沖天。大約半年之後，轟動世界的蘇伊士運河事件發生了。1965 年，埃及總統納賽爾揮軍占領運河兩端，宣布非其友好國家的船隻，不得使用運河，這個事件使世界上大多數船隻，來回歐亞須繞道非洲南端的好望角。由於路遠費時，船隻的需求非常吃緊，租金暴漲，而恰在此時，那艘租給日本山下的「金安號」租約剛滿，要付出雙倍租金才能續約。包玉剛由此大獲其利。

一艘船都如此大賺，10 艘、100 艘豈不賺得更多？然而，船從哪裡來？哪裡又有錢買船呢？錢在銀行，銀行有錢，他的銀行高階職員的經歷，不僅使他深諳銀行的工作特點，更使他懂得怎樣利用銀行，把企業經營與銀行連結起來。在銀行工作的經驗讓他明白資金對一個企業的重要

性，要使自己的航運事業迅速發展，光靠自己是不行的，必須得到銀行的支持。於是，包玉剛到處奔走，積極尋找門徑。他找到了早年做進出口貿易時結交的朋友 —— 香港滙豐銀行的高階職員桑達士。眾所周知，香港英資滙豐銀行是香港金融界的龍頭，是 100 年來香港資金最雄厚的銀行。

憑著自己流利的英語和嫻熟的業務，1956 年，包玉剛以一艘船向滙豐銀行承作抵押借款，得到桑達士的同意，獲得了一小筆貸款。稍後，包玉剛得到一個用 100 萬美元買一艘 7,200 噸船的機會，而且也找到租主了，可是沒有錢，買不下船，怎麼辦？於是包玉剛向桑達士貸款 100 萬美元，100 萬美元！在當時絕對不是小數目，桑達士認為包玉剛簡直是開玩笑，一無資金，二無保證金，萬一賠了怎麼辦，但是包玉剛利用租船人迫切心情，竟然真的弄來了一張 75 萬美元的「信用狀」，桑達士對這個年輕人的毅力算是徹底折服了，他同意貸款給包玉剛。這次「空對空」的勝利，是包玉剛與滙豐銀行建立借貸關係的開始。在後來的無數次借貸合作中，他以誠信為本，獲得了銀行的信任和支持，使自己事業的發展有了一個雄厚的資金來源。後來，包玉剛作為「亞洲第一人」榮任滙豐銀行董事。

1956 年，埃以戰爭爆發，由於蘇伊士運河關閉，貨物積壓嚴重，海運業務十分興旺，別人勸包玉剛趁此機會大賺一筆。但獨具慧眼的包玉剛仍然按照舊的租金為東南亞的老雇主運貨，以避免與實力雄厚的西方船主直接競爭。果然，十幾年後，埃以休戰，西方大批商船無事可做，還要耗費驚人的費用去維修、管理。而包玉剛的船仍然穩紮穩打的立足於東南亞，業務蒸蒸日上。

這以後，包玉剛似乎走上了好運，他用貸款買船的方式，只一年光景，就成為擁有七艘船的船東。1962 年，他又與桑達士合作，成立「巴

哈馬世界海運有限股份公司」，其中滙豐銀行股份占 1 ／ 3。從此滙豐銀行成了包玉剛的強大後盾，使他更具有雄厚的資金拓展船隊，而作為華人能獲得英資如此信賴，他是第一個幸運兒。

現在，他已不再是「門外漢」了，他逐漸熟悉了業務，除了出租船隻之外，自己經營的船隊也日益壯大，價好即撈大錢，價跌也有租金收入來補貼，四平八穩。1967 年他又看好了中東石油運輸市場，開始買大小油輪，成立環球航運集團，並連續向日本造船廠訂購八艘超級油輪，使船隊迅猛擴展。1970 年，他再度與桑達士合作，成立「環球航運集團有限股份公司」，並於次年成為滙豐銀行的第一位華人董事，後來又成為這家銀行董事局的副主席。1972 年，在百慕達他又組建了「環球國際金融有限公司」，公司的股東中，有香港滙豐銀行、日本興業銀行及環球航運集團，他出任董事會主席。

1974 年，聞名世界的希臘船王歐納西斯在美國曾拜訪了包玉剛，風趣的對他說：「辦船隊雖然我比你早，但與你相比，我只是一粒花生米。」1977 年，包玉剛的願望實現了，據《金氏》船隻經紀公司當年紀錄，世界十大船王的船載重量，包玉剛遙遙領先，為 1,347 萬噸，其次是日本三光 594 萬噸，英國 523 萬噸，日本輪船 506 萬噸，美國 486 萬噸，NYD465 萬噸，董浩雲 452 萬噸，歐納西斯 448 萬噸，沙蘭 419 萬噸，貝格森 409 萬噸。而到了 1980 年，更是包玉剛旗下的環球航運公司的巔峰時期，共擁有船隻 200 艘，載重量達 2,000 萬噸，相當於擁有 2,000 萬噸輪船。國外報紙上都以大量篇幅介紹包玉剛，用的標題是〈比歐納西斯和尼亞科斯都大 —— 香港包爵士〉。第二年，包玉剛的船隊總噸位達到 2,100 萬噸，比美國和蘇聯的國家所屬船隊的總噸位還要大，成了名副其實的「世界船王」！

三、棄舟登陸

在海洋上，包玉剛成就了自己的事業，但他並不滿足，1970 年代，他決定逐步把重心轉移到陸地上來。將賺得的部分財產投資於越來越旺的房地產業，兼營酒店和交通運輸。為了在陸上也能獲得海上那樣輝煌的成就，他和香港首富李嘉誠一起，和英國資本集團展開了一場驚心動魄的爭搶，這就是著名的「九龍倉」之戰。

香港四大洋之首的怡和洋行，旗下有兩員「大將」，一是置地公司，再一個就是九龍倉。九龍倉和置地的主席一貫都由怡和主席兼任，以此來控制九龍倉名下的多家公司。九龍倉位於港島中環相對的旅遊及商業區的尖沙咀西側，自從火車站他遷，航運貨櫃化後，這些土地都成了寸土寸金的尖沙咀區的地王。九龍倉在此興建了海洋中心大廈及海城，土地資源令人垂涎不止，而怡和系的海外發展計畫又連年受挫，景況窘困，這些便造成了九龍倉被覬覦的原因。

1979 年 9 月，被香港人稱為「海陸二將」的李嘉誠與包玉剛祕密會面。兩人僅僅密談了 20 分鐘，一項互惠互利的協定就達成了。李嘉誠一年多來祕密收購九龍倉股票，已達 2,000 萬股，股價已由 10 幾元漲到 40 元，而現在他卻以每股 36 元又一次性轉讓給了包玉剛，這其中的原委恐怕非局外人所能周詳。李嘉誠轉手賺了 5,000 多萬元，不久便成功的收購了「和黃」（和記黃埔洋行）。包玉剛早有「登陸」的設想，由此也邁出了堅實的一步。

此後包玉剛繼續吸納九龍倉股，市價升逾 50 元，到 1980 年 4 月，包玉剛屬下的「隆豐國際投資公司」宣布，已控制 3,900 萬股九龍倉股票，約占總數的 30%。而怡和的置地公司不過持有約 20% 的九龍倉股，九龍

倉主席是由怡和主席紐壁堅兼任，此時包玉剛與兩婿吳光正、蘇海文都已成為九龍倉董事，包、吳且係董事局執行委員，形勢明顯不利於怡和對九龍倉的控制。

股市亦如戰場，1980 年 6 月 20 日，置地公司乘包玉剛去倫敦出席盛會之際，在各大報刊登出廣告，宣布以兩股置地及 75.6 元的債券總值市價約 100 元，換取一股九龍倉，目標是將九龍倉控股權增至 49%，拉開了烏雲滾滾的一場增購戰幕。

包玉剛聞訊而動，隔日中午即由法國經倫敦急返香港，當天下午在記者招待會上，包玉剛「談笑風生」，聲稱到當鋪轉了一轉，便慷慨出價 105 元增購九龍倉，以 200 萬股為限。記者聞訊譁然，當晚即把消息傳出。港島為之轟動。第二天，即 6 月 23 日上午，只花了兩小時，包氏便買進九龍倉 2,000 萬股，使其所占九龍倉股數共達 49%，實現了控制九龍倉的目的。一向看不起華人資本的置地公司，不僅沒有爭得「九龍倉」，還傷了自己的元氣。

這次戰役轟動了整個香江，包玉剛在談笑之間，調集了 20 億的事情，像神話一般令世人驚嘆不已，也成為一個傳奇。

有了九龍倉為基礎，包氏財團蒸蒸日上。1985 年 2 月中旬，股市上又一聲春雷，炸開了會德豐收購戰的特大新聞。收購的一方，是星馬財團邱德根，他是馬來西亞銀行創辦人及汶萊國家銀行大股東，又是星馬酒店大王，為南洋著名富豪之一，收購的另一方，便是包氏旗下的九龍倉。會德豐，這個與怡和、太古、和記並為香港四大洋行之一的英資集團，擁有 200 多間附屬及聯營公司，投資範圍近至遠東、東南亞，遠及澳洲、西歐；業務包括房地產、船務、保險、百貨、製造業及財務等；上市公司

有會德豐船務、置業信託、聯合企業、夏利文發展、聯邦地產、連卡佛發展及寶福發展等。只因近年經營不善，盈利不佳。這種情況，與它業務極其相似的九龍倉以及其他有資之士，又怎能不看在眼裡，心動手癢，一爭高低呢？

所謂兩虎相鬥，必有一傷。包玉剛以他海嘯般的氣魄，又一次動用了 25 億餘元的更大資金，於 3 月 13 日露面向記者宣布，他已持有 48% 的會德豐股權，邱德根見大勢已去，索性將所得股價亦售予九龍倉，收兵而去。

包玉剛在股市戰場上再獲勝利，成為繼李嘉誠入主「和黃」之後，華資奪得英資四大行的第二人。從此，他左擁九龍倉，右抱會德豐，再加上他的航運王國，赫然而上香港十大財閥的龍虎榜，足以在香港財經界舉輕重了。

至此，包玉剛的海上王朝和陸地王國都達到了頂峰。他的財富也多得令人咋舌，有人說他曾經考慮買下一個國家。他自己也開玩笑說：「我不願意知道自己到底有多少財產，因為害怕由於不知所措而引起心臟停止跳動。」

但是有多大的成功，就會付出多大的辛苦，與所有成功的人一樣，包玉剛之所以能夠稱王於海上，是因為他刻苦鑽研、勤奮不已，有極強的事業心和責任心。海運是一門綜合性很強的學科，需要千頭萬緒的航運經營知識。包玉剛又是半路出家，怎麼就變成了專家，包玉剛的回答很簡單：「看看書嘛！」僅僅幾個字，看似輕描淡寫，寓意卻是十分深刻的。包玉剛好學不倦是出了名的，就是靠這種精神，永不疲倦，永不停滯，他才有了今天的成就。

香港現在擁有船舶 450 多萬噸，僅次於美國，成為世界航運中心之一，而這些發展是與包玉剛對航運事業的貢獻分不開的。由於他在國際船運中的地位，他受到各國領袖和大企業家的關注和讚賞。英國女王伊莉莎白封他為爵士，比利時國王、巴拿馬總統、巴西總統、日本天皇都曾授予他高級勛章。這是世界上任何大企業家都未曾獲得過的殊榮。英國前首相希思曾特地邀請他到別墅赴宴，詳細詢問他的經營方法。1981 年，美國總統雷根舉行就職典禮時，特邀包玉剛作為貴賓參加。他的電話可直通白宮，隨時可與美國總統對話。

儘管這樣，他卻是一個樸實無華的人，一個勤儉節約的人，他從來不允許自己和親屬的生活過分奢侈。他每年只准許家屬在夏威夷度假 10 天，他的女兒們一次只能買一雙鞋，他從不讓孩子參加香港「富翁環球遊覽團」……他一直遵循著父親的教誨：「腳踏實地的工作，平易近人的待人，身體力行的做事。

1991 年 9 月 23 日，包玉剛因病在家中逝世，享年 73 歲。引起了世界轟動，他的死去，標誌著一個時代的結束。

財富經驗

一、勤奮好學

包玉剛的世界船王得來並不容易，這除了一定的歷史機緣之外，他的成功是他長期的知識累積、勤奮上進、好學的結果。還在年輕的時候，他失去了上大學的機會，但他透過自學與工作實踐彌補了這個損失。在銀行工作期間，包玉剛就專心致志的經營他的事業，他的時間除了工作，就是用來自學、讀書、讀報、學外語。他對業務的精通也是與他的勤奮好學分

不開的。他說：「不管私人企業或政府機關的主管人員，都應該不斷學習以求適應和成長，否則就會落後。」

二、腳踏實地

包玉剛有腳踏實地的作風。在經營航運早期，他的船隻只要一有了毛病，他都盡可能趕到現場處理，最終把問題解決。等他船隊擴大了，環球集團的重大決定，如購買一艘新船，錄用主要人員，他仍堅持親自過問。造新船時，他也親自登船檢查。難怪他的助手說他腦子裡裝滿了他的船隻，船就像他的孩子一樣。

三、重視人才

包玉剛最重視任用有業務能力的人、組織能力的人。他的手下已擁有一批出色的會計師、工程師、船長、大副等人才。他尤其重視船員的素質，並強調指出：「和其他同業船東一樣，我認為我們的輪船價值，動輒以千萬美元計，如果裝備次等器材，雇用次等員工，實在沒有道理。」、「以我看來，船公司獲得成功的兩個真正重要先決條件，就是獲得信用貸款和夠合格的人才。」

名家點評

包爵士可能是第一個真正在國際上享有盛名的本地人士。

—— 前香港總督衛奕信

傳世名言

1　對人不能欺騙，做事不可以亂七八糟，那麼大家關係好，大家有實惠，生意就可以上去，不管事大事小，都是這樣。

2　老老實實做生意，講實話，做事規規矩矩，別人就對你有信心。事在人為，中國人的這四個字，就是這裡出來的。

3　商業道德這事情上，還是老傳統的，要信譽有良好的紀錄，有信用才成。

4　腳踏實地的工作，平易近人的待人，身體力行的做事。

5　成功並無捷徑，要成為信譽良好的企業家，須勤奮苦幹，有想像力及善用經驗。還有，我承認，需要一點精明穩健經營的頭腦。

財富智慧

一、不急功近利

　　包玉剛正是做到了不「急功近利」，才選擇了「期租」方法。「散租」雖有它的好處，畢竟風險太大，一旦航運需求減弱，手上有船無人租用的情形就會出現，那時的「海上冒險家」們可就要吃海上西北風了。「租不出去的船，與其說是資產，毋寧說是負累。」這是 1976 年 12 月 6 日包玉剛在美國哈佛大學商學院演講「經營航運業心得」的名言。想想看，一艘巨輪一動不動的停在海上，光是開銷一天就需要幾萬美金。1975 年航運業衰退，那位挪威船王十幾艘巨輪便無人租用，弄得 77 歲的老船王如坐針氈，哭笑不得，包玉剛的船一租就是四五年的約期，小的市場波動並不影響他的收入，這正是他目光長遠，不急功近利的緣故。

二、節省開銷

包玉剛以低租期租船隻，這就要求他必須節省開銷，控制成本。租金一般是固定的，但船在汪洋大海上航行，修理、保養、補充用品、配備零件等額外開銷，往往很難預算。所以他說「要成本控制得法，一定要制度健全。」他的巨輪所有開銷，全要岸上公司人員核准，並設立了複查制，鼓勵員工培養出研究開銷、說明開銷理由的習慣。

三、注重服務

包玉剛的「最佳服務」絕不是一句空話，他的船隊人員整體素質普遍較好，起初各遠洋船上的香港海員，大都不學無術，是抱著混碗飯吃的態度才上船的。為此，包玉剛專門開辦了「環球海員訓練學校」，免費訓練海員，畢業後要他們為環球航運公司服務三年，一些專家認為，包玉剛如果不是自己培養出大批有學識、有技能、有士氣、有歸屬感的「子弟兵」，他的海運事業絕不會有如此順利的發展。

四、眼光遠大

1980 年代初，包玉剛看到航運業前景黯淡，下決心將租期滿的船隻出售。這意味著，航運業不景氣時，依靠銀行貸款擴大船隻的方針顯然已不適應新形勢的發展。於是，環球航運集團完全改變了以往的經營方針和管理政策。由擴大船隊轉為縮減船隊，賣掉舊船，將資金投向其他領域。於是，他的視線從海洋轉向了陸地，他參與了兩次香港歷史上最大的收購戰，集鉅資收購九龍倉和會德豐兩大公司集團。

延伸品讀

　　包玉剛的盛名背後，是一部白手起家的創業史，是一個創造奇蹟的神話。他的創業和成功歷程，堪稱是一部波瀾壯闊、輝煌壯麗的史詩，嘆為觀止！

　　斯人已逝，其功永垂！

商業鉅子 —— 山姆・沃爾頓

商業鉅子檔案

全名：山姆・沃爾頓

國別：美國

生卒年：1918 年～ 1992 年

出生地：美國阿肯色州

人生軌跡

　　山姆・沃爾頓，1918 年出生於美國阿肯色州的一個小鎮。由於家境貧寒，7 歲就開始打零工，靠送牛奶和報紙賺得自己的零用錢，另外還飼養兔子和鴿子出售。

　　1936 年，進入密蘇里大學攻讀經濟學學士學位，並擔任過大學學生會主席。畢業後正值二戰爆發，沃爾頓毅然參軍，在陸軍情報團服役。在戰爭中認識了他的妻子海倫。

　　二戰結束後，沃爾頓回到故鄉，和妻子海倫借錢開了一家小店，學會了採購、定價、銷售。

　　1962 年，在阿肯色州羅傑斯城開辦了第一家沃爾瑪百貨商店。

　　1969 年 10 月 31 日，成立沃爾瑪百貨有限公司。

　　1970 年，沃爾瑪第一家配送中心設立。

　　1983 年，第一家山姆俱樂部建立。

　　1985 年被美國《富比士》雜誌列為首富。

　　1988 年，第一家沃爾瑪超級購物中心（Super Center）開設。

　　1989 年，被《金融世界》雜誌選為近十年來的最佳總裁。

　　1992 年，獲得總統自由勳章。同年，山姆‧沃爾頓逝世。

成長經歷

進入零售業

　　1918 年，山姆‧沃爾頓出生於美國阿肯色州的一個小鎮，此後他們全家搬往密蘇里州，沃爾頓在那裡度過了他的中小學時期。由於家庭經濟並不寬裕，沃爾頓從高中開始，便一直靠送報紙賺錢，維持自己的開銷。1936 年，他進入密蘇里大學念書。進入大學以後，他又新開闢了幾條送報路線，並雇了幾個人幫忙，一年竟然能賺 4,000 至 5,000 美元。在大學裡，沃爾頓充分施展了自己的個人魅力和領導才能。他擔任著班長、學生會主席以及各種學生團體和聯誼會的領導職務，這些經歷在鍛鍊他的領導和管理才能之外，還擴大了他在學生中的報紙訂戶。除了送報外，他還在課餘時間到餐廳當服務生，換取自己免費的一日三餐。同時他還在游泳池

當救生員，以賺得更多的生活費。這種辛苦忙碌的半工半讀生活，使日後成為億萬富翁的沃爾頓依然珍惜每一美元的價值。

沃爾頓計劃自己在拿到密蘇里大學的學位後，再前往賓夕法尼亞州的華頓金融學院繼續深造。但他知道，靠自己半工半讀籌得的錢，根本無法承擔去華頓學院深造的學費。於是他決定在大學畢業後先開始工作。他曾經想做一名保險推銷員，因為他覺得自己是個推銷能手。他也曾接觸過零售業，他的一位鄰居把連鎖雜貨店開到了 60 家，他曾與這位鄰居談起過零售業的經商之道。1940 年，沃爾頓大學畢業。有兩家到密蘇里大學招收員工的公司願意向他提供職位，他選擇了被稱為「大街上的百萬富翁」──J‧C‧佩尼公司的工作。

當時的 J‧C‧佩尼公司是一家在世界各地都擁有連鎖店的大公司，1940 年 6 月 3 日，沃爾頓大學畢業後 3 天，就去 J‧C‧佩尼公司的愛荷華州第蒙市的分店報到，作為一名管理部門的受訓人員開始工作，月薪是 75 美元。這一天對於沃爾頓具有重要的意義，因為這是他正式進入零售業的第一天，此後除了在二戰期間參與過短期的戰爭外，他在這個行業做了整整 50 多年。

到 1942 年初，沃爾頓已經在 J‧C‧佩尼公司工作了 18 個月。當時，第二次世界大戰仍在進行，作為美國後備軍官訓練團一員的大學畢業生，沃爾頓雄心勃勃的想參軍。為了能夠參軍，他辭去了 J‧C‧佩尼公司的工作。但是，在體檢時被查出心律不齊而未能通過，被劃入了執行後勤任務的部隊。在等待徵召的日子裡，沃爾頓到了南方，在土爾沙附近相遇了他後來的妻子海倫‧羅布森，她漂亮、聰穎，富有教養，雄心勃勃，具有主見，意志堅強──她有她自己的見解和計畫，愛好戶外活動，擁有充沛的活力。兩個人迅速墜入愛河。在熱戀期間，沃爾頓收到軍方徵召通

知，到後備軍官訓練團擔任少尉軍官，後來升為中尉、上尉。1943 年情人節，他與海倫結婚，從此開始了並肩創業的生涯。1945 年，二戰結束了，沃爾頓離開了軍隊回到家鄉。這時他就已經決定進入零售業，而且要自己開創一番事業。

加盟本·富蘭克林商店

　　海倫的父親是一位出色的律師、銀行家和牧場主人。他十分疼愛女兒女婿，希望他們能搬到克雷爾莫爾與他一起住。然而，沃爾頓與海倫都希望能夠獨立闖出一番事業。在一個同學的介紹下，沃爾頓到一家地區零售商巴特勒兄弟公司尋求合作機會。這家公司的雜貨連鎖店名叫「本·富蘭克林商店」，主要經營廉價商品，沃爾頓決定加盟買下一家連鎖店。

　　巴特勒兄弟公司提供給沃爾頓的本·富蘭克林商店位於阿肯色州的紐波特。沃爾頓以 25,000 美元的價格買下了這家店鋪，其中 5,000 美元是他的積蓄，另外 2 萬美元是向海倫的父親借的。沃爾頓雄心勃勃的為自己定下一個目標，要在 5 年內讓這家在紐波特的小店成為阿肯色州經營最好、獲利最多的雜貨店。然而，缺乏經驗的沃爾頓在交易全部完成後才發現，這家店鋪是個連年虧損的爛攤子，不但房租過高、生意清淡，而且對面還有一家實力雄厚的競爭對手史特林商店，經營難度可想而知。雖然形勢嚴峻，但沃爾頓不是一個輕易就放棄的人。1945 年 9 月 1 日，他的商店正式開張了。

　　巴特勒兄弟公司要求它屬下的連鎖店購進公司統一調配的商品，並規定售出的價格。如果商店做到 80% 的商品都向公司訂購，那麼年終便能拿到一筆回扣。沃爾頓一開始按照公司的規定做，但不久之後，他就開始嘗試與製造商直接打交道，以便進到更便宜的商品，然後以低於別家商店

的價格出售。在經營過程中，一個偶然的機會，沃爾頓發現，他以 80 美分一條進貨的女式緊身褲，倘若售價定為 1 美元，那麼它的銷售量便是定價 1.2 美元的 3 倍。雖然每條的利潤低了，但總利潤卻大大增加了。這就是後來沃爾瑪公司著名的「女褲理論」，也就是我們常說的「薄利多銷」。這種理念使得他的商店生意大好，很快就從一家虧損商店一躍而為本地區經營業績最好的商店之一。

為了吸引更多的顧客，沃爾頓別出心裁的弄來一部爆米花機，把它放在店門口的人行道上，爆米花的生意果然好得出奇。於是，沃爾頓又到銀行借錢，購買了一部昂貴的霜淇淋機，同樣擺在門口。這兩部機器引來了許多顧客，同時也帶動了店裡的生意。沃爾頓很快就還清了向岳父借的 2 萬美金以及買霜淇淋機的錢，完完全全的擁有了自己的商店。

在紐波特做了 5 年，沃爾頓已經實現了自己當初的目標。他的商店 1 年營業額達到 25 萬美元，年利潤有 3 至 4 萬美元，不僅在阿肯色州，就是在附近 6 個州，都是本‧富蘭克林連鎖店中首屈一指的商店。

正當沃爾頓事業成功之際，5 年前一個小小的疏忽導致了這一切的終結。那時，初涉商海的沃爾頓忘記在房屋的租賃契約中，加進一項 5 年期滿後有權繼續租賃的條款。如今 5 年已到，房東十分眼紅沃爾頓的成功，決定收回店面，出價買下了本‧富蘭克林連鎖店的特許經營權。沃爾頓別無選擇，只得無奈的放棄了這家商店，並把那些貨架、存貨等低價賣給了房東。這次挫折帶給沃爾頓的不僅僅是憤恨，更多的是經驗教訓。此後他每次都十分謹慎的審閱合約。

在出讓商店後，沃爾頓並沒有灰心喪氣，這時的他已經有了 5 萬多美元的資金和豐富的經營經驗，比起 5 年前，這些足以使他尋找重新創業的

機會。沃爾頓創業之初，零售業市場上已經存在了像 Kmart、吉布森等一大批頗具規模的公司。這些企業的主要目標市場是大城市，他們「看不起」小城鎮，認為這裡利潤太小，不值得投資。這樣，就給了沃爾頓發展零售業的空間。沃爾頓敏銳的覺察到隨著城市的發展，市區日漸擁擠，市中心的人口開始向市郊轉移，而且這一趨勢將持續下去，這為小鎮的零售業發展帶來了良好的契機。同時，汽車走入普通家庭增加了消費者的流動能力，突破了地區性人口的限制。用沃爾頓的話說就是「如果他們（消費者）想購買物品，只要能便宜 100 美元，他們就會毫不猶豫的驅車到 50 公里以外的商店去購買」。沃爾頓決定要緊緊把握住這一有利商機，在別人忽略的小城鎮開設大型的折價商店。他要從小城鎮做起，在零售業領域開闢自己的天地。

1950 年，經過四處尋覓，他在一個名叫本頓維爾的小鎮上買下一家雜貨店。本頓維爾實際上是一個荒僻淒涼的鄉下小鎮，只有一條鐵路經過它。在經過精心準備後，這家被稱為沃爾頓廉價商店的自助銷售店便正式開張了，這是周圍 8 個州內的第一家自助商店。為了贏得小城鎮的顧客，沃爾頓將「低價銷售、保證滿意」作為企業的經營宗旨，並在當地報紙上連日刊登廣告，向顧客保證商店有大量物美價廉的商品出售，並會向孩子免費贈送氣球等禮品。由於銷售店的每一種商品都要比其他商店便宜，顧客蜂擁而至，商店很快成為當地一家興旺的企業。

這家小店的成功，給了沃爾頓很大的鼓舞。他又開始在其他城鎮尋找開設商店的機會。1952 年，他買下費耶特維爾一家快要倒閉的老雜貨店，也把它設置成自助形式的沃爾頓廉價商店，開張之後又是大獲成功。接著，他和他的弟弟巴德‧沃爾頓共同出資，投資於堪薩斯城的一家本‧富蘭克林連鎖店。商店設立後，同樣也獲得了很大的成功。但是，不幸的

是，不久之後，堪薩斯發生了一場大的龍捲風災害，這家商店也被龍捲風夷為平地。此後，沃爾頓和他的弟弟以及其他合夥人，在各地開了許多連鎖商店。他往往把前一家商店賺到的所有的錢，都用來開設另一家新的商店。到 1960 年，他已成為全美國最大的獨立雜貨店的經營者。

為了使自己的商品能在價格低廉的基礎上獲得最大的利潤，沃爾頓開始提倡低成本、低費用結構、低價格、讓利給消費者的經營思維。為了實現這一經營思維，沃爾頓付出了艱辛的努力。在創業之初缺少資金的情況下，他帶領員工自己動手改造租來的舊廠房，研究降低存貨的方法，盡己所能降低費用，為實行真正的折價銷售奠定成本基礎。開始的時候，公司目標利潤定在 30%，後來降到 22%，而其他競爭對手仍維持 45% 的利潤。在這樣的情況下，自然吸引了大批顧客，正如沃爾頓當初所預料的那樣，也有許多城裡人慕名而來。

然而沃爾頓並不滿足於他已經獲得的成就。他意識到，雖然他的每家商店的生意都很好，但是由於商店的規模很小，所以導致其銷售量也很小。他決心要改變這種狀況。經過調查研究，他決定開設規模較大的廉價折扣店 —— 沃爾瑪商店。1962 年 7 月 2 日，沃爾頓和他的合夥人在阿肯色州的羅傑斯鎮開設了第一家沃爾瑪商店，開始敘寫一個「零售帝國」的傳奇。沃爾瑪商店的生意是相當興旺的，第一年的營業額就達到 100 萬美元。兩年後，他們又在羅傑斯鎮附近的城鎮斯普林代爾和哈里森相繼開設了商店。這三家沃爾瑪商店的商品價格普遍要比競爭對手低 20%，所以一開始就獲得了成功。

要保證商品廉價，就必須做到低價採購，並保持充足的貨源。剛開始時，沃爾瑪商店遇到很多困難。由於它設在小城鎮上，一些著名的大供應商，如寶潔公司、伊斯曼柯達公司等的推銷員很少主動到沃爾瑪商店來推

銷貨物，即使來了，也是頤指氣使的發號施令，規定提供貨物的價格、數量折扣、付款方式等，態度十分傲慢無禮。對此，沃爾頓雖然心裡很惱火，但他仍然以頑強的毅力面對著這些困難，並逐漸完善商店的管理制度，使沃爾瑪商店逐步走上正軌。

沃爾頓把各家分店的經理都看作是自己親密的合作夥伴，他親自挑選合適的人選，讓他們在店內占有一定的股份，並在經營活動中充分信任他們，給予很大的權力，從而使沃爾瑪的經營者中擁有許多出色的商業人才，菲爾‧格林便是其中的一位。當時，沃爾頓將菲爾‧格林派往阿肯色州的溫泉城開設第 52 家沃爾瑪商店。格林來到溫泉城後，發現這裡商品的價格都較高，於是他決定舉行一次大規模的廉價促銷活動，以打出沃爾瑪商店的品牌。他向著名的洗滌劑公司訂購了 3,500 箱洗滌劑，每箱可獲得比批發價再低 1 美元的優惠。然後他大做廣告，宣傳通常每箱價格為 3.97 美元的洗滌劑減價為 1.99 美元。許多人看到堆成一座小山的洗滌劑箱子都嚇了一大跳，認為格林簡直是瘋了，連沃爾頓都認為他不可能把如此大量的洗滌劑賣掉。但沃爾頓並沒有責怪格林，而是放手讓他去做。結果，一週之內所有的洗滌劑被銷售一空。事實證明，菲爾‧格林是對的。此後，他成了沃爾瑪公司旗下的一名得力幹將。

沃爾頓以他的方式擴展著自己的公司，建立了許多分店。分店建立後，一個問題就出來了，那就是貨物配送問題。如果分店離配送中心太遠的話，貨物的補給就會不及時，就無法為顧客提供及時便利的服務。為了解決這一問題，他們建立了多個貨物配送中心而且堅持這樣一個原則，即：分銷中心可以照顧到有關的分店，而每家分店都能在地區經理及總公司的控制之下，且與分銷中心的距離不能超過 1 天的車程。這樣各家分店才能及時得到商品供應和補充。

　　在沃爾頓的努力下，公司的發展速度非常快。不久阿肯色州的商店就已經飽和了，沃爾頓的眼光隨後轉向奧克拉荷馬州，然後再是密蘇里州、田納西州、堪薩斯州和內布拉斯加州……他不急於進入大城市，而是在大城市周邊設店，靜候大城市向外發展。到 1980 年，沃爾瑪公司的連鎖店已達到 276 家，年銷售額 12 億美元，純利潤達 4,100 萬美元。並在 1970 年的時候，公開發行股票，成為一個上市公司。獲得如此傲人的業績，主要得益於兩個方面：對內，與員工建立合夥關係；對外，真正處處為顧客著想。

　　起初，沃爾頓像其他經營者那樣，並未意識到妥善處理與員工關係的重要性，對員工支付薪資十分吝嗇，在 1970 年公司公開發行股票時，也只想到各級管理人員，而忽略了廣大員工。然而在長期的經營實踐中，沃爾頓發現，越是與員工共享利潤（薪資、獎金、紅利或股票折讓方式），員工工作就越盡心，公司賺到的利潤也越多。於是，他公開提出把員工稱為「合夥人」，與他們建立合夥關係。他實施了一項所有員工參與的利潤分享計畫，即公司把每年平均薪資的 6% 歸入這個計畫，凡在公司工作 1 年以上的員工，都由公司按照百分比把金額歸入他的帳戶，當員工離開公司時，可以用現金或公司股票的方式取走這筆財產。這使得沃爾瑪公司的員工都把商店看成是自己的事業，也使整個團隊具有很強的凝聚力。

　　至於「顧客第一」，這是每一家商店都會強調的口號，問題在於它是不是商店真正遵循的原則。沃爾瑪商店向顧客提供的商品是真正的物美價廉，消費者在貨比三家後，往往不惜長途開車前往沃爾瑪商店購物。在商品陳列、花色搭配方面，沃爾瑪商店也處處站在顧客的角度為他們提供方便。有時顧客要買的商品本店無貨，店員會十分熱情的引導顧客到其他商店、甚至是競爭對手的店中購買，真正做到為顧客著想。沃爾頓在巡視各

分店時，往往會問店經理和店員：「如果你是顧客，你怎樣才能買到需要的物品呢？你還打算買哪些相關東西呢？又怎樣能在貨架上找到呢？」他強調「零售就是細節」，只有注意了每個細節，才能真正做到讓顧客滿意。

要為顧客提供物美價廉的商品，就必須想方設法降低商品的成本。1980 年代，沃爾瑪採取了一項政策：從交易中排除製造商的銷售代理，直接向製造商訂貨，同時將採購價降低 2 ～ 6%，統一訂購的商品送到配送中心後，配送中心根據每個分店的需求，對商品就地篩選、重新封包。這種類似網路零售商「零庫存」的做法，使沃爾瑪每年都可節省數以百萬美元計的倉儲費用，實現了降低商品成本的目的。

另外，當其他零售商還在鑽「資訊化」這個問題的牛角尖時，沃爾瑪便與休斯公司合作，花費 2,400 萬美元建造了一顆人造衛星，並於 1983 年發射升空和啟用。沃爾瑪先後花費 6 億多美元建起了目前的電腦與衛星系統。借助於這整套的高科技資訊網路，沃爾瑪的各部門溝通、各業務流程都可迅速而準確暢通的運行。正如沃爾頓所言：「我們從我們的電腦系統中所獲得的力量，成為競爭時的一大優勢。」

為了進一步實施「薄利多銷」的經營理念，1983 年，沃爾頓又開辦了山姆俱樂部，這是實行會員制的商店，每個顧客只要繳納 25 美元就可以擁有會員資格，以批發價格獲得大批高品質商品。可以說，山姆俱樂部的商品銷售利潤是微乎其微，僅為 5%～ 7%，但這一超低價的實施帶來的卻是銷售額的大幅增加。目前，山姆俱樂部的銷售額已達 100 億美元，擁有 217 家分店和龐大的發展潛力。

捐資教育、慈善事業

關於如何處理所擁有的鉅額財富，這是每一個富豪遇到的相同的問

題。沃爾頓處理財富的方式很簡單，多數用來經營沃爾瑪購物中心和山姆俱樂部。他從不認為因為有錢就有責任解決一些與他們根本不相干的事情。但是，對那些有正當理由而又真正需要幫助的人，他也是毫不吝嗇的。

沃爾頓對社會的回報有很多，最主要的是為美國教育事業的發展捐獻了大量的資金。因為他認為教育問題關係著國家的前途。他說，作為一個國家，我們必須和世界各國競爭，而教育過程對於我們成功的保持競爭能力具有更大的影響。除非我們盡快將教育導入正軌，並且重新建立足以和世界其他國家相媲美的制度，否則國家未來的前途令人擔憂。因此，他為好幾所大學的學生設立了獎學金，並為美國的教育改革投入了大量的資金。同時，在慈善事業和環保事業方面，他也為政府提供了鉅額資金援助。

鑑於山姆・沃爾頓的傑出成就，以及他對教育事業、慈善事業所做的熱心資助，1992 年 3 月 17 日，美國總統布希和夫人親自到本頓維爾沃爾瑪公司的禮堂，為沃爾頓頒發了「總統自由獎章」，並稱他是「美國夢的縮影」。這時的山姆・沃爾頓已與癌症搏鬥了好幾年，他把這次授獎儀式稱之為「我們整個事業最榮耀的一刻」。授獎三個星期後的 4 月 5 日，全球最大零售王國的創始人山姆・沃爾頓平靜的離開了人世。

沃爾頓逝世後，他的長子羅布森・沃爾頓繼承了他的事業。如今，沃爾瑪公司已在全球近 10 個國家建立起 4,900 多家商場，員工達 150 多萬人，每週約有 1.4 億人次前去購物。

財富經驗

1　薄利多銷：穩步發展，提供最廉價的商品，為顧客節省每一個銅板。不是透過賣高價來獲取更高的利潤，而是透過賣更多的貨物來賺取利潤。

2　善於學習：山姆·沃爾頓的力量來自於如飢似渴的學習。1980 年代，一名巴西商人寫信給 10 個美國零售商人，希望知道美國人是如何經營零售業的。多數老闆都不屑回覆或婉言謝絕，只有山姆·沃爾頓是唯一的例外。當巴西商人及其同事來到沃爾瑪總部時，受到的是轟炸般一連串問題的招待，原來山姆·沃爾頓是想向他們了解南美零售業方面的情況。

3　「尊重個人」：在沃爾瑪內部，雖然各級職員分工明確，但很少有歧視現象。在沃爾瑪公司裡，員工是最大的財富，他們有一套特殊的對待員工的政策，不稱員工為員工，而稱之為合作者、同事，一線員工可以直接與主管甚至總裁對話，而不必擔心報復。員工以佩帶「我們的員工與眾不同」的胸牌而自豪，充分展現了沃爾瑪的獨特行銷內涵。

4　聆聽公司內的每個人的意見：並設法讓他們暢所欲言，站在第一線的同仁，他們是真正和顧客談話的人，只有他們才知道發生了什麼事，你最好知道他們所知道的事，這是全面管理的真正意義。將權下授，而下情可以上達，讓員工將好的構想提出來。

5　注重對員工的培訓：培訓不僅是員工提高能力的途徑，也是他們了解公司的一種方法。沃爾瑪公司設立培訓圖書館，讓員工有機會聽聞、了解資料和其他部門的情況。所有員工進入沃爾瑪公司後，經過職業培訓，員工對公司的背景、福利制度以及規章制度等都會有更多的了解和體會。沃爾頓始終堅信員工是推動企業發展的原動力，並把這個道理傳授給沃爾瑪現在和未來的經營者，推廣至世界各地的沃爾瑪。

6　節省每一筆開銷：公司繞開中間商，直接從工廠進貨。統一訂購的商品送到配送中心後，配送中心根據每個分店的需求對商品就地篩選、重新

封包。這種類似網路零售商「零庫存」的做法，使沃爾瑪每年都可節省數百萬美元的倉儲費用。此外，沃爾瑪還特別投入 4 億美元鉅資，委託休斯公司發射了一顆商用衛星，實現了全球聯網，以先進的資訊技術為其高效的配送系統提供保證。透過全球網路，沃爾瑪總部可在 1 小時內對全球 4,000 多家分店每種商品的庫存量、上架量和銷售量全部盤點一遍。

名家點評

山姆・沃爾頓和他創造的零售業的重要意義已經超過了沃爾瑪公司本身的成功：山姆的思維方式、沃爾瑪具體展現出來的看世界的方式，已經變成了零售業和美國商業乃至全球商業大多數其他領域的標準。

—— 美國《華爾街日報》記者鮑伯・奧爾特加

沃爾頓可稱得上本世紀最偉大的企業家。他所建立起來的沃爾瑪企業文化是一切成功的關鍵，是無人可比擬的。

—— 山姆的老對手哈里・康寧漢

傳世名言

我們的存在是為顧客提供價值，這意味著除了提供優質服務之外，我們還必須為他們省錢。……每當我們為顧客節約了 1 美元時，那就使我們自己在競爭中領先了一步 —— 這就是我們永遠打算做的。

財富智慧

1　以顧客為導向：沃爾瑪堅信「顧客第一」是其成功的精髓。山姆・沃爾

頓這樣說過：「我們的老闆只有一個，那就是我們的顧客。是他付給我們每月的薪水，只有他有權解雇上至董事長的每一個人。道理很簡單，只要他改變一下購物習慣，換到別家商店買東西就是了。」

2　為顧客節約每一個銅板：沃爾頓對為顧客節省每一個銅板的經營原則有著深刻的熱愛。從沃爾瑪商店開張那一天起，沃爾頓就明確指出，沃爾瑪不是僅僅低價銷售某些商品的商店，而是所有商品都要實行廉價銷售。當顧客想到沃爾瑪商店，他們就會想到低廉的價格和保證滿意。低價銷售，把低價的好處轉讓給顧客，為客戶多節約一美元，成了沃爾瑪公司起步的重要手段。

3　勤儉節約：經營大公司與居家過日子有著同樣的道理。勤儉持家，與其說是長遠過日子之計，毋寧說是一個人砥礪品性的必要條件。

4　為顧客提供更便利的服務：商業是建立在 CP 值基礎上的誠信關係，主要是為人們提供便利的產品和服務。商業如果不能為人們提供更便利的服務，就失去了其存在的價值。

延伸品讀

　　山姆·沃爾頓，這個美國鄉下人，沒有改造社會的理想，看起來也沒有開闢一個時代的雄心和偉力，只是依靠樸素的哲學生活，擁有典型美國人的實踐精神，卻一步步造就了歷史上最偉大的公司。他之所以能夠成功，是因為他有著極強的競爭意識和冒險精神。他意識到，沃爾瑪要想獲得成功，除了為顧客提供低價位的商品之外，還必須超越顧客對優質服務的期望。他傾其畢生精力為此理念而不懈努力。他激勵並鼓舞員工，並身體力行的實踐他所宣導的一切。

　　沃爾瑪成功的第一步是透過低廉的價格商品和優質的服務去征服消費者，從而不斷擴大規模，並強化自身的規模優勢。而其能夠成為世界第一

大零售商的最關鍵一步，則是完成對整個連鎖網絡的整合，透過富有生命力的企業文化和現代化的技術設備，抵消了因規模過大則可能出現的兩大問題，即：管理成本過高或管理漏洞百出，使沃爾瑪總部能夠高效的控制整個網絡。

　　山姆・沃爾頓一直以勤奮、誠實、友善、節儉的原則要求自己。雖然他已在 1992 年去世，但隨著沃爾瑪業務的擴展，這些精神依然在不同的國家和文化中得以展現。

SONY 之父 —— 盛田昭夫

商業鉅子檔案

全名：盛田昭夫

國別：日本

生卒年：1921 年～ 1999 年

出生地：日本愛知縣名古屋

愛好：聽音樂

人生軌跡

　　盛田昭夫，1921 年生於日本愛知縣名古屋的釀酒世家。青少年時代，他酷愛電子技術，二戰剛結束，盛田昭夫決定去東京創業，其父堅決反對：「就憑你們幾個小毛頭還想從帝國的廢墟上培植出鮮花來？」不顧父親極力阻止，離家出走的盛田昭夫與老師井深大於 1946 年以 500 美元起家，在戰爭的廢墟上正式成立東京通訊工業公司 —— SONY 公司的前身。

在「用自己的技術造福社會」的簡單願望下，公司的業務從修理改造收音機開始，著手生活用品研發工作。但是，盛田的真正目標是致力於創造高科技的電子產品。藉著「貝爾」發明電晶體的契機，SONY 開發出日本第一代電晶體收音機「TR-55」，為了替這個「親生長子」取個響亮的名字，盛田和井深冥思苦想，最後決定用「SONY」命名。由拉丁文「SONUS」（聲音）和英語的「SONNY」（聰明可愛的小孩）兩詞合併而成，從此，「東京通訊工業公司」正式更名為「SONY 公司」，即「索尼株式會社」。1958 年 1 月，SONY 公司的股票正式在東京證券交易所上市。

儘管當時日本經濟非常艱難，在井深和盛田指揮下的 SONY 樂曲卻越來越歡暢：1960 年，SONY 公司生產出世界第一部半導體電視機；1965年，生產了第一部家庭錄影機；1970 年，SONY 公司成為日本第一家在紐約股票交易所上市的公司；1972 年，又成為日本第一家在美國建廠的公司；1980 年代，SONY 公司開始出售 Walkman 隨身聽迷你收錄音機。從此，「日本製造」便成為高品質電器的代名詞。井深大以他特有的非凡見識、敏銳的洞察力和卓越的獨創性，成為將尖端電子技術廣泛運用到民用產品的先驅者。

盛田昭夫精力充沛，喜好探求新鮮事物。他以長遠眼光觀察商業世界，當評估可能性時，他看到的是森林而不是樹木。早在 1953 年，盛田去荷蘭參觀飛利浦電子公司發現：在農業國荷蘭，像飛利浦這樣的大公司，其本部雖在本土，但產品的生產和銷售早已擴展到世界各國。他恍然大悟：市場與企業的關係如同池塘和魚的關係，只有在大池塘中，才能養出大魚來。從此，SONY 公司的經營策略發生了根本的變化，走上了國際化道路。盛田與井深大進行分工，井深大在國內潛心研究，不斷推出新發明，而盛田則在歐洲及北美調查國際市場行情，推銷新產品，設立國

外分部。

SONY 產品一進入美國，就受到了一家大公司 ── 布羅瓦公司的青睞，它決定訂購 10 萬臺 SONY 生產的一種小型收音機，但附加條件是：這些收音機必須換上布羅瓦公司的商標來出售。10 萬臺，對剛剛踏上美國這塊土地的 SONY 來說，無疑是非常誘人的數字，其收入也是十分可觀的。但盛田昭夫不為所動，因為他要做的不是一筆買賣，而是要使 SONY 公司在美國長期發展，大展宏圖。他毅然回絕，堅持 SONY 的產品只能用自己的商標。幾年後，當帶有「SONY」商標的收音機、電視機、錄影機充斥美國市場時，人們才不得不佩服盛田當年的做法。

1970 ～ 1980 年代，SONY 以旋風般的速度發展，在世界各地投資建廠。1988 年，SONY 又做出驚人之舉，以 34 億美元收購了美國哥倫比亞電影公司，從而以咄咄逼人之勢闖入了象徵美國文化的好萊塢。

1998 年，盛田昭夫被美國《時代》週刊評選為 20 世紀 20 位最有影響的商業人士之一，當時他是被評選上的唯一的亞洲人。

成長經歷

一、少年盛田

1921 年 1 月 26 日，盛田昭夫出生於日本愛知縣的一個釀酒世家。盛田家族是日本最古老、最有名望的從事釀酒業的家族，其生產的名牌米酒「年節松」已有 300 多年的歷史。作為家中長子，盛田昭夫想當然的會是家中既定的繼承人。

少時的盛田昭夫很受家中寵愛，因為母親十分喜歡音樂，便經常帶兒

子去聽音樂會，在母親的潛移默化下，小昭夫很小就對聲音、電子、能發出聲音的東西充滿了興趣。而當父親買來了日本最初進口的留聲機時，他更高興了，那些機器的摩擦聲，優美的音樂聲讓他又困惑又興奮。

這個小東西為什麼會發出聲音呢？於是，他開始自己看書，自己鑽研，終於他自己裝了一個留聲機和一部無線電接收機，這個小小的成功更使盛田昭夫充滿了對物理的熱愛。盛田昭夫深愛著電子產品，但他逐漸發現僅憑自學是不夠的，必須經過系統學習以更好發展自己的興趣。當他第一次看到從德國進口的鋼絲答錄機時，立刻意識到這是一個新的方向，憑著年輕人的熱情，他也開始嘗試這種新的設計，立刻去買了一些鋼琴上用的鋼絲製作了起來，但一開始便遇到了始料未及的困難，無法設計出一個理想的磁帶頭。他毫不氣餒，整整做了一年，試製了一次又一次都是以失敗告終。當時他根本不可能知道失敗的原因是錄音頭的差距，聲音是按照電子訊號傳到鋼絲上的，若間距太寬，訊號正好消失，而且根本不知如何引發偏壓電流，當時的書本上也未見說明。失敗後的昭夫沒有灰心，他決心進一步充實自己，找到失敗的原因，闖出一條成功之路。於是，他在初中最後一年準備要進第八高中理工部深造，開始拚命學，寒窗苦讀，一年的苦行僧生活終於熬過去了，結果雖然不很理想，但皇天不負苦心人，第八高中理工部破例錄取了這個名列一百八十名的學生。高中的頭兩年並不輕鬆，相當多枯燥的課程很讓盛田頭痛，常常處在不及格的邊緣，好在第三年可以自由選擇專業，他毫不猶豫的選擇了自己嚮往已久的物理，這是他最擅長且一直獲「優秀」評等的科目，而且教這門課的老師也令人喜愛和尊敬。當時的日本已經對美國宣戰，但他對此毫不關心，只有物理深深的吸引著他。

後來，盛田昭夫跨進了大阪帝國大學，在淺田教授的指導下開始了研

究工作。但是，好景不長，因為戰爭，淺田教授的實驗室也被徵用。但除了一些實驗必須為軍方服務外，盛田還是可以繼續做實驗，實在是不幸中的萬幸。勤奮的他抓緊時間做實驗，常常從枯燥乏味的課堂逃出來，興致勃勃的去操作電子設備，因此，與淺田教授接觸的機會更多了，教授經常手把手的指導他進行實驗，盛田在電子方面的造詣突飛猛進，大大超過了同儕。

1944 年大學畢業後，盛田被徵召入伍，在海軍裡當技術尉官；不久就在海軍研究中心任技術工程師，從事紅外線導引武器的研究工作。這時，他認識了日本精密儀器會社的總工程師、比他大 13 歲的井深大先生，兩人由此建立了長達 40 年的合夥關係，並共同創建了 SONY 公司。

二、初露鋒芒

1945 年戰爭結束後，盛田昭夫回到家鄉，不久在東京工業大學任教，從事的還是物理方面的工作。一天，他偶爾從報紙上看到老友井深大正在籌辦一家電信公司的消息，便立即與井深大取得聯絡。當他來到井深大簡陋的辦公室時，感受到的是對工作深深的熱情。為著同樣的愛好和對事業的追求，盛田和井深大決定成立新的公司。

1946 年，盛田昭夫與井深大共同創建了 SONY 公司的前身 —— 東京通信工業公司。井深任常務董事，盛田任董事，5 月 7 日，新公司舉行了成立儀式，井深和盛田自信的宣布：用技術力量為國家復興提出貢獻。一個滿懷憧憬的小公司啟航了，不論前面布滿礁石還是有惡風惡浪。新事物面臨的總是一無所有和重重困難，盛田和井深不得不面臨一系列麻煩事，資金周轉不靈，物資匱乏，工廠還得遷移……面臨著如此眾多的考驗，井深和盛田沒有退縮，他們四處奔走，事情終於有了轉機。盛田兒時的夥伴

岩間和夫剛剛與盛田的妹妹結了婚，岩間的舅父油田尚郎知道了盛田的困難，便對他說：「到我們那裡去吧！」提供給盛田一塊在銀座的土地，公司同仁都極為高興，總算有了一個合適的辦公地點了，而盛田又力邀妹夫加盟，這位畢業於東大物理部的高材生在無線電方面有精湛的研究，曾經是橫須賀海軍工廠航海實驗部的技術大尉，東京通訊工業公司擁有了他這個開發部長，更顯得人才濟濟。

創業之初，他們利用自己的專長試製出了磁帶答錄機及磁帶，想以此作為自己的主打產品。這種答錄機比原有鋼絲答錄機使用方便，錄放音質高，磁帶的生產也比錄音的鋼絲成本低。在鑑定時得到了專家的一致好評，盛田昭夫也以為這種新型答錄機自然能暢銷，但是，事與願違，當這一批答錄機推向市場後，並沒有馬上被消費者所接受，許多人甚至沒有搞清楚它到底是一種什麼東西。

盛田明白他已騎虎難下，不進則退，他必須開闢答錄機市場，去創造顧客。有一天，他在一家古玩店發現一位顧客毫不猶豫的以高價買下了一個舊罈子。他想，舊罈子在一般人的眼中一文不值，但在懂得其價值的人看起來卻是寶貝。這啟發了盛田昭夫：一定得面向懂得產品價值的人來推銷，新產品才會暢銷。那麼，哪些人最懂得答錄機的實用價值呢？當然是真正需要他們的人。盛田昭夫開始有針對性的展開推銷。當他得知許多法院的速記員因為人員不足而不得不加班工作時，馬上帶來答錄機上門表演。經過盛田的表演，法庭的工作人員非常滿意，「這真是個了不起的發明，比速記方便得多，完整得多了！」當即買下二十臺，這給了盛田很大的鼓舞，只要找到了產品價值的對象，銷售便不成問題了，一發而不可收拾，公司嘗到了甜頭，決心大力探討市場問題，他們又找到了學校這個廣闊的天地。戰後，日本強調語言交流和視聽訓練，但由於戰時的忽視，教

師當中少有人能具備良好的語言能力，使用磁帶答錄機可是個良好的辦法，一經說明，一些學校便接受了這一款工具，這些學校獲得了良好的教學效果，很快，答錄機便風靡日本各大院校，市場大得令盛田驚訝不已，這一切也證明了盛田和井深極具遠見。

面對著眼前的成績，盛田和井深大並不滿足，而是開始進一步研製更具吸引力的新產品。正在這時，從太平洋彼岸傳來一個資訊：美國貝爾實驗室發明了電晶體，受過高等教育、具有專門知識的井深大和盛田聞訊後，敏感的意識到這項偉大的發明具有良好的發展遠景。於是，盛田從父親那裡借來了在當時如同天文數字般的 20,000 美元，準備投入生產電晶體產品。在當時的日本國內沒有多少人理解電晶體的意義，覺得盛田昭夫簡直是他們家族的敗家子！

說做就做，他們以西方電器公司的技術為基礎，開始了漫長的探索，電晶體研究組的組長就是盛田的妹夫岩間和夫，帶領技術人員經過一年多的反覆試驗，成功的用磷滲透法製成夢寐以求的高頻元件，令電晶體的發明者貝爾實驗室大吃一驚，他們曾試用了該法卻沒有成功。

在順利成功製造了電晶體的基礎上，盛田昭夫及其技術人員不知經過了多少次試驗和失敗，終於在 1957 年生產出世界上第一臺袖珍式電晶體收音機。在廣告中，他們強調這種收音機小到可以放在襯衫口袋裡。

接下來的事情就顯得順理成章了，公司如同順風掛帆的航船一日千里。研製小組不斷拿出新產品：TR-55 型電晶體收音機，TR-ZK 型小型耳機收音機，TR-33 型耳機式超級收音機，可攜式 T 管收音機……一系列電晶體收音機來到人們生活中，品質也越來越好，但是價格卻越來越低，人們滿懷著驚喜開始購買東京通訊工業公司的新式收音機，公司的聲譽也一

日勝似一日，面對著咄咄逼人的電晶體攻勢，日本各大公司卻毫無知覺，他們說：「真空管就行了，何必去搞電晶體呢？」盛田決定未雨綢繆，搶先鞏固了本公司的體制，大規模的批量生產，完全掌握了主動權。

為了替這個即將誕生的孩子取個響亮的名字，盛田和井深大冥思苦想，最後決定用世界上不管哪個國家都能通用，不論哪個民族的人都不會讀錯而且易記的「SONY」命名。其含義是由拉丁文的「SONUS」（聲音）和英語的「SONNY」（聰明可愛的小孩）兩個單字合併而成，即「聰明可愛的孩子們組成的有聲電器公司」。從此，盛田和井深大創辦的「東京通信工業公司」也正式更名為「SONY 公司」，即「索尼株式會社」。

打上「SONY」商標首批生產的 200 萬臺袖珍式電晶體收音機剛一上市，就受到消費者的青睞，出現了爆發性銷售的熱潮。銷售額高達 250 萬美元，正好是購買專利所用資金的 100 倍。「SONY」的名稱也響遍了全世界。SONY 公司的產品的暢銷勢頭終於引起了各大廠家的注意，他們的領導者自然不能無動於衷了，他們開始了反擊。從 1955 年到 1959 年，松下電子工業、東芝、日立、日本電氣相繼投入電晶體生產，財大氣粗的各大廠家果然氣勢不凡，斥鉅資引進 WE 公司的電晶體技術，很快建了專門工廠，一齊投入了合金型電晶體的批量生產。但由於預防在先，上述大公司的大張旗鼓無損東京通信公司分毫。他們領先的技術保證了他們產品的品質，其中產生決定性作用的是「TR-63 型」，是當時世界上最小型的袖珍收音機，靈敏度極高，而且耗電量不到以往收音機的一半。這一重點產品捍衛了公司在收音機市場的霸主地位，不久該機型開始向國外出口。看著東京通信工業公司不可遏制的進軍，各大廠家悔恨不已，他們的技術人員也只能眼睜睜的看著這無名小輩日新月異的技術走在前頭，無可奈何的連聲嘆息。1958 年 1 月，SONY 公司的股票正式以「索尼株式會社」命

名，在東京證券交易所上市。

初露鋒芒的盛田前無古人的引導了一場技術革命，完成了一次劃時代的變革。這位東京通訊工業公司的舵手信心倍增，勇於進取的他並不滿足現狀，眼前的基業與繁榮日本的夢想相距甚遠，懷著少年的夢，他又開始了堅定而又執著的跋涉。

三、新的征途

為了開拓海外市場，謀求更大的發展，盛田帶上 50 萬美元踏上了美國，1960 年，美國 SONY 公司正式成立，註冊資金 50 萬美元。經過艱苦的努力，SONY 公司大獲成功，公司的股票在紐約一上市，很快就被搶購一空，資本也很快就由當初的 50 萬變成了 500 萬。建立美國 SONY 公司之後，盛田的目光又掃向其他國家，歐洲成了他的第二個目標。SONY 公司本來在歐洲有代理商，如今要自己經營，轉換手續可比建立美國 SONY 公司複雜得多。經過仔細的考查和比較，瑞士的楚格被選為基地，那裡的稅收政策相當有利，還有許多公司集中於此，投資環境相當有利，盛田挑了個吉利的日子，宣布成立 SONY 海外部，簡稱 SOSA。SONY 公司的藍圖是倫敦—巴黎—科隆，直至全世界。

與在美國遇到的困難相比，在英國的遭遇就顯得容易得多，甚至連威爾斯親王和伊莉莎白女王也親自垂詢 SONY 公司，一切都令盛田欣喜不已，在王室的支持下，英國 SONY 一日千里。然而，在法國，SONY 公司的征途可是跌跌撞撞，舉步維艱。當初的代理商和政府當權人物聯絡密切，特別是與一位財政部長常來常往，這對創立法國 SONY 極其不利。盛田接連向政府申請，要求取消代理權，總是音訊皆無，如石沉大海。最後，盛田不得不訴諸法律。然而最終的結果是法國政府決定法國 SONY

公司只能是各占一半股份的合資企業。盛田非常惱火，但現在是人在屋簷下，不得不低頭，眼前只好折衷辦理，以後見機行事了。於是，SONY 公司的牌子終於艱難的在巴黎大街上掛了起來。

在德國的業務與其他國家相比並沒有遇到什麼大的問題，倒是在選址的問題上費了一番周折。但這與在其他國家的遭遇相比，簡直就是不成問題的問題了。很快，在科隆的 SONY 公司順利的建立。營業額也直線飆升，直向其他海外的公司逼近，銷售勢頭良好。

四、多元化戰略

盛田深知，在產業飛速發展的社會，但靠一類產品是很難推動公司繼續發展的，更不用說在世界上立足了。於是，盛田開始考慮開發其他的產品。踏入 1960 年代，SONY 的產品實現了由聲音邁向圖像的轉變，公司的業務也開始向全球拓展。1960 年，SONY 推出了世界第一臺使用電晶體的微型電視機 TV—8-301，對電視的發展史做出貢獻。1963 年，SONY 推出了世界第一臺電晶體錄影機。在 1960 年代，有一件事幾乎將當年創業維艱的 SONY 拖垮。當時 SONY 的黑白電視機雖然賣得不錯，但進入市場的時間太晚，無法占主導地位，而且當時 SONY 落後於彩色電視的競爭對手。

於是，SONY 公司又瞄準了彩色電視機市場，集中人力、物力進行了開發研究，彩色映像管是最關鍵的部分，盛田特意安排了精明強幹的吉田組成了研究小組，但映像管要求的技術確實太高了，既要保持圖像的亮度，又要考慮畫面的清晰，還有顏色的純度等，相當棘手。吉田帶領大家夜以繼日的工作，一次又一次的試驗，採取了無數種方法，總得不出理想的效果，研究費用也消耗殆盡。最終，他們在借鑑美國技術的基礎上，

生產出了新型電子槍。並且，SONY 於 1968 年研製出了第一臺 30cm Trinitron 電視機 KV-1310。於是，盛田決定開始批量生產彩色電視。

　　由於盛田和井深的高瞻遠矚，SONY 的單槍三束彩色映像管一馬當先，同行只能望其項背，眼睜睜的看著 SONY 公司的彩色電視機占領國內市場，而且大量的漂洋過海，僅此一項，SONY 立刻扭轉了因創新失敗而造成的不利局面，更為日後創新累積了雄厚的資金。1968 年，SONY 又推出了 U-Matic 錄影機，直到今天這種制式的錄影機仍在製造、銷售，使用於全世界，是廣播電視中最流行的錄影放映機。到 1970 年代日本成為世界第二大經濟強國之後，盛田昭夫已經當之無愧的成為日本商界的代表。當美國各大廣播電臺正在利用 U-Matic 錄影機時，盛田昭夫認為人們應該在家裡也同樣需要。1975 年，SONY 推出家用 Betamax 錄影機。廣播電臺使用的錄影機既不方便又非常昂貴，SONY 公司可以把這種機器引進家庭為目標。儘管電視機給予人們全新的天地，但它也存在缺點，不管電視節目有多麼好看、多麼有趣，但不能保存資訊，人們為此不得不經常改變時間表。SONY 公司制定了「觀看電視節目不受時間拘束」的新觀念，於是在 1975 年，SONY 成功製造出全世界首部家用卡式錄影機，1／2 吋之 Betamax SL-6300。

　　1979 年 6 月 22 日，第一部「Walkman」 TPS-L2 問世。它為人類創造了可以「隨時隨地欣賞音樂」的新文化，神奇的改變了世界欣賞音樂的方式，隨時隨地自由享受音樂變成了一種時尚的個人體驗。許多追趕時尚潮流的年輕人也都以擁有 Walkman 為榮。在清風白雲的郊遊野外，在人來人往的鬧市之中，旁若無人的獨自欣賞 Walkman 播放的流行音樂，市場銷量迅猛成長。

　　從此，「SONY」的技術和產品以及市場使「日本製造」的含義發生了

根本性的變化：「日本製造」意味著好產品、好品質、好的服務，把「日本製造」的產品從廉價的形象提升到「高品質」的地位。

五、「SONY」帝國

1981 年，SONY 還成功開發出 3.5 吋磁碟機，成為每部個人電腦必備的配置。此時，SONY 在世界影音界的領導地位已經初步奠定。當模擬時代進入高峰期之際，SONY 已準備跨進神祕的數位領域。

在電影領域，隨著數位技術的產生，電影音響也開始步入數位時代。如果說 Dolby Digital 和 dts 代表了數位電影身歷聲技術先進水準的話，那麼 SDDS 的出現，則是數位電影身歷聲發展的一次飛躍。SDDS 是 SONY DYNAMIC DIGITAL SOUND（SONY 動態數位音響）的英文縮寫，是由 SONY 電影設備公司於 1990 年代最新開發的。它與 Dolby Digital 和 dts 不同的是它有 8 個聲道（前 5 ＋後 2 ＋超低音），它將數位信號記錄在電影膠片的兩側。SDDS 是專門為影院設計的專業播放技術，是目前世界上相當熱門的一種電影音響系統。

1992 年 SONY 推出 MD Walkman MZ-1。它的出現得益於 MD 碟片的發明，MD 碟即為 Mini Disc 的縮寫，意為「迷你光碟」，外殼大小只有 7cm×6.75cm×0.5cm，在裡面有一張直徑只有 64mm 的磁光碟，容量約為 140MB（資料模式）或 160MB（音訊模式）。它的在原理上與 MO 光碟一樣，因此可以把 MD 碟看作一張小型「MO」。這種儲存介質使得 MD 擁有了得天獨厚的優勢，據 SONY 稱，一張 MD 碟可以反覆寫入 100 萬次以上！

1994 年 12 月，SONY 推出 32bit 遊戲機系統 PlayStation。PS 系列遊戲機的架構設計是面向家用，它不需要多餘的功能，所有的功能設

計都以當時的技術和需求為主導，以應用為核心，就像電視一樣，按下 POWER 鍵就可以瞬間開關機了，就是這麼簡單。它要比 PC 成本低廉得多，功能更專一和實用，更容易操作和使用。相對 PC 來說，它是一部樸實的機器，更具備成為家電的潛質。第一代 PS 遊戲機在全球累積銷量超過 1 億部，第二代遊戲機 PS2 自 2000 年上市到目前為止，全球銷量已經超過 3,000 萬部。SONY 遊戲機獲得成功的重要原因之一在於它不僅僅是一部好玩的遊戲機，還具備了如觀看影片，聽 CD 等附屬功能，以家庭數位中心而吸引了許多非專業的玩家，PS2 有通用標準的 USB 介面，還可以配備硬碟和上網設備，可以上網，下載資料，玩網路遊戲，SONY 甚至還提供給用戶基於 PS2 的 linux 開發套裝軟體。

六、輝煌的繼續

1996 年，SONY 與 INTEL 合作生產 VAIO 桌上型和筆記型電腦，VAIO 的全名是 Video Audio Integration Operation（影音整合作業系統）。當時的個人電腦市場的產品幾乎全部是基於商業用途的，空缺的個人家庭娛樂部分正是 SONY 拿手的而且是資源豐富的，這是 IBM、HP、Compaq、Dell、Toshiba 等個人電腦生產商根本不具備的。VAIO 雖然是進入個人電腦市場相當晚，可是一上市就掀起轟動，並立刻囊括日本當地筆記型電腦一半占有率，在具有指標意義的美國市場攻下 15% 市場，到目前已經是僅次於 Compaq 的第二品牌。

1998 年，SONY 推出娛樂機器狗 AIRO。AIRO 是 SONY 公司推出的世界上第一個娛樂機器人。AIRO 的意思是 Artificial Intelligence Robot，即人工智慧機器人。說它是機器人，其實就是一隻電子機械狗。這隻機械狗集合了 SONY 高科技，它像其他真實的動物一樣可以跑、跳、

走。不僅如此,它還有情感和本能,譬如憤怒、高興和悲傷,能夠學習並且可以「成長」。AIRO可以感受到人的撫摩,它擁有兩個麥克風可以「聽」到周圍的聲音。AIRO頭上裝有一個彩色的CCD攝影頭。同時它有一個平衡系統,不至於讓它跑得過快或摔倒。

1999年10月3日,日本SONY公司的創始人、名譽董事長盛田昭夫因肺炎醫治無效,病逝於東京的一家醫院,享年78歲,雖然他已經離去了,但作為公司的精神領袖,他遺留下來的創新精神會永遠鼓勵著公司的員工繼續前進。不僅如此,日本媒體稱,伴隨著盛田昭夫的辭世,日本企業界的「偶像時代」已落下最後一幕。是的,盛田昭夫不僅創造了SONY,更重要的是他的經營理念和勇於創新的精神,是他代表了那個時代日本經濟理念和現實的縮影。曾經有人誇張的說:「在地球上,只要有人的地方,就有人用SONY的產品。」

財富經驗

一、重視人的作用

盛田昭夫曾經說過:「SONY公司的成功之道並無任何杜絕和不可言說的模式,不是理論,不是計畫,也不是國家政策,而是人,只有人才能使企業獲得成功。」

二、注重團結的力量

SONY公司能夠創造並保持歐美企業缺乏的一種企業精神,那是精誠團結、同舟共濟的心願昇華而成的,它將戰無不勝。

三、拒絕抄襲和模仿

SONY 公司的創業綱領中明文規定：本公司絕不抄襲偽造，而專選他人今天甚至以後卻不易做成的產品。這正好詮釋了該公司創始人，被稱為「國際先生」的盛田昭夫的一句名言：先進的科技就是企業的生命。自始至終，SONY 以科技創新取勝，所以 SONY 成功了。

四、注重整體的力量

對於管理，盛田昭夫成功的經驗就是，「日本經理人的最重任務是發展與員工之間的健全關係，在公司內建立一種人員親如一家的感情，一種員工與經理人共命運的感情。在日本，最有成就的公司就是那些設法在全體員工之間建立命運與共意識的公司。」

傳世名言

1　永遠不要滿足現狀，對我們來說，沒有什麼固定的目標，走得越遠，看到的越多。

2　市場是創造出來的而不是調查出來的。

3　誠然，我們錄用了你們，作為一個管理者，或者作為第三者，我們不可能同時也將幸福給予你們，因為幸福應該由自己來創造！

4　我們從不服務於市場，我們創造市場。我們的計畫是用新產品來帶領大眾，而不是被動的去問他們需要什麼產品。我們不會去做一大堆市場調查，而會不斷修正我們對每一種產品及其性能、用途的想法，設法依靠引導消費者，與消費者溝通，來創造市場。

5　產品要受到消費者喜歡，首先自己要對其滿意。

6　品牌就是生命。

7　變化是永無止境的，你不可能阻攔、放慢或使它停止，唯一的選擇就是
　　直面挑戰。

名家點評

我感覺日本人不太好溝通。他們一旦走出自己的圈子，需要與其他文
化交流時，溝通起來很困難，因為他們覺得自己不具有獨立做出決定的權
力。盛田昭夫是個例外。儘管他是個非常愛國的日本人，一個堅定的傳統
日本精神的捍衛者，但他能夠以一個非日本人的方式進行交流……他可能
是我所見過的最具外交能力的日本人。

—— 亨利・季辛吉

盛田昭夫他賦予了 SONY 國際化、開放、平易近人的形象。

—— 明基行銷總部總經理曾文祺

顯然，盛田先生不是發明家，而是技術推銷員。他夢想推銷而不是
製造 100 萬架 walkman 數位隨身聽。他說他的目標是為人們帶來商
品。最艱鉅的任務常常不是開發一種新產品，而是向人們說明為什麼他們
需要它。

—— 史蒂芬・瓦格斯多《財經時報》

鼓勵所有成員之間團結協作以及友好積極的關係，這樣產生了知名的
「SONY 大家庭」。

—— 《SONY 與新歐洲》

財富經驗

一、創造市場

　　SONY 的成功創造市場，永遠領導新潮流之道不僅僅在於只是奪得市場，更在於善於創造市場，一般經營者的經營宗旨是跟隨市場的需求而經營，而 SONY 卻勇於創造需求，使需求隨著 SONY 的新品而出現，隨著它發展而增加。SONY 公司創造市場的祕訣就是不斷開發新產品，以新制勝。SONY 的發展過程可以說是不惜投入創新的過程。多年來，盛田昭夫領導下的 SONY 公司每年保持 6% 的開銷用於研究發展新產品，有些年度多達 10%，比如 1991 年該公司用於研究開發的預算達 15 億美元。盛田昭夫說：「我們的計畫是用產品領導潮流，而不是問需要哪一種產品。」SONY 公司就是要生產某些市場上從未銷售過的產品 —— 實際上是未製造出的產品。

二、以新制勝

　　盛田昭夫不斷告訴員工，不能滿足於獲得的成就，因為一切都在迅速變化，不僅技術領域如此，而且人們的觀念、見解、風尚、愛好和興趣也是如此，任何企業如果不善於領會這些變化的意義，就不能在商界生存，在高技術的電子領域尤其如此。SONY 公司正是依靠著不斷的創新，創造市場，業務才得以迅速發展，已經成為國際性的大企業。

三、注重創造力

　　在人才的識別上，盛田昭夫有自己獨特的視角。在 SONY 公司所雇用的員工中，有創造力的比庸庸碌碌的多得多。對於創造力，他認為有三

種：技術的創造力，產品規劃的創造力和銷售的創造力。只有其中之一，而無其他兩種，等於在經營中自我拆臺，工業的關鍵在於創造力。對於解放創造力問題的解決辦法，是經常提出指標。為了達到一個指標，許多人變得有創造力了。管理人員不得不決定目標，並鼓勵員工發揮特長，努力爭取達到目標。

四、重視人的能力，而不是學歷

在盛田昭夫看來，文憑不等於知識，更不等於能力。為此，他還寫過一本《學歷無用論》的書，激進的盛田昭夫甚至主張燒掉文憑，燒掉簡歷。他說：「我的願望是能夠在日本的土壤上植入能夠正確評價個人價值的習慣。因此，首先就要放棄現在作為評價依據的學歷。為了徹底清除那個人是什麼大學什麼科系畢業等觀念」，於是 SONY 公司於 1965 年春天公開宣布，要「燒掉簡歷」。所謂「燒掉簡歷」，即當員工加入公司之後，他的人事卡片上不再記載他的學歷等相關內容。當他調到別的科室時，科長收到的人事卡片上只有年齡，加入公司的年月日等資訊，而沒有關於學歷的任何記載。

延伸品讀

幾十年風風雨雨，從秀麗的小村走出的英俊少年，歷盡了商界的坎坷，磨去了少年的稚氣，積澱了生命的精華，成長為具有遠見卓識的一代企業鉅子，揚鞭策馬馳騁在疾風驟雨中。

從熱愛電器的那一天起，盛田昭夫就踏上了一條沒有盡頭的路，他披荊斬棘，頑強奮鬥，和戰友井深大，還有岩間和夫、大典賀雄……團結在 SONY 旗下，開創了輝煌的業績，而且，直到今天，他和他的 SONY 依

舊寶刀不老，依舊在世界的大舞臺上奮進，第一部電晶體收音機，第一部磁帶答錄機，第一部黑白電視機，第一部單槍三束彩色電視機，第一部數位隨身聽……無數個第一，都浸透了盛田的汗水，沒有盛田昭夫，很難有今天的 SONY。

時光流轉，二十一世紀的鐘聲已經敲響，SONY 公司豪邁的向前邁進，要走多遠，永遠也沒有人知道。

電影事業家 —— 邵逸夫

商業鉅子檔案

全名：邵逸夫

國別：中國

生卒年：1907 年～ 2014 年

出生地：上海

愛好：公益事業、電影電視

人生軌跡

香港電影事業家。原名邵仁楞。1907 年，出生於上海，浙江寧波鎮海人；1925 年與兄醉翁、邨人、仁枚在上海創辦天一影片公司，他負責發行工作，並學習攝影、編劇。1928 年與三兄仁枚到南洋開拓市場，在新加坡、馬來西亞組成邵氏兄弟有限公司。至 1937 年已擁有 50 多家影院。

自 1933 年，邵氏兄弟公司支持天一影廠和南洋影片公司（天一後身）攝製多部粵語影片。並支持改組後的邵氏父子公司，在香港攝製 56 部國語片，其中不乏優秀作品，如《紅玫瑰》、《梅姑》等。

1957 年香港製片業角逐激烈，邵逸夫親自接辦香港邵氏兄弟（香港）有限公司。在清水灣興建一座東南亞最大規模的現代化邵氏影城，在此期間拍攝《貂蟬》、李翰祥的《江山美人》、《梁山伯與祝英台》、胡金銓的《大醉俠》、張徹的《獨臂刀》等影片使武俠片再度風行。影片《後門》、《萬古流芳》等也接連在亞洲影展獲獎。

1960 年代是邵氏兄弟公司的黃金時代。在東南亞各地戲院擴展至 160餘家，在東京、巴黎、羅馬均有常駐代表。該公司 1957～1983 年共拍攝電影 719 部。

至 1987 年 5 月，邵氏宣布停止生產電影。由邵氏投產至暫停製作期間計算，邵氏已生產超過一千部電影。2000 年，馬來西亞的「天映娛樂」斥資 4 億港元購入 760 部邵氏電影的永久版權，並花費 2 億港元進行數位復修。

為表彰他對香港電影事業的貢獻，1974 年和 1977 年，英國女皇頒授 CBE 勛銜和爵士爵位，1980 年獲香港大學頒給的名譽法學博士學位。1983 年獲第二屆香港電影金像獎最高榮譽獎。並兼任香港無線電視有限公司董事局主席、香港中文大學校董、香港藝術節主席、香港藝術中心主席等。

1998 年，邵逸夫獲政府頒發大紫荊勳章。

多年來，邵逸夫捐助超過數以十億計款項，為中港兩地建設教育、醫療設施等。香港多間專科院校的建設曾得邵逸夫捐助，例如香港中文大學

的逸夫書院、香港大學的邵逸夫樓、香港城市大學的邵逸夫圖書館等。
2005 年，邵逸夫捐出 1,000 萬港元予南亞海嘯受災地區。

　　2002 年邵逸夫創立「邵逸夫獎」，第 1 屆於 2004 年舉行。獎項模仿
諾貝爾獎，每年選出世界上在數學、醫學及天文學 3 方面有成就的科學
家，頒授一百萬美元獎金以作表揚。

成長經歷

一、創辦「天一」電影公司

　　邵逸夫的祖籍是浙江鎮海。他 1907 年出生在上海，是家裡的第六個
孩子。他的父親邵玉軒是上海有名的染坊老闆，生意經營得很好，家裡很
有錢。邵玉軒好像就和電影有緣，有一次他與朋友出去遊玩，一塊看了場
電影，立刻被電影吸引住了。當時電影剛剛進入中國，雖然還是無聲電
影，也被老百姓看成神奇的玩意，誰都弄不懂那麼一塊白布上，怎麼會憑
空出現山水樹木、活人動物！但邵玉軒與眾不同，他在驚嘆之餘，馬上去
打聽電影的知識，把它當作一個有利可圖的行當！當別人還在為電影作口
頭宣傳的時候，邵玉軒已經捷足先登，打起了電影的主意。1920 年，上
海「笑舞臺」劇院的老闆因為無力還債，只好把「笑舞臺」抵押出賣。邵
玉軒便派當律師的長子邵醉翁接收了「笑舞臺」，不久就經營起電影影片
的進出口生意，開創了邵氏家族電影事業的先河，充分展現了他作為精明
商人的心計。

　　邵逸夫兄弟後來紛紛投身電影事業，無疑是父親的影響。

　　邵逸夫的大哥邵醉翁，本來就十分喜愛戲劇藝術，常常自己寫個劇

本，讓家裡養著的演員排演。接觸到電影之後，他就開始籌拍電影。幾個弟弟邵屯人、邵仁枚和邵逸夫更是高興的整天圍著他轉。1923 年，邵氏四兄弟在上海創辦了一家「天一影片公司」。

邵逸夫進入「天一」，哥哥並沒有讓他當小老闆，而是把他當成普通員工，分配他去擔任後勤。戲院的後勤很難搞，除了打掃環境，管理演員的道具，還要隨時打雜。攝影師和演員總是擺架子，把後勤人員支使得團團轉。有時為了借一件道具，邵逸夫要跑幾十里路。弄得不好就要挨罵，還不敢向哥哥訴苦，因為哥哥不但不會袒護他，還會責備他：「誰叫你那麼笨？這點事情都做不好，還想做大事業？」邵逸夫是個好強的人，每次後勤出了問題，他總是自己承擔責任，主動向演員、職員徵求意見，獲得演員的支持。半年以後，邵逸夫終於成了個好後勤！

後來，哥哥又把他派去放映組，專跑片源。兩年以後，邵逸夫幾乎做遍了天一公司的所有部門。正是這種全面的基本訓練，使他後來管理電影公司時，什麼問題都難不倒他！

「天一」是一個純粹的家族企業，從經營到藝術全部掌握在四兄弟手中。經營方面老大是經理，老二任會計，老三老六管發行。藝術方面也是兄弟齊上陣，公司成立頭兩年所生產的 11 部影片，基本都是邵醉翁執導，有 9 部是邵邨人、邵仁枚獨立或聯合編劇，邵逸夫雖然還在美國青年會中學讀書，但也又編劇又攝影，還協助導演拍片。唯一需要花大價錢聘請外人來做的就是演員。胡蝶以一部 100 大洋的酬金為「天一」演出了《梁山伯與祝英台》、《義妖白蛇傳》、《孟姜女》、《珍珠塔》、《孫悟空大戰金錢豹》等影片。

邵醉翁集長兄、經理、導演於一身，性格固執倔強，在公司實行的是

家長制管理。這種組織形式，避免了內耗，最大限度的縮短了影片的製作週期，降低了成本，增加了影片的競爭力。面對天一公司的迅速崛起，明星公司老闆之一的周劍雲發起和指揮了中國電影史上第一場有名的商戰——「六合圍剿」。他聯合大中華百合、友聯、上海、神州、國光五家電影公司組成「六合影業公司」，針對「天一」採取低、快、多的策略，造成一些影片品質不好的現象，以抵制劣質影片為號召。對「天一」最具殺傷力的是，「六合」與包括南洋片商在內的電影發行商簽訂合約，規定如果經銷「六合」的影片就不准再與「天一」合作。「六合」幾乎占有中國電影市場 2／3 的江山，各發行商不敢得罪「六合」，紛紛拒絕經銷「天一」影片。

為殺出重圍，邵醉翁一方面派出發行人員在國內建立非「六合」院線，一面派三弟、六弟帶著電影複本和放映機赴南洋開闢新的市場。

二、開拓南洋市場

四兄弟苦思良策，決定由老三邵仁枚攜帶三部影片，實地到南洋一帶嘗試一番。他到馬來亞（馬來西亞）瀏覽一遍後，發覺當地竟一家電影院也沒有。於是一面租借戲院放映帶去的影片，一面籌集資金在新加坡、吉隆玻、檳榔嶼等地開設了 4 家影院。此時，年僅 17 歲的邵逸夫正準備升入大學，接到邵仁枚的電報，得知東南亞業務很成功，又亟需幫手，他就放棄了繼續深造的機會，趕抵新加坡。於是，兄弟倆以新加坡為基地，扛著一臺手提放映機，在新、馬各地巡迴放映，甚至還深入窮鄉僻壤和馬來亞橡膠園農場中放映影片，以爭取觀眾。他倆忍受著濕熱的氣候和毒蚊的叮咬，以堅韌的毅力，硬是手握搖柄逐格逐格的把「電影」放映在銀幕上，以打開南洋電影事業的局面。

當時南洋一帶的群眾主要的消遣娛樂是起源於中國的皮影戲，迨邵氏兄弟將電影在當地傳播後，電影就成了人們娛樂的主導。邵仁枚、邵逸夫兄弟倆租下華英戲院放映自攝自製的影片後，接著又租下「曼舞羅」與「新娛樂」，並向馬來亞各地發展，在大小城鎮和戲院放映電影，甚至以 6 輛流動電影車，載著簡單的黑白默片巡迴於小鄉鎮以廣招觀眾，大大風靡了當地的群眾，發揮了一定的廣告宣傳效果。1927 年，邵氏倆兄弟成立邵氏兄弟（新加坡）公司，自行拍攝適合當地住民和華僑興趣的影片，並逐步建立了邵氏影院網絡。壯大起來了的邵氏兄弟公司先後買下了美芝路的新娛樂劇院和曼舞羅戲院，專門上映天一公司的新電影。在艱難的創業過程中，邵逸夫明顯的成熟了。於是，邵仁枚就把新加坡的事業完全交給了邵逸夫，自己又到馬來西亞去開闢新市場了！

三、發展有聲電影

「一二八」事變後，處於抗戰中的上海電影業受到炮火的洗禮，「天一」適應當時上海抗日救亡的群眾要求，拍攝了《戰地二孤女》、《芸蘭姑娘》、《掙扎》、《生機》等等影片。「天一」開拍的第一部有聲電影《歌場春色》用蠟盤發音，創造了默片所不可能達到的票房價值。當時，由於1920 年代末到 1930 年代初的世界經濟危機的嚴重影響，新加坡和馬來西亞市場一片蕭條，電影業也不能倖免，影院紛紛停業關閉。邵逸夫預感到電影的發展，勢必從「無聲」到「有聲」，建議向國外購買「能講話的機器」，發展有聲電影。

然而真正動手做，事情卻不是那麼簡單。有聲電影究竟是怎麼回事，邵逸夫頭腦中也是一片空白，他要的演員沒有，機器沒有，音響設備沒有，連材料都沒有，他所知道的只有一點，就是這些東西在歐洲有、

美國有。

邵逸夫決定去美國考察。沒有飛機可乘，他只好坐輪船去，上了船就暈，吐得死去活來，差一點把命丟在太平洋上。到達舊金山時，他已經虛弱得不能走路，被人送進了一家黑人醫院。可是他第二天就從醫院裡溜走了。

美國之行使邵逸夫大開眼界。他親身體會到，美國確確實實是個富有的國家，全世界有三分之一的物資是美國生產出來的！這裡不但有有聲電影，還有富麗堂皇的電影院。想想東南亞那些一塊白布當銀幕、幾排板凳坐觀眾的簡陋影院，邵逸夫真是感慨萬千！他發狂似的買了大批器材設備，又是一個月的遠洋海輪，又是吐得昏天暗地。邵逸夫回到了新加坡，在他的電影院裡安裝上了有聲設備。

放映設備是有了，可有聲影片還沒拍出來。邵逸夫不得不自己坐下來寫劇本。一寫半個月，可是連自己看了都不滿意。兩隻腿被蚊蟲咬得吃不消，他只好打起一桶水，把腳泡在水裡。遇到了難題，連個請教的人都沒有，這方面國內還不曾出現專家；外國專家身邊又沒有，要專門從西方請一個專家養起來，他又負擔不起！他只好一邊繼續拍無聲片，一邊摸索有聲片的拍攝技術，訓練人員，包括他自己。

多年之後，邵逸夫談到他當時的心境時說，如果有聲電影最後做不出來，他就要去跳太平洋了！

1932 年秋天，邵逸夫在香港拍攝了他的第一部有聲電影《白金龍》，在香港出現了轟動效應。觀眾對電影中的人說話都十分驚奇，只要一有聲音出來，就大聲歡呼！據說有一次在泰國（時稱暹羅）放映時，觀眾硬是把留聲機砸開，要看看是不是有人藏在裡面。害得邵逸夫以後每次放電影

都要派專人保護留聲機。這部影片讓邵逸夫賺了大錢，僅在廣州放映的票房收入就是它全部拍攝成本的 60 倍。這一成功不僅使邵氏機構轉危為安，而且也開創了中國電影史上有聲電影的新紀元。

1930 年代中期，世界經濟開始復甦，電影業的狀況也同樣有所好轉。邵氏兄弟趁機放手一搏，在新加坡和馬來西亞建起了一家又一家電影院。同時，他們又向娛樂業發展，先後買下了新世界娛樂場、大世界娛樂場、快樂世界娛樂場等，而且越辦越好。邵氏三兄弟，大哥邵醉翁坐鎮上海，三哥邵仁枚坐鎮新加坡，六弟邵逸夫坐鎮香港，呼風喚雨，相互配合，到第二次世界大戰爆發前，邵氏兄弟在東南亞一帶已經擁有 139 家電影院和 9 家娛樂場，成了聲名顯赫的大富豪。1940 年，在新加坡創立製片廠後拍攝了第一部馬來亞影片《漁夫得利》。

抗戰期間，受太平洋戰爭影響，邵氏影業幾乎毀於一旦，他們只能被迫在被日本人接收的戲院裡作為員工，靠微薄的薪資勉強糊口。

四、進軍香港，成就霸業

戰爭結束後，然而由於邵逸夫的兩位哥哥年紀大了，身體也不好，恢復舊業的重擔幾乎全落到了邵逸夫的肩上。邵逸夫考察了澳洲和美國，迫切的感到，世界電影事業又上了一個新臺階，邵氏的電影事業不應該只是恢復舊業，而是要重新創立一個全新事業。一切都得從頭開始。

轉眼 10 年過去了。邵逸夫也已年過半百。邵氏機構雖然早已重整旗鼓，但邵逸夫並不滿意，他決心要尋找一個地方，實現他對電影事業的理想。

他最後選中了香港。1955 年，邵逸夫籌畫在香港清水灣建設「邵氏影城」。因為 30 多年的影業生涯使邵逸夫認知到，如果沒有一個配套完整

的拍攝場地 —— 影城，影片的提高就是紙上談兵，電影人沒有攝影棚，等於工人沒有工廠，邵氏要想在激烈的影業競爭中發展，必須建立自己的電影製片廠。當時，清水灣實際上是座 46 英畝荒山，用邵逸夫的話說，當時如果他在這座山上向四周開槍射擊，都不會擊中任何人。他買下後，將這座山削平了 60 英尺，使高山化為平地，再在上面建立製片場，這項工程，光是地價和土方就花費了近 50 萬港元。現在，這座荒山已「開墾」成為世界最大的中文影城，城內除了宏大的行政大樓和多座片廠外，還建有一條古裝街，兩旁盡是老式仿古建築。每年，從這裡流向邵氏電影發行網的影片約有四、五十部，大大超過香港其他電影公司的影片產量，邵氏影城全盛時期，員工超過 1,300 人，被外國傳媒譽為「東方的好萊塢」。

1959 年，邵氏兄弟（香港）有限公司成立。從 1960 年代開始，邵氏兄弟展開了一個龐大擴張計畫，在香港、新加坡推出「每月一院」，選擇適當地點大開影院。短短幾年，邵氏影院星羅棋布，迅速增至 130 餘家，形成一張龐大的發行網絡。

拍電影少不了導演和演員。再好的設施，沒有好導演、好演員也是空的。邵逸夫深感自己最缺的還是人才。他在報紙上大登廣告，招聘人才。廣告中說：「本公司有感於當今電影水準之低，決心改良設備，引進新技術，發掘製片人。本公司已選址清水灣建邵氏之影城，急需如下人才：製片、化妝、剪輯、配音及暗房等，公司將與同仁並肩奮鬥，同甘共苦！」

儘管當時這類廣告並不少見，但是邵氏公司的廣告卻收到了意外的成效。不久，陶秦、李翰祥、卜萬蒼、岳楓、羅臻、何夢華、嚴俊等名導演來了；林黛、李麗華、東蒂、張仲文、丁紅、丁寧、陳厚、趙雷、關山等名演員也來了。此外，邵氏公司還物色到一大批攝影、製片、化妝、剪輯等方面的人才，不少劇作家也前來應徵。邵逸夫首先聘用邵文懷當他的

201

《電影週刊》主編。《電影週刊》內容豐富，生動活潑，吸引了一大批年輕人，特別是「影星生活」、「邵氏明星」、「國際影壇消息」等專欄，使影迷們如醉如痴，緊緊盯住邵氏公司的新影片先睹為快。

就在這座電影城中，邵氏兄弟先後拍攝了 1,000 多部電影，其中不少讓觀眾留下了深刻的印象。應該說，邵氏兄弟促成了 1960 年代香港電影的繁榮，當時的邵氏經常於亞洲影展中奪得獎項，旗下擁有大量著名影星，影片如《貂蟬》、《江山美人》及《獨臂刀》，均是膾炙人口、開創電影發展方向的作品，與此同時，邵逸夫的身家也得以急劇膨脹。

五、經營多元化，進軍電視行業

早在 1960 年代中期，香港政府以公開招標競投無線電視廣播經營權時，邵逸夫就出資參股闖進了香港電視廣播領域，成為「香港電視廣播有限公司」（無線電視臺）的董事。1960 年代末，又在香港創辦電視廣播有限公司（即「無線」電視臺），「無線」電視臺以其彩色播映及免費供使用者接收的新姿態出現，收視率很快就達到領先的地位。邵逸夫「無線」電視臺的創辦是香港電視發展史上的一個重要里程碑，至 1973 年 12 月，「麗的」電視臺（即後來由邱德根接辦的「亞洲」電視臺）的中文臺也轉為彩色無線播放，1974 年 4 月「麗的」電視臺的英文臺也相繼改為彩色無線播放。

1980 年代，香港享有經營管理權的電視臺只有香港電視廣播有限公司（「無線」電視臺）與亞洲電視有限公司（即「亞視」）兩家，這兩家電視臺各設一個中文臺和一個英文臺，即「無線」的翡翠臺和明珠臺，亞視的黃金臺和鑽石臺，都採用標準超高頻率 625 線路 PAL 彩色系統，平均每週共播出節目約 490 小時，白天的電視節目有新聞報導以及生活常識、

教育修養、體育鍛鍊、動畫片等，也播放故事片。到了晚上，節目就更多了，電視連續劇就占去了大半時間，連續劇的情節多數以反映當代香港社會生活、人情世態為主，也有武俠連續劇以及中國古典小說改編的電視劇。1980 年代，邵逸夫出任「無線」董事局主席，他的「無線」電視臺在與「亞視」大唱對臺戲的競爭中，也製作了多部電視連續劇，如《赤腳紳士》、《流氓大亨》等，頗受香港居民的歡迎。此外，「無線」電視臺還拍攝了《楊家將》、《真命天子》、《小島風雲》、《杜心五》、《錯愛》、《生命之旅》、《無名火》等電視連續劇而雄視港島；並為他每年帶來鉅額利潤。此時，他對電視的關注更勝於電影，邵逸夫用所賺之錢，大量購買土地，並購入香港電影的股份，將公司業務多元化。1987 年，邵氏停止所有電影製作，物業發展和投資是主要收入來源。1991 年，邵氏以 5,000 萬美元認購美國美思百貨（Macys），持 10.3%股份。此後，邵氏家族與英國西敏寺公爵家族在港成立 Grosvenor Asset Management Ltd，成立一個擁有數億美元的基金，投資中、港及東南亞房地產市場。1995 年 2 月，邵氏兄弟（香港）及邵氏基金共出售 10%的電視廣播股份予英國上市傳媒及娛樂公司庇亞遜集團（Pearson），金額是 13.02 億港元。目前，單是邵氏片場，已擁有面積 80 萬平方英尺的土地，隨著房地產價格的飛升，令邵逸夫躍居香港十大富翁之列。據香港《明報》估算，邵氏資產目前已逾百億港元。

六、拳拳之心

邵逸夫 1973 年在香港設立「邵氏基金會」，14 年來共捐款 5 億多港元，興辦教育事業、衛生事業和文化事業等，以造福子孫後代。

1985 年還為香港中文大學創設逸夫書院；同年，捐贈 1,000 萬港元

為保護敦煌莫高窟壁畫免遭風化，安裝了玻璃屏風，受保護壁畫面積達數千平方公尺，敦煌研究所為此樹碑以資紀念。1986 年，廣東省受颱風侵襲，部分地區遭受災害，邵捐贈 10 萬港元賑災。在上海，他捐贈復旦大學的科技館、華東師大的圖書館、福州路上的逸夫舞臺、巨鹿路上的逸夫職校等。1989 年 10 月，邵在浙江杭州捐建一座規模為 400 張床位的現代化綜合醫院 —— 邵逸夫第一醫院。從 1989 年起，邵氏基金會還曾出資無條件保送 100 名優秀大學畢業生到歐美 11 所著名大學，如：麻省理工學院、牛津大學、哈佛大學攻讀為期 2 至 3 年的研究院課程；邵氏基金會又捐助 2,100 萬港元以支持香港和新加坡發展高等教育和社會服務事業。

為了贊助香港藝術發展，他曾撥款 600 萬港元建造藝術中心；在香港中環皇后大道中段的蘇浙旅港同鄉聯誼會內，他資助創立邵逸夫圖書館；1990 年 3 月；牛津大學宣布：邵逸夫爵士向牛津大學捐贈 1,000 萬英鎊，以建立一個中國研究所。

七、耀眼的光環

早在 1974 年，他已獲得英女皇頒發的 CBE 勳銜，1977 年，又被英女皇冊封為 KNIGHT BACHELOR 爵士。1980 年起，他擔任「無線」電視董事局主席，此後數十年，捐助數以億計港元，支持香港與各地學府及醫院的建設。1985 年 1 月邵逸夫以「邵氏基金會」的名義一次捐款 1.06 億港幣，受益的有香港大學、浙江大學等等。浙江大學在風景秀麗的玉泉山風景區還修建了一座科學館，命名為「邵逸夫科學館」。同年 3 月，他又捐款 1,000 萬港幣給中國保護莫高窟壁畫工程，受保護面積達 3,000 平方公尺。對於教育，邵逸夫說：「培養師資刻不容緩」、「一個先生五十個學生，十個五百個，作用就大了」。此後，邵逸夫更大規模的為教育、

文化、體育事業捐資，如今，幾乎有名的大學都建有逸夫樓、逸夫體育館等。

1990年，中國科學院將發現的一顆2899號行星命名為「邵逸夫星」，1991年，美國舊金山將每年的9月8日定為「邵逸夫日」，以表彰其貢獻，1998年，邵逸夫獲香港特區政府頒發的大紫荊勳章。

「邵氏出品、必屬佳片」是邵氏每部電影的宣傳口號，也是對邵氏電影永恆的詮釋。

財富經驗

一、強烈的事業心和敬業精神

他是一個精通業務的電影企業家。儘管他受教育的程度不高，但他做一樣，學一樣，從不懈怠。他從最卑微的職位做起，一步步奮鬥，最終成為電影公司的大老闆。他熟悉電影製作幾乎每一個方面和環節的工作。從劇本、攝影到導演、演員的選聘以及化妝、剪輯，他樣樣在行，而影片推廣、發行、劇院管理更是行家裡手。邵逸夫工作非常勤勉，精力過人。年輕時曾有1天看9部片子、1年看700部片子的紀錄。他說：「我晚上只睡1個小時，其餘時間便是工作。」為了樹立邵氏的良好形象，他對影片的品質嚴格把關。出現劣片，往往親手燒掉，毫不手軟。他說：「在早期，我成日燒片，沒有好的戲，我寧願燒。」

二、頑強拚搏

邵逸夫通常每天睡眠時間只有6小時，其餘時間都撲在工作上，還表示「永不退休」。邵逸夫從不諱言他是把電影當作一項生意來經營，而不

205

是作為藝術品來打磨。他說：「我要拍一部純藝術的電影，我不敢肯定這套戲有多少人看。少人看的戲就少人得益，所以，我寧願向大家都中意的娛樂片著手。」但是，邵逸夫又不僅僅是把電影當作一種賺錢的工具，而是把它作為一項事業來追求。邵逸夫的座右銘是：「我喜歡不停的工作，工作是我的嗜好。我永不會退休。成功之道要努力苦幹，並要對自己的工作有興趣，運氣只是其次。我深深體會到拍電影是很大的刺激，它能帶給我無窮的樂趣，這正是推動我努力工作的動力。」

三、善用人才

邵逸夫善用人才。他請來鄒文懷、何冠昌，這兩人畢業於上海聖約翰大學和復旦大學，可說流利的上海話、國語和英語，他們後來成為邵逸夫的得力助手。在導演方面，邵氏兄弟成立之初，便起用了一群從北方南下的導演（被粵人稱作「外江人」）。如李翰祥，出產了一系列的黃梅調電影；胡金銓，被鄒文懷從「美國之音」挖過來；起用岳華、鄭佩佩，主演《大醉俠》（1966），替邵氏打開了武俠電影的局面；而張徹加入後，拍攝出一系列陽剛味濃烈的武俠片，先後捧紅了姜大衛、狄龍、陳觀泰、傅聲等動作片男演員，改變了香港電影以女星為主的局面。

名家點評

東方好萊塢締造者。

—— 《南方人物週刊》

我不是擦老闆鞋，今時今日，我亦不需要擦任何人的鞋，我是真心佩服他老人家的眼光。

—— 香港影壇教父張徹

（邵逸夫）這筆鉅款的捐贈，將使以中國為研究主題的研究生在牛津大學占有適當的位置。這對牛津大學來說是極為重要的。

—— 牛津大學副校長理查·索斯伍德

傳世名言

1　我做事的態度是要把每件事都做好，即使是最細微的部分，也要徹底做好，一樣事情不做到十全十美，我絕對不放鬆的。

2　我喜歡不停的工作，工作是我的嗜好。我永不會退休。成功之道要努力苦幹，並要對自己的工作有興趣，運氣只是其次。我深深體會到拍電影是很大的刺激，它能帶給我無窮的樂趣，這正是推動我努力工作的動力。

3　創業、聚財是一種滿足；散財、捐助是一種樂趣。

4　在香港，我永遠用兩隻眼睛看一部電影。一隻是藝術家的眼睛，另一隻是商人的眼睛。

5　我的財富取之於民眾，應用回到民眾。

延伸品讀

一代電影王國，隨著時代和科技的進步而產生、發展、輝煌、隕落，但是留在幾代人記憶中的東西永遠不會消失。有人曾用詩意的語言回憶當年觀看邵氏影片的情景：「我就是這樣牽著母親的手，在住處附近的樂都影院看了很多『邵氏』電影。印象中很少看黑白片，大概當時都更喜歡那『綜藝體彩色大銀幕』的感覺，看完了把銀幕上的千嬌百媚、花團錦簇、金雕玉砌，都一併打包帶回家去，在一個又一個悠長的下午慢慢消耗著，

等待下一次的『盛宴』。」

「邵氏」王國，不可複製的歷史存在。

「邵氏」王國，永遠的美麗記憶。

時裝大王 —— 皮爾·卡登

商業鉅子檔案

全名：皮爾·卡登

國別：義大利

生卒年：1922 年～ 2020 年

出生地：義大利的威尼斯近郊

人生軌跡

　　1922 年，皮爾·卡登出生於義大利的威尼斯近郊。父母都是義大利人，以種植葡萄為生，第一次世界大戰結束後，舉家遷往法國。當時皮爾·卡登只有 2 歲。

　　第二次世界大戰爆發時，他還不到 20 歲。後來，他就去了巴黎，到了巴黎後，他連住的地方都找不到，於是四處流浪。當時德國人已經占領了巴黎，由於他違反了宵禁令，被關進了監獄。後來經過審查，證明他不

是猶太人，德國人才把他釋放了。

終於，由於曾經學過裁縫，他在一家裁縫店找到了一份工作。

1945 年，皮爾・卡登轉到「帕坎」時裝店從事設計。當時，許多著名演員都在這家店訂製服裝，這也給了他一個得以嶄露頭角的機會。在皮爾・卡登成長的過程中，法國現代派作家和畫家的美學思想給了他深刻的影響。

1946 年，他又轉到著名的「迪奧」時裝店工作。

1950 年是皮爾・卡登事業的一個重要的轉捩點，他在里什龐斯街租了一間房，首次展出了他設計的戲劇服裝和面具。雖然展出地點條件差，卻仍產生了不小的影響。這小小的成功給了他更多的信心，3 年後，他第一次推出了自己的女裝設計，並一舉成名。

1954 年，他的時裝店正式開張了，地點在聖君子舊郊大街。

1953 年，由於他改變了時裝經營的方式，把量體裁衣、個別訂製改成小批量生產成衣，並不斷的更新款式。這樣做，事實證明是非常正確的，為他的服裝業帶來了無限的生命力。

1959 年，皮爾・卡登又做出了一個驚人的舉措，他異想天開的辦了一次借貸展銷。可是這一次他失敗了。痛定思痛，皮爾・卡登並沒有徹底灰心，他決心東山再起。

於是，他擴大經營的範圍，不僅有男裝、童裝、手套、圍巾、鞋帽、手提包，而且還有手錶、眼鏡、打火機和化妝品。並且，他將自己的企業不斷的向國外擴張，首先在歐洲、美洲和日本得到了許可證，打開了市場。1968 年，他又增加了家具設計，漸漸形成了「皮爾・卡登」商標的系列產品。他成了擁有自己銀行的時裝家，在世界五大洲 80 個國家內，

有他的 600 多家工廠、企業，產品基本都是他自己設計的。他開始擁有一個帝國。

1987 年，皮爾‧卡登首次到中國訪問。1991 年，他在北京設立了時裝陳列室和舉辦時裝展覽會。

1993 年 12 月，他與北京市簽訂了協議，在北京開辦一家雙方合營的法國式餐廳。他還在「崇文門飯店」闢出兩層樓，分別供應高級西菜和速食。

現在的皮爾‧卡登，已經擁有 98 個國家和地區的分公司，共有員工 18 萬人；他領到的營業執照多達 720 個。眼下，他所經營的產品已遠不只服裝了：汽車、飛機、家具、地毯、燈具……幾乎一切商品都包羅在他的龐大帝國中，並且都印有皮爾‧卡登的商標。

成長經歷

一、苦難的童年

1922 年 7 月 2 日，在義大利著名的水城威尼斯近郊，一戶貧苦農家，傳來幾聲嬰兒的啼哭聲，一個小生命誕生了。

他就是皮爾‧卡登，是七個孩子中最小的一個。

他的父親老卡登靠種植葡萄養家糊口。每逢歉收時，老卡登還得忍著飢寒到山裡為人鑿冰，一家人就這樣過著艱難的生活，誰知惡運不斷，小卡登降臨人世才兩年，第一次世界大戰的戰火燃及義大利。大片大片的葡萄園被戰火焚毀。當地的農家連最起碼的生存條件也被這場無情的戰爭吞噬，為了避免戰亂和謀求生計，皮爾‧卡登的雙親被迫離開了生存和繁衍

生息了幾輩人的葡萄家園，踏上了離鄉背井的漫長旅途。

不知經歷了多少艱辛，全家人終於在法國東南部的格勒諾布爾勉強定居下來，日子本來就過得十分艱難，又歷盡搬遷之苦，真正到了家貧如洗的境地。老卡登不會法語，很難找到工作，無奈，為了填飽一家人的肚子，每天騎馬冒險登上高高的雪山採下大塊的凍冰，再運到城裡賣給富家大戶，賺幾個小錢，維持著一家人的生計。

皮爾‧卡登在格勒諾布爾度過了他的童年。童年生活對皮爾‧卡登來說，雖然沒有太多的歡笑和富裕，但仍然充滿了家庭的溫暖和生活的樂趣。

小卡登 8 歲那年，他的家遷移到聖萊第昂。他經常在放學後溜到商店的櫥窗前，痴迷的觀看裡面那些各式各樣的服裝，並立志長大一定要成為出色的服裝設計大師。

父親賣冰塊，家境貧困可想而知。卡登十七歲便外出工作，打零工，賺點小錢資助家庭。正因為這樣，影響了卡登的學業，因此他的成績一直不太好。為此卡登雙親為兒子的前途憂心如焚，不知道兒子今後靠什麼謀生。

然而從苦難中磨練出來的皮爾‧卡登，早就樹立了自己的志向，在他幼小的心靈裡，對服裝設計一直保持著濃厚的興趣。他立志長大後要當一名服裝設計師。

厄運接踵而來，皮爾‧卡登的父親生意日趨冷淡，母親又病倒了，家境十分艱難。十四歲的皮爾‧卡登於是中途輟學，到一家裁縫店裡當學徒。

皮爾‧卡登似乎天生就是做服裝的奇才，僅僅兩年的工夫，他的手藝

就超過了他的師傅，並在當地已經小有名氣了。

不久，羽毛漸豐的皮爾‧卡登覺得聖萊第昂的天地太狹小了，在這裡自己根本不可能展翅高飛，實現他的遠大志向。他終於下定決心，到服裝世界的中心和藝術心臟的巴黎去闖蕩。

二、嶄露頭角

打定主意以後，有一天早晨，他對父母說：「我要去巴黎。」父母沒有明確表示反對。於是次日，他便帶著一只破箱子，騎了一輛舊自行車動身了。

然而，皮爾‧卡登選錯了時間，因為當時第二次世界大戰已經爆發，到了巴黎後，他連住的地方都找不到，於是四處流浪。而當時德國人已經占領了巴黎，由於他違反了宵禁令，被關進了監獄。後來經過審查，證明他不是猶太人，德國人才把他釋放了。

身無分文的皮爾‧卡登仍到處遊蕩，走投無路時，偶然看見一家時裝店的櫥窗上貼著招募學徒的廣告，於是便走進去應徵。由於他從前曾學過裁縫，所以被順利錄取了。

在這裡，皮爾‧卡登開始了自己的「巴黎夢」，同時也把自己推上了服裝設計的前沿，為自己日後成為舉世聞名的服裝設計大師莫定了深厚的基礎。

「條條道路通羅馬」。然而，皮爾‧卡登沒有去羅馬，而是到了巴黎，他的前途、命運與事業將要從這裡開始，一顆燦爛的新星將要躍出地平線。由於到了日夜嚮往的巴黎，找到了自己滿意的工作。從此，他在服裝業的天地裡左衝右突，盡情的施展他的才華，開始了奮鬥的生涯。用他自

己的話說:「我是從頭到尾學這個行業的。我喜歡把一件衣服從頭做到尾,從畫圖、剪裁、縫合、試樣直至銷售。」他一絲不苟的學習,掌握製衣的每一個細小環節。

不久,命運之神便向他招手,一個機會使他能為著名藝術家尚‧考克多的一部先鋒派影片《美女與野獸》設計劇裝,皮爾‧卡登為角色設計的刺繡絲絨裝一舉成功,他因而成為巴黎服裝界引人注目的新星。《美女與野獸》使皮爾‧卡登成了名,而皮爾‧卡登也為《美女與野獸》增添了無限光彩。

隨後,皮爾‧卡登又到風靡 1930 年代,當時法國最具權威的時裝設計大師夏帕瑞麗的時裝店工作了一個時期。在夏帕瑞麗的時裝店,皮爾‧卡登工作了一段時間,並且得到了很多幫助,但他不願總待在別人的地盤裡,他需要不斷充實、不斷長大,渴望有一個屬於自己的空間去馳騁。

1945 年,皮爾‧卡登轉到「帕坎」時裝店從事設計。當時,許多著名演員都在這家店訂製服裝,這也給了他一個得以嶄露頭角的機會。在皮爾‧卡登成長的過程中,法國現代派作家和畫家的美學思想給了他深刻的影響。

皮爾‧卡登在迪奧那裡得益菲淺,他學到了「高尚、大方、優雅」的服裝和製作技巧。一九四七年,迪奧的「新造型」轟動巴黎,皮爾‧卡登亦為能親自參加「新造型」的誕生而感到高興。那年,他擔任了迪奧公司的大衣和西服部負責人。名師出高徒。沒過多久,皮爾‧卡登的設計水準又登上一個新的高峰,形成自己獨特的風格,成為巴黎時裝界引人注目的新星。

雖然皮爾‧卡登十分敬重迪奧,但他不甘心長期寄人籬下,內心創造

欲的躁動驅使皮爾・卡登於 1949 年離開了迪奧，去構築屬於自己的王國。

三、創立事業

1950 年是皮爾・卡登事業的一個重要轉捩點，他在里什龐斯街租了一間房，首次展出了他設計的戲劇服裝和面具。雖然展出地點條件差，卻仍產生了不小的影響。這小小的成功給了他更多的信心，他決心大顯身手一番了。

1953 年，還是在那間陋屋裡，皮爾・卡登第一次舉辦個人時裝展覽。他設計的成套時裝式樣，千姿百態，色彩鮮明，充滿了浪漫情調，頗合巴黎人的口味，再加上皮爾・卡登獨出心裁編排的配有音樂伴奏的時裝模特表演，使他設計的時裝更具誘惑力。

這批時裝一上市，立即被搶購一空。沒有買到這批時裝的，有的甚至親自到皮爾・卡登的公司來要貨。如此強大的轟動效應使整個巴黎時裝界為之震動，皮爾・卡登的名字頻頻出現在所有報紙的顯眼位置上。達官貴人、太太小姐們不嫌他的店面小，紛至沓來，要求訂製。1954 年，他的時裝店正式開張了，地點在聖君子舊郊大街。

皮爾・卡登是一個非常富於創造性的人，他具有獨特的商業眼光，加之他的進取精神，不久就打開了時裝業的新天地。在法國，時裝業本來是一個限制極嚴、顧客有限的特殊行業。巴黎時裝店雖多，但稱得上「高級時裝」水準的服裝企業也只有 23 家。皮爾・卡登首先意識到，高級時裝只有在群眾中開闢市場，才能找到真正的出路。

1953 年，由於他改變了時裝經營的方式，把量體裁衣、個別訂製改成小批量生產成衣，並不斷的更新款式。這樣做，事實證明是非常正確的，為他的服裝業帶來了無限的生命力，小批量投放市場的時裝，既不落

俗套，又能產生較大的社會影響，這無異於是替他自己的設計做廣告。而喜歡他作品的女子都有可能穿上他設計的長裙，這又打破了服裝的階層局限，可以說是服裝業的一次革命。

在皮爾‧卡登之前，法國時裝可以說是女人的領地，根本沒有男人的一席之地。這是法國數百年的時裝歷史一直維持著的傳統，誰也不可變更。

偏偏這位義大利血統的皮爾‧卡登卻不信這個邪。他繼「成衣大眾化」之後，又掀起了一股男性時裝的旋風，在那些被女性時裝長期壟斷的櫥窗裡，開始出現充滿陽剛之美的男性高級時裝。

當時裝界的保守人士又一次群起而攻之時，皮爾‧卡登又將他的注意力轉移到流行服裝的設計上。不久，一批色彩明快，線條簡潔，雕塑感強烈的流行服裝投向市場，並獲得極大的成功。

為了推廣自己的產品，他從大學裡直接聘請時裝模特兒，使人們更了解他的服裝，這一招確保了他的成功。然而，他並沒有到此為止，正當他的成就得到同行們一致公認的時候，他卻預言高檔時裝正緩慢的走向死亡。他毅然拋棄了服裝業的明星制，把大批成衣送到各大百貨商店去銷售。此舉又一次招來同行們的怨怒和責備，他們認為皮爾‧卡登這樣做是肯定要毀掉時裝業的。

時至今日，哪家服裝廠不在廣泛的銷售自己生產的成衣呢？然而在當時，他的做法的確是顯得有些離經叛道。皮爾‧卡登承受了同行的攻擊，他知道，那是開創和振興服裝業所必須付出的代價。

1959 年，皮爾‧卡登又做出了一個驚人的舉措，他異想天開的辦了一次借貸展銷。可是這一次他失敗了，他從時裝業的象牙塔上栽了下來。

服裝業的保護性組織時裝行會對他此舉感到萬分震驚，再次將他拋棄。

痛定思痛，皮爾‧卡登並沒有徹底灰心，他決心東山再起。這時候，人們的意識在不停的發生變化。1962 年，法國巴黎時裝女服辛迪加在所有會員的要求下，又將皮爾‧卡登重新請回來，並請他出任行會的主席。金頂針獎是法國時裝業界最高榮譽大獎，皮爾‧卡登先後三次獲得了這項榮譽。

四、卡登帝國

皮爾‧卡登靠他的藝術、他的服裝設計，以及持之以恆、堅韌不拔的毅力，為他後來龐大的事業打下了堅實的基礎。

他憑著超人的智慧，打造了如今的「卡登帝國」。

然而，皮爾‧卡登的興趣早已遠遠的超出了服裝的範圍，許多年來他已發展成為經營多種商業的網絡。1968 年起，皮爾‧卡登開始為米蘭市和威尼斯城設計玻璃製品，而後又為收錄音機、咖啡壺、鬧鐘、玩具等製作造型設計，他還從事於巧克力、衛生紙、地毯及塗料的製造業。他所涉足的領域是無人可比的，而他自己在這些領域中更是有著驚人的成績。

1976 年後，皮爾‧卡登又開始設計家具和室內裝飾品，在巴黎的聖昂諾萊街上就開設了皮爾‧卡登的專營商店，寬敞明亮的三層樓面陳列了皮爾‧卡登的各類創作設計，大至櫃、桌、沙發，小至檯燈、鋼筆、餐具，造型新穎，構思精巧，好像進入了現代派工藝品博物館。他為美國大西洋飛機公司設計的私人小型飛機造型及艙內裝飾頗為別致，機身飾以黑、白、紅三色條紋，宛如一隻彩色蜻蜓。他曾為美國「凱迪拉克」牌豪華轎車設計造型；又為瑞士 1800CC 汽車設計外殼造型。由皮爾‧卡登所設計的服飾用品、化妝品及日用工業品，更是不勝枚舉。諸如他的香水

「第十六系列」和「阿馬迪」都是 1960 年代中市場上的搶手貨。旅法遊客都以買到一頂皮爾‧卡登設計的捲邊平頂帽或蓬鬆便帽為榮。

隨著皮爾‧卡登的成功，他終於建立起了屬於自己的「卡登帝國」，而且規模越來越大，不僅有男裝、童裝、手套、圍巾、手提包、鞋、帽；而且還有手錶、眼鏡、打火機、化妝品；與此同時，皮爾‧卡登還向國外擴張，首先在歐洲、美洲和日本「登陸」，並獲得了許可證。

今天，在 120 多個國家與地區，每天有 20 萬人在 600 多家工廠裡生產著他的 800 多種不同的專利產品，其中包括「皮爾‧卡登」和「馬克沁」兩個牌子。

皮爾‧卡登公司每年賣出的設計草圖多達千餘件，大部分細部設計則交給得到商標使用權的各地商人，用他們的思維去根據當地的實際情況平均分紅。皮爾‧卡登只掌握授權公司 4% 至 10% 的股份，這就使得他的服裝設計更容易走向市場。全球以卡登品牌生產的商品，年利潤超過 12 億美元。皮爾‧卡登領導了這場商業革命，他也是這場商業革命中的最大受益者。

目前世界上有四大服裝中心，巴黎理所當然排在首位。在巴黎，許多店裡都有卡登的一方天地，但要尋根求源，一定要去奧諾里大街 82 號，那裡是名揚世界的卡登帝國的首府，皮爾‧卡登服裝藝術的發源地。就位置而言，整個法蘭西，恐怕再也找不到第二家這樣顯赫的門牌了——二十幾公尺之外的馬路斜對面，便是法國的總統府。

對自己的事業不斷進取和執著追求，這就是皮爾‧卡登。他的身上有著一股非同常人的力量，他的創新意識幾乎永不衰竭。

皮爾‧卡登至今還自己管理著他的時裝帝國，而且他現在還不打算

將他的公司出售，他自己要繼續管理下去。他說：「我不是沒有出售帝國的想法，畢竟我已經是一位 80 多歲的人了。可是，我的身體現在非常強壯。我工作起來一點都不感覺到疲倦。我想，只有當我死在工作崗位上的那一天之後，我的帝國才會被出售。也許當我的精力確實不足以管理這個帝國時，我就會忘記我所創造的這一切，將時裝帝國讓更為年富力強的人來經營。」

財富經驗

一、為百姓服務

在時裝界，皮爾·卡登是個典型的服務大眾的人物。1991 年，皮爾·卡登成為了聯合國友好大使，並且最近幾年與比爾蓋茲一道成為了聯合國愛滋病研究和防治計畫基金會的重要人物。可以說，在過去 10 年世界發生的大事當中，都會出現皮爾·卡登的身影，就連車諾比核電站洩漏事件受害者協會也得到了皮爾·卡登的幫助。皮爾·卡登所創造出的許多商品都是面向大眾的，為大眾所能接受。當今世界上各種名錶薈萃，而皮爾·卡登手錶雖然名氣很大，但是價格卻相當低廉。無論是黑色皮帶的瑞士機芯男錶，還是日本機芯的女錶，皮爾·卡登的時裝錶的價格都是 35.99 美元，為一般人所能接受。

二、永遠在創新

歐洲的時裝史學家認為，皮爾·卡登在時裝界的成長過程就是他的創新過程。皮爾·卡登最大的成功不在於他的帝國版圖有多大，而在於 60 多年來從未停止的創新精神。英國報紙的評論說：歷史證明，皮爾·卡登

是時裝界最為勇敢的旗手。皮爾‧卡登的一生當中，全球發生了社會革命和性革命，人類涉足了太空。人類的每一次進步都促使皮爾‧卡登有新的創造。1966 年，皮爾‧卡登推出了宇宙服裝系列，服裝很快在歐洲和美國流行起來。這套服裝很像太空人服，當時只有皮爾‧卡登想到了如何利用人類進入宇宙這個契機來為時裝業開拓新的疆土。當時他經常說的一句話就是：「在這一時期，我總是在月亮上生活。」在同一時期，英國的披頭四風靡了整個歐洲和北美。看準了通俗音樂的重要趨勢，皮爾‧卡登設計和生產了甲殼蟲式的時裝，在歐美各地一下熱銷起來。

三、積極改革

皮爾‧卡登在經營上也十分成功，他對傳統服裝業的經營結構進行徹底改革，使之向成衣業和多元化經營方向發展。「成衣」一詞源於 Ready Wear，意即「已經製成準備穿的衣服」。年輕一代提倡個性和自由，當然不喜歡時裝的約束，他們都願意到店裡選購不受節令和款式限制的成衣。由此成衣業開始發展起來，而皮爾‧卡登的成衣獲得了極大的成功，因為其成衣造型新穎別致，價格又很低廉。

名家點評

本世紀歐洲最成功的設計師。

—— 美國《時代》週刊

全身充滿創作靈感和藝術細胞的人。

—— 國際時裝大師喬治‧亞曼尼

（皮爾‧卡登）集創造者、藝術家及美和未來計畫的實施者於一身。

—— 法蘭西藝術學院終身書記瑪律賽爾‧蘭多夫斯基

傳世名言

1　我設計我所欣賞的服裝，它們是屬於明日世界裡的服飾。

2　為什麼我們時裝業只能為有錢人服務，我就希望能夠為那些街頭百姓服務。

3　我這一生別無其他，只有工作，永遠不停的工作。

4　我要我的企業能無國界、無人種區別的盡可能觸及到更多的人……我最大的夢想是能在月球上開一家皮爾‧卡登分行，而且親自到那裡去主持開幕典禮！

5　我喜歡孤獨，孤獨是我創作靈感的泉源。

6　你在挑選服裝時，千萬別只注意其局部與細節。須知時裝是脫離不了形象的，它首先反映人的類型。還反映時代的精神。

7　我幾十年為之奮鬥的原因，就是不讓人的個性被平淡無奇的服裝所扼殺，而是要讓千變萬化、千姿百態的服裝充分展示人人不同的個性。

財富智慧

一、研究改進爭取顧客

皮爾‧卡登要求企業在進入國內國際市場後，不可滿足現狀，應注意產品的性能和品質，重視交貨期，提高銷售服務水準，改進不足之處，爭取有更多的消費者購買本企業的產品；增加產品的吸引力和改善推銷方法，可以把其他企業的顧客拉過來，也可以使代用品和替補品市場上的消費者轉移到本企業的產品市場上。

二、以點帶面,擴大地盤

皮爾‧卡登要求企業在已有的國內市場產品和出口產品基礎上,及時組織系列產品和配套產品的上市和出口,由點及面,形成一組或多組產品群。企業借助已打開的市場,帶動相關聯產品的研製、開發、生產、上市,往往會收到事半功倍的效果。這不但需要企業選準首次上市及出口的龍頭產品,還必須重點研究相關市場的消費者愛好,才有可能使產品向其他市場滲透。

三、拾遺補缺,填補空隙

敏銳的企業往往能利用國內較大區域市場及國際市場消費層次多,需求差異大的特點,爭奪到其他企業還沒有涉及到或未予重視的消費市場。只要有利可圖,企業完全有理由向這些被遺忘和疏忽的消費角落出口產品,見縫插針,挖掘潛力。這一策略的優點是不會遇到強有力的競爭對手,有時會得到出乎意料的收穫。

四、避強擊弱,另闢蹊徑

企業在市場上隨時會遇到各種競爭對手,如果對手十分強大,雙方力量相差懸殊,企業家應知己知彼,不與強手正面衝突,早早放棄原來市場的打算,另覓市場。國際市場範圍廣大,企業可以把目標轉移到其他國家和地區,或與弱的競爭對手搶市場,或另選新的闢作目標市場,重新進行產品定位。因此企業平時應多收集資訊,研究市場,早早準備好若干後備市場,以避免強敵。也可採取避開鋒芒,「伺機反撲」的靈活戰術。在這一點上,皮爾‧卡登也做得相當成功,他並不急於在法國尋求和擴大自己的勢力範圍,而是從外向內,逐步縮小包圍圈,最終在自己的國度占得一席

之地，這已經相當不容易了。

五、旁敲側擊，蠶食突破

要求企業在保持和發展現有市場占比的同時，可有意識的在其他市場上爭取客戶，正所謂「狡兔三窟」。對充滿強大競爭對手的市場和貿易壁壘森嚴的地區，繞過各種市場障礙，側面進攻，蠶食部分市場。經過精心準備的企業，以經常不斷的試探向市場層層滲透，將使對方措手不及、防不勝防。透過這種游擊戰術，企業可擴大市場範圍，增加銷路。在這一點上，皮爾‧卡登開發多種產品，借助自己創下的金字招牌，也是一個成功的例子。

延伸品讀

皮爾‧卡登先生絕對是一個傳奇人物。他的傳奇首先在於他的奮鬥歷程：從赤手空拳幾乎是一無所有到世界頂級服裝大師；他的傳奇還在於讓高檔時裝走下高貴的伸展臺，讓服裝藝術直接服務於百姓；他的傳奇性格在許多人看來是他的商業成就，因為世界上幾乎沒有像卡登先生那樣的先例，集服裝設計大師與商業巨擘於一身，卡登的商業帝國遍布世界各地；他近年來的成就在於他的社會活動，他完成了許多職業外交家所無法完成的功績，為世界各國人民的互相了解和和解做出了重大的貢獻。

華人首富 —— 李嘉誠

商業鉅子檔案

全名：李嘉誠

國別：香港

生卒年：1928 年～

出生地：廣東潮州

人生軌跡

1928 年出生於廣東潮州，父親是小學校長。1940 年為躲避日本侵略者的壓迫，全家逃難到香港。兩年後，父親病逝。為了養活母親和三個弟妹，李嘉誠被迫輟學走上社會謀生。

開始，李嘉誠為一間玩具製造公司當推銷員。工作雖然繁忙，失學的李嘉誠仍用工餘之暇到夜校進修學習。由於勤奮好學，精明能幹，不到 20 歲，他便升任塑膠玩具廠的總經理。兩年後，李嘉誠把握時機，用平

時省吃儉用積蓄的 7,000 美元創辦了自己的塑膠廠,他將它命名為「長江塑膠廠」。

1958 年,李嘉誠開始投資房地產市場。他獨到的眼光和精明的開發策略使「長江」很快成為香港的一大地產發展和投資實業公司。當「長江實業」於 1972 年上市時,其股票被超額認購 65 倍。到 1970 年代末期,他在同輩大亨中已排眾而出。

1979 年,「長江」購入老牌英資商行 ——「和記黃埔」,李嘉誠因而成為首位收購英資商行的華人。1984 年,「長江」又購入「香港電燈公司」的控制性股權。李嘉誠先生任「長江實業集團有限公司」董事局主席兼總經理及「和記黃埔有限公司」董事局主席。他在 1986 年首次登上香港首席財閥寶座,1988 年,又被美國《財星》雜誌評選為世界華人首富。他連續 6 年榮膺世界華人首富,香港首席財閥的地位迄今穩如泰山。其所管理的企業,於 1994 年除稅後贏利達 28 億美元。1995 年 12 月,長江實業集團三家上市公司的市值,總共已超過 420 億美元。2000 年 2 月 15 日,其集團總市值達 8,060 億港元。2000 年李嘉誠獲得國際傑出企業家大獎。

成長經歷

一、苦難的童年

1928 年 7 月 30 日的晚上,在廣東省潮州市北門街麵線巷誕生了一個男孩,孩子的眼睛烏黑發亮,閃耀著靈動的光芒,大大的腦袋,前庭高高的隆起,處處都顯著他的與眾不同。他,就是今天的「香港超人」、世界華人的首富 —— 李嘉誠。

▶ ▶ ▶ ▶ 華人首富—李嘉誠

李嘉誠出生於一個書香世家，前輩幾代人都是讀書人，其父李雲經也同樣是一位博覽群書的教書匠，儒學家風深刻的影響著李嘉誠。在其父李雲經的教育下，3 歲的李嘉誠就已經能夠熟練的背誦《三字經》、《千家詩》、《百家姓》了。出生於這樣的一個書香世家，再加上潮州是一個以歷史悠久、人傑地靈而著稱的城市，李嘉誠在這種地方度過他的童年，儒家的理論道德、為人處事的觀念，自幼在他的心靈裡打上了深深的烙印，在他以後成長的道路上，有著重要的作用。

在他 5 歲時，到了入學的年齡，李嘉誠進入潮州北門觀海寺小學。李嘉誠不僅學習認真，還非常喜愛看課外讀物。很小的時候就已經悄悄的讀完了《西遊記》、《三國演義》等古典小說。據其堂兄李嘉智回憶說：嘉誠從小就像個書蟲，天生是個讀書的料。他去香港，辦實業成為巨富，我們都感到吃驚不小。因此，如果不是風雲變幻，他也許會沿著求學的路一直走下去，也極有可能子承父業，在家鄉當一名教師。

然而，1937 年 7 月 7 日，中日戰爭全面爆發，日軍逐步侵占了中國的半壁江山。1938 年 6 月，日軍占領了李嘉誠的家鄉 —— 潮州，為了逃避戰亂，尋找活路，1940 年冬天，李嘉誠一家被迫離開了潮州，踏上了前往香港的逃難之路。李嘉誠一家歷經千辛萬苦，跋山涉水 10 多日，終於來到目的地 —— 香港，暫時借住在舅舅莊靜庵的家裡。在一家人逃難的途中，只有 11 歲的李嘉誠經受了人生第一次苦難的磨練，表現出了異常的堅強和忍耐力。

在香港，其父李雲經在一家公司找到了一份小職員的工作，薪金微薄，僅能維持生計而已。然而禍不單行，李雲經因為常年勞累、貧困、憂憤染上了肺病，於 1943 年的冬天撒手人寰，對於剛失去父親的李嘉誠來說，那一年的冬天顯得特別的漫長。從此，身為長子的李嘉誠必須負擔起

照顧母親、撫養弟妹的重任，離開校門去賺錢。那一年，李嘉誠才 14 歲。

父親去世後，儘管舅舅表示可以繼續資助李嘉誠完成學業，李嘉誠仍然決定中止自己的學業。因為他深深的明白，只有輟學才能找到工作，才能賺到錢，而只有賺到了錢才能養活自己的母親和弟弟妹妹。但是倔強的李嘉誠並沒有選擇舅舅的鐘錶公司，而是執意要自己去找工作。結果，皇天不負有心人，李嘉誠在西營盤的「春茗」茶樓找到了一份工作。在茶樓裡，李嘉誠工作出色，從來都是第一個到，最後一個走，深受老闆的賞識。

在做了一年的茶樓跑堂之後，李嘉誠又回到了舅舅的中南鐘錶公司做學徒。他來到這裡後，學到的第一項工夫就是察言觀色、見機行事。在公司裡，他踏踏實實，僅用了半年的時間就學會了裝配和修理鐘錶。1945年 8 月，日本投降，李嘉誠又被調入高升街的一間鐘錶店當店員。

李嘉誠在茶樓賣的是力氣，進鐘錶公司學的是技術，調入鐘錶店當店員做的是銷售。他在不到 3 年的時間裡，就換了三個工作環境。這大大鍛鍊了李嘉誠，為他後來的發展奠定了良好的基礎。

二、艱苦的創業

1946 年初，17 歲的李嘉誠突然離開了勢頭極佳的中南公司，去了一間小小的、名不見經傳的五金廠，當了一位推銷員。李嘉誠到了這家五金廠，主要任務就是負責白鐵桶的推銷。五金廠出品的是日用五金，比如鍍鋅鐵桶這一項，最理想的客戶，是賣日用品雜貨的店鋪。大家都看好的銷售對象，競爭自然激烈。李嘉誠卻時時繞開代銷的路線，向使用者直銷。酒樓旅店是大客戶，李嘉誠攻入一家旅店，一次就銷售了 100 多只。家庭用戶都是散戶，一戶家庭，通常只是一兩個。高級住宅區的家庭，早就使

用上鋁桶。李嘉誠來到中下層居民區，專找老太太賣桶。他很清楚這點，只要賣了一個，就等於賣出了一批，因為老太太不上班閒居在家，喜歡串門子聊天，自然而然成了李嘉誠的義務推銷員。

自從李嘉誠加盟五金廠，五金廠的業務蒸蒸日上，以銷促產，產銷均步入佳境。老闆喜不自禁，在員工面前稱阿誠是第一功臣。然而，倍受老闆器重的李嘉誠，剛剛開新局面，就要跳槽棄他而去。老闆心急火燎，提出幫李嘉誠晉升加薪，他仍不回心轉意。

李嘉誠去了塑膠品製造公司。李嘉誠在推銷五金製品之時，就感受到塑膠製品的強大威脅。最初，塑膠製品是奢侈品，價格昂貴，消費者皆是富人階層。但塑膠製品的價格一直呈下降趨勢，舶來品越來越多，尤其是港產塑膠製品面市，造成價格大跌。李嘉誠清晰的意識到，要不了多久，塑膠製品會成為價廉的大眾消費品。

在公司裡，由於李嘉誠工作勤奮，經營上又有方法，而且能講一口流利的英語，深得塑膠公司老闆的賞識。一年後被提升為部門經理，統管產品銷售。這一年，李嘉誠才 17 歲。時隔不久，他又晉升為總經理，全盤負責日常事務。李嘉誠靠著勤奮和聰明，很快掌握了生產的各個環節。生產狀況良好，銷售網絡日臻完善，許多大額生意，都是他透過電話完成的，具體的事，再由手下的推銷員跑腿。李嘉誠成為這家塑膠公司的臺柱，成為同齡人中的佼佼者。

李嘉誠在塑膠公司學習了很多技術、累積了很多經驗後，又有了自己新的打算，這也是他一直藏在心裡的願望：自己創辦一家塑膠廠。於是，他毅然辭去了總經理的職務，離開了塑膠公司，邁上了充滿艱辛和希望的創業之路。

　　李嘉誠的創業資本僅 5 萬港元。他工作的薪水並不高，較大的一筆，是他幾年推銷產品的分紅。據他的同事朋友回憶，李嘉誠從未奢侈過一回，他外出吃飯從來都是相當簡便，他的衣著沒有一樣稱得上高檔。5 萬元的創業資金，有一部分是向親友借來的。李嘉誠誠實可信，故無人擔保亦可借到錢。

　　令李嘉誠感到棘手的，卻是替塑膠廠取名。他從辭工之日起，一直在思考廠名，他先後取了幾十個廠名，最後確定為「長江」。當別人問起這個廠名是如何取的時候，他回答說：「我取這個名字是為了提醒自己像長江那樣浩蕩前進，奔騰不息。同時，長江也有大江不擇細流之意。」

　　剛剛創辦自己的工廠，李嘉誠依舊保持著當推銷員的老作風：迅疾活躍，雷厲風行。他身兼數職，聯絡貨源，負責推銷。李嘉誠身為老闆，同時又是操作工人、技師、設計師、推銷員、採購員、會計師、出納員，初創階段，什麼事都是他一手操辦。李嘉誠曾做過塑膠公司總經理，兩者畢竟不同。塑膠公司產銷已步入正軌，而這裡是白手起家。李嘉誠是以小學生的態度，來做他所做的一切。當第一次看到產品從壓塑機模型中取出來的時候，他異常興奮。平時非常節儉的他破例奢侈了一次，帶工人一起到餐廳聚餐慶賀。李嘉誠真心誠意的對待自己的員工，使長江形成了很強的凝聚力。

　　李嘉誠投身塑膠行業，正是順應了香港經濟的轉軌。塑膠業在世界也是新興產業。發展前景廣闊。塑膠製品加工，投資少，見效快，適宜小業主經營。原料從歐美口進口，市場以本地為主迅速擴展到海外。

　　李嘉誠對推銷輕車熟路，第一批產品很順利就賣出去。接下第二批、第三批、第四批……他手裡捏著一把訂單，招聘工人，經過短暫的培訓就

單獨作業。他實行三班工作制，開足馬力，晝夜不停的出貨。他不再是唯一的管理人員，他招聘了會計、出納、推銷員、採購員、保管員，他沒想到投產後會這麼順利，簡直就是一帆風順。

正當李嘉誠春風得意之時，遇到意想不到的風浪。一家客戶投訴他的塑膠製品品質粗劣，要求退貨，李嘉誠不得不冷靜下來，承認品質有問題。他知道他太急躁了，一味追求數量，而忽視了品質。事態嚴峻。品質就是信譽，信譽是企業的生命線。事業的航船，初揚風帆，就遇到驚濤駭浪。倉庫裡堆滿了由於品質問題和交貨延誤而退回的產品，緊接著塑膠原料商開始上門催繳原料費，客戶也紛紛上門尋找一切藉口要求索賠。銀行得知長江的危機之後，也派職員來催款。長江被逼到遭清盤的邊緣。

李嘉誠在失敗面前沒有失去信心，他召開了員工大會，坦誠的承認了自己經營的失誤，不僅拖垮了工廠，損害了工廠的信譽，還連累了員工。他向員工們賠禮道歉，並表示經營一有轉機，辭退的員工都可以來上班，如果能找到更好的去處也不勉強。同時，李嘉誠一一拜訪銀行、原料商、客戶，向他們認錯道歉，請求原諒，並保證在放寬的期限內一定不欠款，對該賠償的罰款，一定如數交付。

經過李嘉誠的百般努力，在銀行、原料商、客戶的諒解下，終於一步步度過了難關。長江塑膠廠逐漸出現了轉機，產銷漸入佳境。

經過這次的挫折和磨難，李嘉誠又成熟了許多，他為自己立下了座右銘：穩健中求發展，發展中不忘穩健。

從事塑膠業已是第 7 個年頭，李嘉誠自覺仍屬這一行業的平庸之輩。他從來就不是個甘於平庸之人。他渴望有新突破，使長江廠從同行中脫穎而出，嶄露頭角。尋找突破的視野，不能局限於彈丸之地香港，而是國

際市場。

　　一天，李嘉誠無意之中在翻閱一本英文版的《塑膠》雜誌時，讀到了一則簡短的消息：義大利一家公司已經開發出了利用塑膠原料製成的塑膠花，並即將投入批量生產。具有敏銳的市場洞察力的李嘉誠預測到塑膠花將會有廣闊的市場。於是他立即飛赴義大利製花現場考察，獲取了製模、調色、配技等工藝，並買回了當時最暢銷的塑膠花樣品。

　　1957 年歲尾，長江塑膠改名為長江工業有限公司。公司總部由新蒲崗搬到北角，李嘉誠任董事長兼總經理。廠房分為兩處，一處仍生產塑膠玩具，另一處生產塑膠花。李嘉誠把塑膠花作為重點產品。

　　由於長江廠生產的塑膠花遠比歐洲的價廉物美，使得產品很快打開了銷路，一年下來，營業額達到了 1,000 萬港元。塑膠花為李嘉誠贏得了平生的「第一桶金」。第二年，李嘉誠建立了一幢 12 層樓和一幢 6 層樓的工廠大廈。之後的 7 年，他在塑膠花產品上賺了數千萬港元，也因此成為香港的「塑膠花大王」。

三、前進再前進

　　香港是彈丸之地，不僅狹小，而且多山。有限的土地，無限的需求，加之港府採取高地價政策，寸土寸金。身為一業之主，李嘉誠多次為廠房傷透腦筋。尋找交通便利、租金適宜的廠房太難了。數次擴大生產規模，都是在現有的廠房重新布局。廠間裡，設備、人員、製品，擠得水泄不通。

　　香港工業化進程出人意料的急速發展，地產商喜笑顏開，趁勢提租。許多地產商只肯簽短期租約，用戶續租時，業主又大幅加租。用戶苦不堪言，李嘉誠亦然。

　　李嘉誠曾多次構想：我要有自己的廠房該多好，就用不著受地產商任意擺布。

　　他的構想，經過長時間醞釀，進一步明朗：我為什麼不可做地產商呢？

　　1958 年，李嘉誠在繁盛的工業區 —— 北角，購地興建一座 12 層的工業大廈。1960 年，他又在新興工業區 —— 港島東北角的柴灣，興建工業大廈，兩座大廈的面積，共計 12 萬平方英尺。李嘉誠雖吃準了房地產的樂觀前景，仍採取謹慎入市、穩健發展的方針，他沒有走捷徑 —— 銷售預售屋，而是將之作為出租物業。

　　李嘉誠認真研究了預售屋和抵押。地產商的利益與銀行休戚相關，地產業的盛衰又直接波及銀行。唇亡齒寒，一損俱損，過多的依賴銀行未必就是好事。

　　李嘉誠最欣賞香港最大的地產商 —— 英資置地公司的保守做法，重點放在收租物業。置地經過半個多世紀的發展，一直雄踞中區「地王」寶座，擁有大量大廈物業。只要物業在，就是永久受益的聚寶盆。資金再緊，李嘉誠寧可少建或不建，也不賣預售屋加速建房進度，他盡量不向銀行抵押貸款，或會同銀行，向客戶提供抵押。

　　他興建收租物業，資金回籠緩慢。但他看好地價樓價及租金飆升的總趨勢。收租物業，雖不可像發展物業（建樓賣樓）那樣牟取暴利，卻有穩定的租金收入，物業增值，時間越往後移，越能顯現出來。

　　李嘉誠預測無誤。據港府公布的統計資料，1959 年港府拍賣市區土地平均價：工業用地每平方公尺 1,104.85 元；商廈、辦公大樓、娛樂場等非工業用地 1,668.44 元；住宅用地 164.75 元。而到 1980 年，這三類

拍賣地價分別狂升為 29,549.03 元、124,379.06 元、13,728.30 元。升幅分別為 280.8 倍、73.5 倍、82.2 倍。

地升樓貴，李嘉誠「坐享其利」。他擁有大批物業，儲備了大量土地，漸漸成為香港最大的地主。

1966 年，中國「文化大革命」運動風起雲湧，引起了香港各界人士的憂心忡忡，並且觸發了香港的「五月風暴」。「中共即將武力收復香港」的謠言四起，香港人心惶惶，觸發了自二戰後第一次大移民潮。移民以有錢人居多，他們紛紛賤價拋售物業，司徒拔道的一幢獨立花園洋房竟然賤賣 60 萬港元。新落成的樓房無人問津，整個房地產市場賣多買少，有價無市。地產、建築商們焦頭爛額，一籌莫展。李嘉誠一直密切關注著局勢的發展，但他認為跑到國外去並非明智之舉，並且認為動亂只是暫時的現象，深信香港將會進入一個政治穩定、經濟高速發展的時期，這樣必然會帶動地產業的發展，其價格必然會隨著香港的繁榮而不斷上升。他主意一定，就開始把大量的資金投入到房地產業中，即使是在 1967 年的騷亂期間，香港物業暴跌，不能動搖他的信心，反而認為這是發展房地產的大好時機，繼續購入大量土地、樓房，並且只買不賣。到了 1970 年，香港百業復興，經濟起飛，地價開始躍升。1971 年，長江實業專門成立了「長江地產有限公司」，集中人力、物力、財力發展房地產業。1980 年代，地價已上漲了 20 倍之多，李嘉誠一躍成為香港華資地產集團的首領，成為名副其實的「地產大王」。

千里之行，始於足下。李嘉誠看準了蓬勃發展的地產高潮，在現有的地盤上大興土木。樓房未等建成，就有用戶上門求租。他獲得資金後，又繼續投入興建樓房。

儘管如此，李嘉誠仍覺得發展太慢，深感資金不足。快捷而有效的途徑，是將公司上市，使之成為公眾持股的有限公司，利用股市大規模籌集社會遊散資金。李嘉誠這一構想，既是公司自身發展形勢所迫，又是香港股市發生的重大變化所誘。

1972 年 7 月 31 日，李嘉誠將長江地產改為長江實業（集團）有限公司（簡稱長實）。隨即，委託財務顧問擬定上市申請書，準備公司章程、招股章程、公司實績、各項帳目等附件。同年 10 月，向香港會、遠東會、金銀會申請股票上市。11 月 1 日獲准掛牌，法定股本為 2 億港元，實收資本為 8,400 萬港元，分為 4,200 萬股，面額每股 2 元，溢價 1 元。包銷商是寶源財務公司和獲多利財務公司，分別在香港、遠東、金銀等三間交易所向民眾發售。長江的股票一上市，很快就銷售一空。這次的股票上市，「長江」獲取利潤高達 4,370 萬港元。

1973 年，「長江」股票開始在英國倫敦掛牌；1974 年，「長江」股票在加拿大溫哥華掛牌。長江實業正式加入了金融市場的行列。

長江的上市，是李嘉誠實業的一次大飛躍。上市之後，他穩紮穩打，步步為營。1973 年，長實發行新股 110 萬股，籌得 1,590 萬港元，收購了「泰偉有限公司」。僅此一項，每年長實就贏得 120 ～ 130 萬港元的租金收入（地產復甦後，年租迅速遞增到 500 萬港元以上）。

1973 年 3 月，長實宣布首期小期派息，為每股 1 角 6 分、每 5 股送紅股 1 股。公司與股東皆大歡喜。

1974 年度，長實發行 1,700 萬股新股票，用以購買「都市地產投資有限公司」50% 股權。實際上，是以 1,700 萬股長實新股，換取其勵精大廈和環球大廈。兩座商業大廈，租金收入每年達 800 ～ 900 萬港元。

1974 年 5 月，長實與實力信譽卓著的加拿大帝國商業銀行合作，成立怡東財務有限公司，實收資本 5,000 萬港元，雙方各出 2,500 萬港元現金。各占 50% 權益。李嘉誠任這間公司的董事長兼總經理。

據統計，長江至 1987 年共發行股票 219,755 萬股，資產淨值達數十億港元，成為香港十大主要上市公司之一。

1976 年，長實獲得年經常性利潤 5,887 萬港元、擁有地盤物業 635 萬平方英尺、資產淨值增至 5.3 億港元，是歷史上最好成績。李嘉誠在業界實力漸雄，名聲漸響。

1977 年，是李嘉誠獲得驚人業績的一年。是年 4 月 4 日，長江實業力挫置地，奪得地鐵中環金鐘上蓋發展權。月底，長實透過發行新股和大通銀行的支持，斥資 1.3 億港元，收購了美國人控制下的美高公司。該公司擁有香港希爾頓酒店和印尼峇里島凱悅酒店的經營權。這兩間酒店，每年為長江實業帶來經常性現金收入 2,500 萬港元（以當年物價計）。

1978 年，李嘉誠的事業再攀高峰，與滙豐銀行聯手合作重建了位於中區黃金地段的華人行。

1980 年，李嘉誠「蛇吞象」式的收購滙豐手下的「和記黃埔」轟動了香港，並令股市狂升。1986 年，李嘉誠所統率的「和記黃埔」捷報頻傳。在李嘉誠的經營中，利用西方的高科技管理下，「和記黃埔」成為除銀行之外的香港最大的多元化投資控股及貿易公司，是香港規模最龐大、獲利最豐厚的集團之一。

四、綜合經營，縱橫馳騁

其實，早在 1970 年代，李嘉誠就已經帶領著「長江」開始了多元化

的經營。1972 年「長江」股票上市的時候,他就已經涉足了酒店、銀行等行業,並獲得了豐厚的成果。憑藉多元化的發展,在短短的幾年之內,長江實業的資本累積就增加了 3 倍。他的聯營公司也達到了 31 家,附屬公司也達 72 家,使公司的實力和利潤獲得了大幅度的成長。

1979 年 7 月,李嘉誠與美國加利福尼亞凱撒水泥廠及中國僑光置業公司合作,投資 10 億港元,建立了一家年產 140 萬噸的水泥廠,成為香港有史以來重工業投資額最高記錄。1980 年,長江實業與港燈集團合作國際城市集團有限公司合作,向電器領域發展。1985 年,李嘉誠投資 20 億港元,用以擴展葵涌貨櫃碼頭,從而把觸角伸向航運業務。1987 年,長江實業以閃電般的速度投資 3.72 億美元,買進英國電報無線電公司 5% 的股權,並在 1990 年趁高拋售,淨賺 1 億美元。1989 年,長江實業又成功收購了英國 Quadrant 集團的蜂窩式行動電話業務,使其成為拓展歐美市場的據點。1991 年,李嘉誠與英國電報無線電公司、中國國際信託投資公司進行合作,由中國長征 3 號火箭發射了一顆名為「亞洲衛星」的衛星,總費用為 1.2 億美元。1992 年,李嘉誠與郭鶴年合作,投資 60 億港元,到日本札幌開發房地產,在日本國內引起了強烈的迴響。

同時,李嘉誠不僅大量投資,而且也廣泛捐款。

李嘉誠說:「1957 年到 1958 年,我賺了很多錢,那年,我很快樂。一年後,快樂換來迷惘,我想:有了錢,人生是否就可以很快樂呢?」左思右想,他終於想通了。「當你賺到錢,等有機會時,就要用錢,賺錢才有意義。」於是,他熱心支持各地及香港的教育與醫療事業,多年來各項捐款達 30 億港元。

他於 1981 年創辦汕頭大學,捐資逾 12 億港元,該綜合性大學設有醫

學院及四所附屬醫院，現有學生五千多人，並已有一萬多名畢業生。

五、耀眼的光環

　　李嘉誠逐漸成為香港最富強也最光芒四射的人物，在香港經濟界占有舉足輕重的地位。1989 年，香港《資本》雜誌列出了香港十大超級富豪，李嘉誠名列榜首，被譽為「香港首富」。2000 年，他的個人財富高達 126 億美元，美國《富比士》雜誌全球富豪排名第 18 位。1980 年，李嘉誠被評選為香港的「風雲人物」。1986 年 3 月香港大學授予李嘉誠名譽法學博士。1987 年，李嘉誠出任汕頭大學董事會名譽主席。1989 年元旦，英國女王向李嘉誠頒發了 CBE 勳爵衛及勳章。同年 6 月，加拿大卡加利大學為李嘉誠頒發了榮譽法學博士學位。1992 年 4 月 28 日，北京大學授予李嘉誠名譽博士。1997 年 12 月 11 日，香港中文大學授予李嘉誠榮譽博士學位。2000 年 1 月，李嘉誠入選《財星》雜誌「2000 年亞洲最佳商人」。同年 6 月，在加拿大，李嘉誠榮獲 2000 年「國際傑出企業家大獎」。

財富經驗

1　在商場中賺大錢的方法只有一個 —— 就是做你自己的事業。想從商的人應該選擇他熟悉而了解的那一行。顯然的，剛開始他不可能熟悉所有該知道的，但是在他還沒有對這行有充分而具體的工作認知前，他不應該貿然開始。

2　絕不能無視一切生產的中心目標 —— 為更多的人，以更低的價錢生產更多更好的商品，或提供更多更好的服務。

3　節儉為商業成功的必備條件。商人一定要嚴格規範自己，不要浪費，不論是在私生活上還是在業務上，「先賺錢，再考慮花錢」，是企業成功者

的最佳信條。

4　永遠不要忽視或遺漏任何合法的擴張機會，但另一方面，商人也永遠要保護自己，不致受誘惑、做盲目的擴張計畫，而事先都缺乏充分的判斷及考慮。

5　商人必須不斷尋找新的辦法，來改良產品及服務，以求增加生產及銷售和降低成本。時機很重要，一般商人在生意順利的時候，往往不去考慮謀求發展的辦法，但那卻是他們能有心力餘暇考察業務的時機。許多商人都是在不景氣的時候才恐慌，結果往往弄錯了方向，反而使得成本升高。

6　商人必須親理業務。他不能指望他的員工能像他一樣，又能做又能想。如果他們能，他們就不會是員工了。

7　商人必須願意冒險 —— 如果他認為值得的話，他可以冒險投資及向外借款。但借款一定要設法迅速還清，失去信用最易導致關門大吉。

8　商人一定要不斷尋找新的或未經開發的市場，世界大部分的人和地方，都盼望能買到外國貨，精明的商人要向國外市場動腦筋。

9　對工作及產品負責的好信譽，最能帶給消費者信心。商人必須顧及品質保證，以及維護消費者的利益。值得大眾依賴的廠商，毫無困難的能使訂單源源不斷。

10　不論一個人累積了多少財富，如果他是商人，他就必須永遠將自己的財富作為改進大眾生活的一個工具。他必須記得，他對同仁、員工、股東以及社會大眾都有責任。

名家點評

李嘉誠發跡的經歷，其實是一個典型的青年奮鬥成功的勵志式故事。一個年輕小夥子，赤手空拳，憑藉著一股幹勁，勤儉好學，刻苦耐勞，創

立出自己的事業王國。

—— 香港《星島經濟縱橫》

李嘉誠綜合了中國式和歐美式經商兩方面的優點。一如歐美商人，李嘉誠全面分析了收購目標，然後握一次手就落實了交易，這也是東方式的經商方式，乾脆俐落。

—— 和黃董事、行政總裁馬世民

李嘉誠已經是香港財政經濟界的一條猛龍，他的業務經營領地，早已越過大洋，向美國發展。

—— 香港《文匯報》

李嘉誠先生是最具野心的收購者。在 1950 年代初期，他以製造塑膠花開始他的事業。現今，他準備了 20 億美元收購他認為是超值的西方公司。

—— 美國《財星》雜誌

傳世名言

1 追求理想是驅使人不斷努力的最重要因素。

2 如果沒有個人條件，運氣來了也會跑掉的。

3 在穩健中求發展，發展中不忘穩健。

4 錢的作用不在於聚斂，而在於使用。

5 成就加上謙虛，才最難能可貴。

6 我深刻感受到：資金它是企業的血液，是企業生命的泉源、信譽、誠實，也是生命，有時比自己的生命還重要！

7 知識改變命運。

8 　成功的管理者都應是伯樂。

9 　我對教育和醫療的支持，將超越生命的極限。

10 　做生意和打高爾夫球一樣要冷靜，第一桿即使打得不好，如果可以保持冷靜，有計畫，並不表示這個洞你就會輸，這和做人、做生意一樣，有高低潮，身處逆境時要考慮如何來應付。

財富智慧

一、勤奮好學

　　從自創塑膠企業到投資房地產，再到投資股市、入主英資公司，也許有人說李嘉誠的這一切靠的是運氣，靠的是機運。但機運總是偏愛有頭腦有準備的人。正由於李嘉誠的勤奮和刻苦學習，永不停步的學習，再加上與實踐相結合，才使他獲得了空前的成功，才使他成為一個人人都羨慕的香港超級富豪。

二、講究誠信

　　李嘉誠認為，誠實是做人處世之本，是戰勝一切的不二法門。在現實當中，李嘉誠也是用此來嚴格要求自己的。誠信經商成為李嘉誠的行為準則，並享譽海內外。1980 年代，李嘉誠進軍美國，北美房地產大王李察明將曼哈頓一座大廈的49%的股權以4億元的折價，拱手讓給了李嘉誠。李察明說：「我相信李嘉誠的為人。」這就是李嘉誠經商的良好形象及信譽帶來生意及利潤的一個有力的例證。

三、善於用人

　　精於用人的李嘉誠深知，不僅要在企業發展的不同階段起用不同才能

的人，而且要在企業發展的同一階段注重發揮人才特長，合理運用不同才能的人才。在李嘉誠的高層領導團隊裡，既有傑出金融頭腦和非凡天分的財務專家，也有經營房地產的「老手」，既有生氣勃勃、年輕有為的港人，也有作風嚴謹善於謀斷的外國人。李嘉誠在總結用人的經驗時，曾經形象的說：「大部分的人都會有長處和短處，就好像大象食量以斗計，螞蟻一小勺就足夠。各盡所能、各得所需，以量才為原則；又像一部機器，假如主要的發動需要五百匹馬力去發動，雖然半匹馬力與五百匹馬力相比是小得多，但也能發揮其一部分的作用。」

四、不怕失敗

俗話說，失敗是成功之母。沒有人沒有經歷過失敗，失敗本身並不可怕，可怕的是失敗之後沒有信心，不能夠自己站起來。李嘉誠在創業之初既有成功的喜悅，也有失敗的痛苦，而他卻能夠從失敗中找到一條成功之路。

延伸品讀

李嘉誠，家喻戶曉的華人首富，不僅創造了大量的金錢和財富，更重要的是，身體力行的創立了一套具有豐富內涵的人生韜略和經商哲學。他是一位堪稱世界華人財富楷模的菁英人物。他的財富曾一度名列世界華人的前茅，他的商業意識總是趕在時代的潮頭。他在全球的華人世界中幾十年來一直有著不可替代的影響，並且至今為止仍然是商業社會中值得學習與借鑑的一個榜樣。他的商業思維無論是現在還是未來都將是商業人士汲取智慧的一個泉源。

世界股王 ── 華倫‧巴菲特

商業鉅子檔案

全名：華倫‧巴菲特

國別：美國

生卒年：1930 年～

出生地：美國內布拉斯加州的奧馬哈市

人生軌跡

華倫‧巴菲特，一個富有傳奇色彩的人物，是當今世界和人類歷史上最偉大的股市投資者。1956 年，他以 100 美元起家，40 多年之後的今天，他的個人資產已超過 160 億美元，成為僅次於美國首富比爾蓋茲的第二富翁，被譽為「世界頭號股王」。

1930 年 8 月 30 日，華倫‧巴菲特出生於美國內布拉斯加州的奧馬哈市。

1941 年，11 歲的他躍身股海，購買了平生第一張股票。

1947 年，進入賓夕法尼亞大學攻讀財務和商業管理。兩年後，輾轉考入哥倫比亞大學金融系，投師於著名投資理論學大師 —— 班傑明‧葛拉漢門下。

1950 年，以 A ＋的優異成績學成畢業。

1962 年，巴菲特與合夥人合開公司 ——「巴菲特合夥事業有限公司」，資本達到了 720 萬美元，其中有 100 萬是屬於巴菲特個人的。並出資購買了瀕臨破產的波克夏紡織廠。

1964 年，巴菲特個人財富達到 400 萬美元，掌管資金高達 2,200 萬美元。

1968 年，巴菲特公司的股票獲得了它歷史上最好的成績：成長了 59%，而道瓊指數才成長了 9%。巴菲特掌管的資金上升至 1 億零 400 萬美元，其中有 2,500 萬美元屬於巴菲特個人所有。

1970 年～ 1974 年，美國股市持續低迷，巴菲特趁機購買大量便宜股票。

1973 年，開始祕密投資《波士頓環球報》和《華盛頓郵報》。

1980 年，買進可口可樂 7% 的股份，這些股份在 1985 年，可口可樂公司收回股份時，為他賺取了 5 倍的鉅額財富。

1992 年，巴菲特購買了美國高技術國防工業公司 —— 通用動力公司的股票。

1994 年底，巴菲特公司已發展成擁有 230 億美元的波克夏工業王國，它早已不再是一家紡織廠，它已變成巴菲特的龐大的投資金融集團。

從 1965 ～ 1994 年，巴菲特的股票平均每年增值 26.77%，高出道瓊指數近 17 個百分點。如果誰在 30 年前選擇了巴菲特，誰就坐上了發財的火箭。

2005 年 3 月 10 日，美國《富比士》雜誌在紐約公布了 2005 全球富豪排名，巴菲特名列第二。

成長經歷

1930 年 8 月 30 日，華倫・巴菲特出生在美國內布拉斯加州的奧馬哈。他的父親霍華德・巴菲特是當地的證券經紀人和共和黨議員。巴菲特出生時，正值美國陷入經濟大蕭條時期。父親的工作陷入困境，致使家裡的生活非常拮据。母親常常苛扣自己以便讓丈夫和孩子吃得更飽些。直到巴菲特開始念書的時候，這種狀況才漸漸好轉。經歷了這些艱辛的歲月之後，他便懷有一種執著的願望，想要變得非常富有。而且自那以後，這種念頭就從來沒有消失過。

巴菲特從小就超乎年齡的謹慎，被母親稱為「很少帶來麻煩的小孩」。小巴菲特對數字有著與生俱來的迷戀。他常私下裡跟玩伴們俯瞰著繁忙的路口，記錄下來來往往的車輛的牌照號碼，以此來消磨下午的時間。暮色降臨以後，他們就回到屋裡，展開《奧馬哈世界先驅報》，計算每個字母在上面出現的次數，在草紙上密密麻麻的寫滿變化的數字。

具有猶太裔的巴菲特從小就極具商業意識。在家庭的影響下，他從小涉足投資業務。巴菲特的祖父及父親的青年時代都是經營雜貨店的，而巴菲特 8 歲時就在祖父店中幫忙，耳濡目染的「生意經」，使商品意識早早的深入他幼小的心靈，並使他懂得了低進高出、賺取差價這一商品流通中

鐵的定律。1941 年，11 歲的他以每股 38 美元的價格購買了平生第一張股票，不久，這檔股票的價格上升到了 40 美元，巴菲特將股票拋出。首次投資雖然賺得不多，但卻為他帶來了無比的喜悅。

1943 年，霍華德升任國會議員，遷居華盛頓。儘管此時家境已經比較優裕，但是巴菲特依然堅持工作，為《華盛頓郵報》和《時代前鋒報》送報。後來，小小的巴菲特就開始嘗試進行投資。他用自己賺來的 50 美元購買了兩臺半新的彈珠臺，借一家理髮廳的空地方擺放做生意，後來又陸續購進了 5 臺、7 臺彈珠臺，每月可以為他賺得 200 美元的收入。嘗到了投資甜頭的巴菲特後來又與中學一位朋友一起，花 350 美元購買了一輛舊的勞斯萊斯車，然後以每日 35 美元的租金出租。這使他在 16 歲中學畢業時，已經賺得了 6,000 美元。

1947 年，中學畢業的巴菲特考入了賓夕法尼亞大學華頓商學院攻讀財務和商業管理，但是他覺得教授們所講的空洞的理論，在實際中並沒有多大用處，於是兩年後，他選擇了退學。退學後的巴菲特又輾轉考入了哥倫比亞大學金融系，投師於著名投資理論學大師、證券分析學之父——班傑明·葛拉漢門下。葛拉漢主張透過分析企業的盈利情況、資產情況和未來前景等因素來評價股票。他告誡巴菲特對華爾街要當心，不要聽信傳聞，要炒「菸屁股」（低價有價證券），不搞短期行為。這種投資原則奠定了巴菲特日後的投資風格。在葛拉漢的教導下，巴菲特很快就成長為投資界的後起之秀。

1951 年，在哥倫比亞大學畢業後，巴菲特回到奧馬哈，到父親的巴菲特—福爾克公司做股票經紀人。在巴菲特—福爾克公司，他獲得的最大進展不是在投資業上，而是在戴爾·卡內基的公開課上。在課上，他學到了在大庭廣眾之中談吐自如的本領。以後，透過在奧馬哈大學教「投資學

原理」，他使自己的這種本領日臻完善，這種本領對他日後的投資至關重要。1954 年，巴菲特前往紐約到恩師葛拉漢的投資公司 —— 葛拉漢—紐曼公司任職。由於葛拉漢的保守態度，使他拒絕對公司進行任何主觀的分析，而是樂於堅持自己的教學準則。這常使投資公司出現持幣待投的現象，從而喪失了許多機會。巴菲特意識到這一點並開始研究品質因素對公司內在價值的影響。為此他會親自到公司拜訪，探尋一家企業比另一家更成功的祕密。儘管葛拉漢並不贊成巴菲特的做法，但巴菲特還是把這些研究結果默默的用在自己的投資上，他獲得了比葛拉漢—紐曼公司更高的投資收益率。從 1950 年離開大學校園以來，巴菲特的個人資本已由 9,800 美元激增到了 14 萬美元。

1962 年，巴菲特與人合夥開了一家公司 —— 巴菲特合夥事業有限公司，正式開始他的股票投資事業。步入股市的巴菲特並不被市場情緒所左右，他能分清楚購買股票的投資行為與預測市場走勢而下注式的投機行為之間的差異。他不去追逐那些已經上漲的熱門股，而是從尋找股票的長期投資價值入手，著眼於企業的長期發展，而不在乎每日的市場行情。他理智的認知到，短期之內股票價格的波動是受市場情緒的影響，但這種波動總是圍繞著企業的市場價值上下的。對股票市場的非理性表現有了足夠的認知之後，巴菲特就能坦然對待市場中所發生的一切。

在購買股票時，巴菲特不僅不為市場情緒所左右，也不受他人所左右，即使是他的父親 —— 這個老資格的股票投資經紀人也不例外。巴菲特不相信市場預測，他認為人們無法預知短期內股價的變動，也不相信有誰能可以做到這一點，他說：「股市預測專家存在的唯一價值，就是讓算命師有面子而已。」

巴菲特的有限合夥投資事業以其獨特的眼光，選擇只有長期投資價值

的企業進行投資。1962 年，波克夏·海瑟威紡織公司陷入困境，股東紛紛出售公司股票。巴菲特與夥伴們看中了這家瀕臨破產的公司，並開始著手購買其股票。1965 年，購買了大部分的股票，控制了這家公司。但是，對波克夏·海瑟威公司的投資並沒有獲得預期的成功。這次失敗的投資，為巴菲特後來的事業累積了寶貴的經驗。

　　1963 年，巴菲特開始研究一種與以往他買的任何股票都不相同的股票 —— 美國運通公司股票。美國運通公司，根本沒有工廠，也沒有硬體資產。實際上，它最有價值的資產就是它的名字。葛拉漢的信條，購買一種股票必須以「來自於統計資料的簡單而明確的數字論證」為基礎，換句話說，就是要以營運資金、廠房和設備以及其他有形資產等一堆可以被確定的資料為基礎。但是巴菲特看到了一種逃避開葛拉漢視線的資產：這就是美國運通這個名字的特許權價值。特許權意味著獨占市場的權利。美國運通在全國範圍內擁有旅行者支票市場 80% 的占比，還在簽帳卡上擁有主要的股份。巴菲特認為，沒有任何東西動搖得了它的地位，它的顧客群所具有的忠實性是無法從葛拉漢那種「簡單的統計資料」中推斷出來的，它不像有形資產那樣會出現在公司的資產負債表上，然而在巴菲特看來，這種特許權具有極大價值。

　　恰在這時，美國運通公司的倉庫遭受了鉅額詐騙，其損失估計達 1.5 億美元，公司總裁霍華德·克拉克深深懂得對於一個大名登記在旅行支票上的公司而言，大眾的信任高於一切。於是在這項損失的承擔者還未確定之前他宣布承擔起損失。他先拿出 6,000 萬美元給倉庫的債權人以求息訴。而事實上這個債權人正是這起事件中的騙子。為此，1964 年年初，美國運通的股票從每股的 60 美元跌至每股 35 美元。然而恰恰就在這時，巴菲特將自己 1／4 的資產投入到這種股票上。儘管它可能背負著一種潛

在的很大數額的債務，如果判斷錯了，他辛苦累積的財富和聲譽將化為灰燼。後來的事實證明巴菲特的判斷是正確的：美國運通倉庫債權人公司的經營者 —— 一個騙子遭到了聯邦法庭的審判。1965 年美國運通的股價升值了兩倍。

在購買了美國運通的股票後，巴菲特投資組合的一半都集中在美國運通和波克夏上了，在巴菲特看來，波克夏的誘人之處在於其「數量」特徵 —— 以價格為基礎，而對美國運通的選擇則是建立在對品質因素的主觀評價上，這些因素包括他的產品和管理力度等等。與華爾街的基金管理者們紛紛把幾百種不同的股票塞進自己的證券組合之中的做法不同，巴菲特的投資組合僅有 5 種股票 —— 美國運通、波克夏和另外的三種。他相信，只有當投資者對所投資的公司一無所知的時候，才需要分散投資，如果你是一個知情的投資者，能夠從經濟意義上去理解公司，並且公司有長期的競爭優勢，那麼傳統的分散投資對你來說沒有任何意義。如果你擁有一個最出色的有著最低財務風險和最佳長期發展前景的公司，把錢都集中到它身上，就意味著最佳的收益。在現實世界中，找有限的幾種「優秀」股票他都要費盡力氣。巴菲特嘲笑那些多元化投資的基金管理者們對他們所選擇的證券了解膚淺，因而頂多能獲得市場平均的收益率，而不會有任何更好的建樹。

從 1956 年到 1966 年的 10 年間，巴菲特有限合夥事業的收益率連續10 年超出道瓊指數，平均每年超出 29.44 個百分點，而且沒有哪一年投資收益率是負值。對於一個最初始的投資者來說，比如像愛德溫‧戴維斯一家人，每 10 萬美元都變成了 80.4 萬美元，而巴菲特本人更是從中受益匪淺，36 歲的巴菲特已經變得相當富有了。他的合夥事業公司被《奧馬哈世界先驅報》稱為全美最成功的投資企業之一。

1967 年，巴菲特以總價 860 萬美元購買了奧馬哈的兩家績優保險公司的股權，即國家償金公司和全國火水保險公司。保險公司由於有保戶支付保費，提供了經常性的流動現金，而且由於理賠時間的不確定性，保險公司在投資時傾向於變現能力較高的股票和債務，這就為巴菲特日後的投資獲得了資金來源。巴菲特購進這兩家公司時，擁有價值 2,470 萬美元的債券和 720 萬美元的股票投資組合。僅僅兩年後，他就使這兩家保險公司債券和股票總值達 4,200 萬美元。此舉的成功，彌補了他在波克夏·海瑟威公司投資遭受的挫折。

繼購買國家償金公司和全國火水保險公司之後，巴菲特於 1970 年代又買下了 3 家保險公司、併購了 5 家保險公司，這 10 家保險公司使波克夏·海瑟威公司實際上已由紡織業進軍保險業了，幾乎成了一個頗具規模的保險托拉斯，這也是巴菲特在投資的道路上嘗試的第一次成功的轉型。

1960 年代末到 1970 年代初，巴菲特的波克夏·海瑟威公司已擁有 10 家保險公司組成的龐大的保險業集團。對波克夏·海瑟威公司紡織業投資的失敗和對保險業經營的成功，使巴菲特在 1985 年結束了對波克夏·海瑟威公司紡織業的投資，而轉到了保險業上。許多人對此不以為意，但是事實證明，巴菲特這一步走對了。憑著他對保險業所具備的淵博的專業知識和深刻的研究，以及自己知識和智力的優勢，他旗下的保險公司，創造了不可小覷的業績。

那時，市場上的保險公司很多，為了相互競爭，紛紛降低成本來擴大市場占有率，有時甚至是賠本經營，但巴菲特卻認為波克夏的保險事業不應發展到變成無利可圖的交易。為了在這種惡性競爭中凸顯出波克夏保險公司，巴菲特加強了公司的財務力量，而且樂於承擔小面額的保單。一段時間之後，那些參與惡性競爭的保險公司，紛紛破產倒閉，而波克夏公司

卻成功的走出了困境，並且，在這個過程中，波克夏公司還趁機收購了多家公司，發展成為一家擁有報紙、糖果、家具、珠寶、百科全書出版社、真空吸塵器以及製造與銷售的控股公司。

　　巴菲特認為：一份強勢報紙的經濟實力是無與倫比的，也是世界上最強勢的經濟力量之一，擁有一家知名報刊，就好似擁有一座收費橋梁，任何過客都必須留下買路錢。根據這種觀點，他決心向報業擴張。從 1973 年開始，他就著手購買《華盛頓郵報》的股份。之所以看中它，是因為華盛頓郵報公司是一家綜合性媒體，包括報紙、電視廣播、有線電視系統和雜誌。當巴菲特開始購買華盛頓郵報公司股票時，它的董事長 —— 企業的控制者和最大股東 —— 凱瑟琳‧葛蘭姆未免心存顧忌。一個非家族成員擁有華盛頓郵報公司這麼多股票，即使沒有控制權，對她來說也是不安全的。為了讓凱瑟琳‧葛蘭姆確信他的購買純粹是投資行為，巴菲特全權委託她的兒子代理自己行使股票權。這使凱瑟琳消除了疑慮，而於 1974 年邀請巴菲特加入董事會，並且很快任命他為董事會財務委員會主席。在以後的日子裡，巴菲特在華盛頓郵報公司發揮了重要的作用，並且教會了凱瑟琳如何運作一家成功的企業。

　　從 1973 年到 1993 年，巴菲特對華盛頓郵報公司的投資數額由 1,000 萬美元上升到 4.4 億美元。而華盛頓郵報公司給波克夏‧海瑟威公司的報酬則更高。統計資料顯示，從 1973 年到 1992 年的 20 年不到的時間中，華盛頓郵報公司為它的業主賺了 17.55 億美元，從這些盈餘中撥給股東 2.99 億美元，然後保留 14.56 億美元，轉投資於公司本身。其市值也從當年的 8,000 萬美元，上漲到 27.1 億美元，市值上升了 26.3 億美元。期間為股東保留的每 1 美元盈餘，經轉投資後，其市值增值為 168 美元。

　　1980 年，巴菲特 50 歲生日的時候，波克夏的股票賣到每股 375 美

元，之後隨著美國經濟逐漸走出低谷，股價也開始穩中有升。年底，波克夏自己的股價升到每股 1,310 美元，巴菲特的身價也因此漲到 6.2 億美元。就在這時，有些股東建議巴菲特分股，巴菲特知道，分股肯定能吸引許多新的投資人，並能促進經營，至少在短期內可以提高波克夏股票的價格，但這只是企業財富在股東之間的再分配，由於要支付增長了的經紀人的報酬，波克夏的股東只能虧錢。而與股東利益相牴觸的事情，巴菲特是絕對不會去做的。

1983 年，波克夏收購了坐落在奧馬哈市的全國最大的家庭用品商店 —— 內布拉斯加家具店 90% 的股份，餘下的 10% 留給那些繼續管理家具店的原家族成員。這個家族的女性家長布魯根女士 1937 年以 500 美元的資本創建了這個家具店，從創辦家具店的第一天起，布魯根女士的行銷策略就是「價格便宜，實話實說」。她成批購進，盡量減少開銷，有錢就存起來。巴菲特收購她的家具店時，這家營業面積 19,000 平方公尺的商店每年的銷售額為 1 億美元。已經高齡的布魯根女士，仍然每週工作 7 天，她是替巴菲特管理家具店的最理想人選，巴菲特對她懷著深深的敬意，他更羨慕布魯根女士的健康身體，他一想到生病（或死亡）會迫使他放棄工作就受不了，他還經常開玩笑說將來要顯靈來管理公司。

從家具店獲得的現金收入可以減輕一點波克夏紡織廠帶給巴菲特的壓力。事實上在過去的 5 年裡，已有 250 家紡織廠關門了，波克夏的紡織廠也損失了 500 多萬美元。1985 年巴菲特關閉了波克夏的紡織廠。

還是在 1960 年代末的一次午宴上，巴菲特認識了大都會傳媒公司的董事長穆菲，並經常聯絡，成了親密的朋友。1985 年，他們一起創造了電視網行業歷史上最大宗的交易，也是傳媒業最大的合併 —— 大都會公司與美國廣播公司的合併。巴菲特在這次合併中買下了大都會傳媒公司發

行的 300 萬股普通股，為大都會兼併美國廣播公司注入了 5 億美元的資金，並因此而進入了合併後的大都會美國廣播公司的董事會。之後，大都會美國廣播公司被巴菲特列入「不賣」的公司之列。

截至 1986 年，波克夏的股票已突破每股 3,000 美元。在 20 多年的時間裡，巴菲特已把一個小紡織廠的碎渣變成了黃金，股票翻了 167 倍，而同時期的道瓊指數只翻了一倍。有人稱巴菲特為「巫師」、「奧馬哈神」。

1970 年代，可口可樂公司搖搖欲墜。1980 年代，換了新的管理者之後，漸有起色。1987 年 10 月份股票市場發生了災難性的大跌時，可口可樂股票的市價仍以 19.3% 的速度遞增。公司每 1 美元留存收益產生了 4.66 美元的報酬。而且，它的利潤的 3 ／ 4 來自非本土，而未知的潛力仍是無窮的。巴菲特認準了可口可樂公司，1988 年，他拿出了波克夏市場價值的 1 ／ 4 左右，以 10.23 億美元的總價買下了它。這個大膽的舉措使可口可樂的股票在波克夏的投資組合中占了 35%。其實華爾街的每一位分析家都注意到了可口可樂的「奇蹟」，因為畏懼別的一些因素 —— 並非公司價值的因素使他們裹足不前。而巴菲特卻以市場前期最高價 75% 的價格買下它。其後的 3 年裡，它的每股收入漲了 64%，股價上漲 3 倍。1989 年 2 月，他的這次投資公開之後，波克夏的股票也像注入了二氧化碳一樣咕嚕咕嚕冒泡，賣到了 4,800 美元一股，僅 6 個月之後它又上漲了 66%，到了 8,000 美元一股。

1992 年中，巴菲特以 74 美元一股購下 435 萬股美國高技術國防工業公司 —— 通用動力公司的股票。美國通用動力公司在全美乃至全世界都是名聲赫赫的企業，它是美國主要的軍事工業基地之一，是美國核潛艇的領導設計者、建造者以及裝甲車輛的製造者，其產品包括美國陸軍的 MIA1 和 MIA2 戰車。1990 年，它是僅次於麥道公司的美國國防承包者。

但是，冷戰結束後，美國開始調整軍事企業，導致公司股價暴跌。巴菲特認為，很少有這樣的一家公司，以低於帳面的市價交易，並產生出現金流量，且積極展開股權強制過戶的項目。此外，最重要的是，這家企業的經營者能不遺餘力想方設法的為股東謀利益。因此，他不顧別人的反對，購買了這家公司的股票。果然，不出他所料，到年底，通用動力公司的股價上升到 113 元。巴菲特在半年前擁有的 32,200 萬美元的股票已值 49,100 萬美元了。

1994 年底，波克夏公司已發展成擁有 230 億美元的工業王國，它早已不再是一家紡紗廠，它已變成巴菲特的龐大的投資金融集團。從 1965 ～ 1994 年，巴菲特的股票平均每年增值 26.77%，高出道瓊指數近 17 個百分點。如果誰在 1965 年投資巴菲特的公司 10,000 美元的話，到 1994 年，他就可得到 1,130 萬美元的報酬，也就是說，誰若在 30 年前選擇了巴菲特，誰就坐上了發財的火箭。

進入 1990 年代，高科技的迅猛發展成為全世界注視的焦點，高科技公司股票的價格一路飆升。但是，巴菲特對於高科技的了解遠沒有達到自己的要求，於是，他沒有購買任何一股科技股。他的這種做法讓許多股東們極其憤怒，甚至有股東揚言要拿雞蛋砸他的頭。但是，1998 年，英特爾公司股價下降 10 多美元，導致股市發生劇烈震盪，道瓊指數下降 100 點，許多技術股受到牽連。高科技經濟如同「泡沫」一樣迅速破滅的事實，讓所有的股東對巴菲特感恩戴德。

可以這樣說，華倫‧巴菲特是天才的投資家。他奉行最樸素的投資理念，從不染指自己不熟悉的東西。他遵循自己理解的熟悉的並堅信不疑的投資理論與方法，並堅持下去。在他投資生涯中，使自己置身於股票市場的情緒衝動之外，這也是他一步步走向輝煌的原因。由此可見，巴菲特其

人不僅是投資界公認的投資藝術家，在管理界也是名列前茅的管理藝術家，在美國經濟史上，榮獲這兩項殊榮的只有他一人。

2005 年，美國《富比士》雜誌在紐約公布了全球富豪排名，巴菲特名列第二，僅次於他的好朋友比爾蓋茲。

財富經驗

1　以真正價值為選擇對象的標準，而不是以是不是熱門股作為投資選擇的標準。正如導師教導的那樣，他從尋找股票的長期投資價值入手，著眼於企業的長期發展，而不在乎每日的市場行情。

2　不擔心經濟形勢。巴菲特認為經濟形勢與短期股價一樣，都是難以預測的。同時無論預測正確與否，倘若投資者的股票會在某一特定的經濟環境裡獲益，那麼在經濟的波動中，他就不可避免的要面臨變動和投機。巴菲特只選擇那些在任何經濟形勢中都可獲利的企業。

3　把自己的選擇限制在他自己的理解力能夠達到的範圍。巴菲特忠告投資者：「一定要在你自己的理解力允許的範圍內投資。能力有多強並不重要，關鍵在於正確了解和評價自己的能力。」

4　股東利益至上。從股東的角度思考問題，了解股東們想知道什麼，然後就告訴他們什麼。

5　表現出色的部門和人員應該得到相應獎勵，無須理會波克夏的股價是上漲還是下跌。公司經理人員的獎勵應根據他們在自己的責任領域內是否成功的達到了目標。在波克夏，有些經理因提高了銷售額而受到嘉獎，有些則是因為降低了成本，或縮減了不必要的資本性支出而受到嘉獎。

名家點評

世界上沒有一個人能比華倫‧巴菲特更精明。

—— 總裁航空執行長瑞奇‧薩恩徒利

華倫的天賦在於他能夠洞察先機。

—— 華倫‧巴菲特的好友比爾蓋茲

巴菲特的天才之處是他的性格：謹慎、嚴謹、理性。而這些普通的性格，對於那些投入股票市場的人是必不可少的，然而在金融狂潮時期卻很少見。就此而言，巴菲特的性格和職業把他推舉到投資業和美國企業的公共導師的地位。

—— 《巴菲特傳：一個美國資本家的成長》作者羅傑‧洛溫斯坦

他的頭腦裡充滿了智慧，他還是一個富有同情心的人，最重要的是他是一個非常幽默的人。

—— 華盛頓郵報公司董事長凱瑟琳‧葛蘭姆

華倫是我所見過的最聰明的人，他的談話很清晰，但是在某種程度上，他又是一個非常具有欺騙性的人。很多人都以自己曾經受到巴菲特的影響而感到自豪，但是每個人都知道，在他的內心深處，永遠有我們所無法看到的東西。

—— 華盛頓郵報公司的主席唐納德‧葛蘭姆

傳世名言

股市預測專家存在的唯一價值，就是讓算命師有面子而已。

你投資的企業，即使在傻瓜的管理下，也應該能正常運轉。因為總有一天，這個傻瓜也會明白的。

誤導他人的主管，最後也將誤導自己。

如果你沒有持有一種股票 10 年的準備，那麼連 10 分鐘都不要持有這種股票。

當我們投資購買股票的時候，應該把自己當作是企業分析家，而不是市場分析家、證券分析家或總體經濟分析家。

財富智慧

1 大部分人都是對大家都感興趣的股票有興趣，沒有人對股票有興趣時，才是你該感興趣的時候。

2 世界上購買股票的最愚蠢的動機是：股價在上升。

3 不理會股票市場的漲跌。「在我們買了股票後，即使市場休市一兩年，我們也不會有任何困擾。」在巴菲特看來，股市只是一個便於股東買賣股票的場所，它的存在使人更易於投資他所需要的企業，投資者看好並購入股票後，應該關注於企業營運，至於不合理的短期價格變化，是不需要不應該也無法關心的。

4 投資者成功與否，是與他是否真正了解這項投資的程度成正比的。

5 「找出傑出的公司」。這個原則的基礎是這樣一個常識：即一個經營有方，管理者可以信賴的公司，它的內在價值一定會顯現在股價上。所以投資者的任務是做好自己的「家庭作業」，在無數的可能中，找出那些真正優秀的公司和優秀的管理者。

延伸品讀

巴菲特令人尊敬的地方有很多，他的謙遜、誠懇和幽默都令其成為最討人喜歡的富豪。

華倫·巴菲特是當今世界和人類歷史上最偉大的股市投資者。他獨特、深刻但又易於理解和操作的投資哲學、選股準則、估價技術以及投資策略，已成為全球股票投資者的「聖經」。

華倫·巴菲特透過他一生的投資，證明了他是世界上最偉大的投資人，他的淨資產達到 350 億美元，主要來自美國股市上的投資收益。巴菲特不光是個人成功，也是全球很多重要公司執行長的投資指導。

巴菲特是美國生活中的一個獨特形象，他不僅是位偉大的資本家，而且是位偉大的解釋美國資本主義的人：他教導了一代人該如何考慮業務；他證明了股票投資不只是碰運氣的遊戲，它也是一種合理的具體的事業；他在經濟生活和社會生活中都追求著最高的權益資本收益率。巴菲特投資方法的驅動力來自資本的合理配置，為了達到這一點，他在決策中把他的推理能力發揮到極致，並在投資實踐中使之不斷提高。透過推理，巴菲特得出了公司的內在價值，進而透過比較市場價格和內在價值的差異，做出正確的投資決策。「巴菲特方法」沒有超越大部分投資者理解的範圍，你不必在公司估價方面擁有 MBA（工商管理碩士）的水準，就能成功的運用它。在過去的 40 年中，巴菲特經歷過兩位數的銀行利率、高通貨膨脹和股市崩潰。這些風雨把他磨練成了一個最偉大的投資家，也磨練出他與眾不同的個性：積極進取、不慕虛名、勤奮敬業、謹慎而且理性。

報業大王 —— 梅鐸

商業鉅子檔案

全名：基恩‧魯柏‧梅鐸

國別：澳洲

生卒年：1931 年～

出生地：澳洲

人生軌跡

　　基恩‧魯柏‧梅鐸，新聞集團董事長。1931 年生於澳洲的一個媒體世家，畢業於英國牛津大學伍斯特學院，父親凱斯‧梅鐸是澳洲著名的戰地記者和出版商。1954 年，老梅鐸去世，梅鐸繼承了父親衣缽，從阿德萊德的兩份主要報紙 ——《新聞報》和《星期日郵報》開始了自己的事業。

　　1956 年，收購了《柏斯星期日時報》。

1960 年，買下了《雪梨每日鏡報》和《雪梨日報》。

1964 年，創辦了全國性的大報《澳洲人報》。

1969 年控制英國《世界新聞報》，並以性、醜聞的特色報導一舉出名。

1970 年代，收購處境不佳的《太陽報》，隨後把《太陽報》變成了英國發行量最大的一家報紙。

1973 年，跨過大西洋，把美國的《聖安東尼新聞》和《星報》弄到手。

1976 年 2 月，先後收購了《紐約郵報》和擁有《紐約》、《鄉村之聲報》、《新西部》等報刊的紐約雜誌公司。

1981 年，他看準時機購買了象徵著大不列顛的體面和尊嚴的、有著 200 年歷史的《泰晤士報》，此舉讓他真正成為名揚四海的人。

1985 年，為了拓展在美國的事業，梅鐸取得了美國國籍，創建了自己的電視傳媒王國。當年，梅鐸買下了 20 世紀福斯電影公司。可他看中的不是電影公司，而是該公司下屬的福斯電視臺。福斯電視網所擁有的會員數從最初的 12 家電視臺發展到 188 家，與美國電視傳媒傳統三強 ABC、NBC 和 CBS 齊名。

不久，他又購買了即將破產的英國收費電視臺 —— 天空電視臺，然後以他的魔力讓它起死回生，如今，英國天空電視臺成了歐洲的電視節目發射中心之一。

1984年任路透社持股有限公司經理。後任澳洲梅鐸新聞公司總經理。

1993 年，為打入中國市場，梅鐸購買了香港衛星電視網，透過其技術上的優勢，在亞洲電視淘金中盡占先機，為梅鐸的電視節目和影視產品贏得了全世界近一半的觀眾。

成長經歷

1931 年 3 月 11 日，梅鐸出生在澳洲墨爾本以南 30 公里處阿德萊德的一個農場裡，是家中唯一的男孩。父親基恩·梅鐸原是一戰時期的一位戰地記者，後來因報導澳洲士兵受到的惡劣待遇和低劣士氣而一舉成名，並創辦了澳洲最大的新聞壟斷組織墨爾本《先驅報》集團，並任董事經理。墨爾本《先驅報》集團除《先驅報》外，還有布里斯本的《信使郵報》、阿德萊德的《新聞報》和《星期日郵報》。

1949 年，18 歲的梅鐸來到英國，就讀於牛津大學的伍斯特學院。在大學裡，梅鐸比較熱衷於當時風起雲湧的政治運動。他閱讀了許多成功人物的傳記。這些傳記，使他得到了豐富的知識，成為推動他在事業上邁步前進的強大的精神力量。

1952 年，老梅鐸心臟病突發而逝世。作為家中唯一的男孩，梅鐸被迫中斷學業，回國繼承父業。老梅鐸雖然是一個天才的記者，卻不是一個優秀的企業家。1953 年，魯柏·梅鐸從他父親手裡接過澳洲新聞有限公司時，公司已經破敗成一副爛攤子了。其主要資產只有在南澳洲州府阿德萊德市出版的《新聞報》和《星期日郵報》，墨爾本的《先驅報》和布里斯本的《信使郵報》則因負債累累而賣掉了。

梅鐸只有從頭做起。想要有收穫，就必須付出辛勤的汗水。為了使奄奄一息的《新聞報》和《星期日郵報》能有起色，年輕的梅鐸廢寢忘食的工作。撰寫文章、擬定標題、設計版面、檢字排版，甚至印刷，他無所不做，經常滿手油汙。他堅持自己的辦報思想，即報紙是大眾文化的一種載體，因此必須按照大眾的閱讀口味為他們提供通俗的文化消費產品。儘管董事會中其他成員和相關編輯都對此表示反對，但是梅鐸絕不在這原則問

題上妥協。結果，梅鐸成功了。短短兩三年內，《星期日郵報》就轉虧為盈，而且兼併了它的最大的競爭對手《廣告報》；同時，《新聞報》也獲得了極大的成功。隨後的幾年中，新聞有限公司在他的領導下迅速發展，相繼收購了《柏斯星期日時報》、《雪梨每日鏡報》和《雪梨日報》等分布在澳洲各州府的多家報紙，並於 1964 年出版了澳洲第一份全國性日報 ——《澳洲人報》，使這個歷史不長、地域遼闊的國家真正從意識上統一起來。

《星期日郵報》和《新聞報》的起死回生，既初步顯示出了梅鐸的辦報天賦，也激起了他進一步拓展業務的雄心。這個有著強烈的進取心、旺盛的精力、頑強的拚搏精神和遠大抱負的年輕出版商，開始有了一個更遠大的目標 —— 建立一個報業跨國集團，控制歐美那些著名的報紙和雜誌。

梅鐸將向海外市場發展的第一個目標對準了英國。此時的英國，已很難再尋到昔日帝國的輝煌，許多產業都顯露出衰敗的跡象。但在所有重要的產業中，還沒有任何一個像報紙出版業那樣黯淡，沒有一絲生氣。許多報紙持續虧損，負債累累。即使沒有虧損的報紙，也是利潤微薄，更有說不盡的苦惱。

梅鐸進軍英國傳媒業的第一步是想買下倫敦《每日鏡報》，這是他很長時間以來的夢想。但是，《每日鏡報》的主人 —— 國際印刷公司不想賣，梅鐸甚至提出他可以將印刷公司本身一併買下。此時，倫敦摩根‧格林菲爾投資銀行和澳洲聯合公司組成的合資企業經理 —— 史蒂芬‧卡托勸他放棄《每日鏡報》，改買《世界新聞報》。《世界新聞報》當時被人們稱為「恐嚇新聞」，是英國最淫蕩、好色、猥褻的週報，專門搜羅各種醜聞。但是該報也有非常出色的體育版，追蹤報導各種體育賽事，忠誠的支持保守黨，是英國最成功的報紙之一。另外，這份報紙還有 30 份副刊，經營著一個高爾夫俱樂部、一個出版機構和造紙廠。此時其經營者威廉‧

卡爾爵士家族內部發生了關於股權的爭鬥,另一個急於進入英國傳媒市場的出版商麥斯威爾提出要收購卡爾家族的股權,但他提出的條件非常苛刻而且態度相當傲慢無禮,引起了卡爾家族的反感。這時,成熟穩重的梅鐸適時的出現在卡爾爵士面前,輕而易舉的獲得了卡爾的信任。1969年1月2日,《世界新聞報》集團召開股東特別會議,同意將報紙賣給梅鐸。這對梅鐸而言,是一個偉大的勝利,從此,在世界最重要的出版中心,他有了一個屬於自己的橋頭堡。

收購結束後,梅鐸開始對《世界新聞報》進行大刀闊斧的改革。他著手改變整個報紙的結構和人員;在人事上大作調整,開始淘汰職員,那些與卡爾家族有關係的人都被清理掉了;他來到重病的卡爾家中,希望他讓出董事長的職位。1969年6月,卡爾辭職了,在之後的一次董事會上,梅鐸被選為總裁。他命令《世界新聞報》總編解雇一些報紙的專欄作家,同時要求他不准隨便向國外派記者,並將報紙大規模的重新設計,使其內容更加淫蕩、色情。不久,《世界新聞報》連續報導了一名妓女撰寫的她與麥克米倫政府一名部長鬼混經過的文章,迫使麥克米倫政府下臺,使《世界新聞報》性與醜聞的辦報特色舉世聞名。半年後,《世界新聞報》在梅鐸的改進下,銷售量在原有基礎上又增加了50萬份。

1971年,英國國際出版公司董事會決定要賣掉他們主辦的因經營不善而長期處於虧損狀態的《太陽報》。由於梅鐸收購經營《世界新聞報》獲得了極大的成功,所以董事會一致同意將《太陽報》賣給他。買下《太陽報》後,梅鐸立刻開始進行改革。原本《太陽報》定位是「高檔讀者」。但是梅鐸認為,讀者想從報紙中獲得更多的樂趣,而不是古板的說教。他從澳洲老家空運過來一批吃苦耐勞的、經驗豐富的小報編輯、記者,並任命一個思想激進的煤礦工人的兒子為《太陽報》主編。然而,《太陽報》並沒

有流於一般黃色小報。這是一塊奇怪的領地：精品和劣品、色情新聞和嚴肅社會問題一起並存。《太陽報》的新聞涵蓋面廣泛，社論內容嚴肅、簡明有力，標題富有創意，被認為是一份富有智慧和思想的報紙。到 1990 年代初，《太陽報》已經是全世界銷售量最大的英文報紙。

1981 年，梅鐸又做了一件震驚英倫三島的事 —— 收購了英國最著名的、象徵著大不列顛的體面和尊嚴的、有著 200 多年歷史的報紙《泰晤士報》及其姊妹報《星期日泰晤士報》和它屬下的三份週刊，從而控制了英國 30% 的報紙發行量。當時《泰晤士報》因連年虧損而陷入財政危機中，偏巧又遇上嚴重的勞資衝突，執政的柴契爾政府沒有對這項收購進行干預。梅鐸此時才算真正揚名世界。

在澳洲國內和英國報業市場相繼獲得的成功，使梅鐸累積起了豐富的辦報經驗，也使他擁有了億萬資產。梅鐸的雄心隨之再次膨脹。他決定到報業大國美國去闖蕩。

當時美國的報業競爭非常激烈。梅鐸進軍美國市場時，正遭遇了 1970 年代的經濟危機，工人罷工持續不斷，許多報紙紛紛關門倒閉。針對這種情況，梅鐸採取了他在創業初期所使用的策略：步步為營，穩紮穩打，先小城市，然後大城市，最後全國。

但是，他進軍美國的第一步失敗了。因為在美國，報業的盈利主要來自刊登的廣告收入，而不是發行量，這是梅鐸沒有想到的。但是第一次的失敗並沒有使他灰心，而是讓他更快的熟悉了美國報業的運作方式。

隨後，他創辦了自己的一份報紙 —— 《星報》。為了使《星報》能成功躋身美國重要報紙的行列，梅鐸從澳洲大本營調來了精明能幹的伊恩·雷，讓他主編《星報》。雷上任後，根據美國人偏好，把《星報》由一份黑

白報紙變成了彩色週刊,並極力開拓廣告業務。在雷的努力下,《星報》的發行量開始穩步上升,尤其是廣告刊登量明顯增加。幾年後,《星報》的訂戶額直逼其競爭對手《國民問詢報》,已能與其並駕齊驅,且遙遙領先於《星報》問世後粉墨登場的眾多模仿者。到 1980 年代末,《星報》已成為梅鐸在美國獲利最大的出版物。

《星報》走出泥沼後,梅鐸隨之將眼光轉向了報紙競爭的主戰場紐約。這時,《紐約郵報》處境艱難,為一心想要在美國闖出一片自己的天下的梅鐸提供了良機。《紐約郵報》是美國經營歷史最悠久的一份日報,也是紐約這個美國第一大城市的一家主要大報。該報由亞歷山大‧漢密爾頓創辦於 1801 年。1976 年 11 月,梅鐸收購了《紐約郵報》,此舉不僅使他達到了在美國擁有一家自己的全國性日報的目的,而且使他躋身於美國報業的高層次圈子。對於《紐約郵報》的改革,梅鐸沒有採取以前那樣的大刀闊斧的方式,而是一步步的慢慢來改革,使讀者每次都能有新的發現。改革是很成功的,《紐約郵報》發行量急劇上升,幾乎比他接手時翻了一番,達到了日發行量 90 餘萬份的高峰。

1977 年 1 月初,他又透過收購大多數股份的辦法控制了《紐約》、《鄉村之聲報》和《新西部》三家雜誌,從而一舉躋身於美國主要出版商行列,圓了他的美國夢。

1982 年 11 月,他又買進了《先驅美國人報》,將其更名為《波士頓先驅報》。原本的美國報紙都有個毛病,就是記者和編輯都喜歡高人一等,用充滿優越感的語氣來教訓讀者,報導、評論事物,而在梅鐸的換血下,澳洲來的報紙工作者改變了這一切。透過重新配置編輯人員,增闢專欄,增加對體育和股票市場的報導,《波士頓先驅報》第一年發行量就增加了 10 萬份,第二年又在此基礎上增加了 5 萬份。此後不久梅鐸又買下

美國的芝加哥《太陽時報》，並控制在電影和新聞界有影響的華納通訊公司。到 1980 年代末期，梅鐸已經成為了美國報紙的風雲人物。

　　透過不停的收購，30 年間，梅鐸從澳洲的一個無名小卒變成了報業巨擘。據 1984 年 3 月 12 日美國《紐約時報》發表的傳播業大亨資料：梅鐸的個人資產估計為 2.4 億美元，是世界上最富有的澳洲人；梅鐸帝國的資產估計達 15.2 億美元。梅鐸成功的登上了報業大王的寶座。

踏足電視行業

　　梅鐸很早就已經注意到了電視的發展潛力。他認為，新聞集團是大眾化新聞及娛樂產品的創造者和經營者，要獲得成功，只有靠電視。而把人們吸引到電視機前的最佳途徑就是衛星。因此，梅鐸開始將他的觸角從報業伸向廣播、電視、電影，不斷擴張著他對國際傳媒的占有率與影響力，以建立一個屬於他自己的全球衛星電視網。

　　1979 年初，澳洲電視業最大的社團之一的雪梨聯合電視廣播公司的兩個大股東，表示要將他們手中的占集團股份的 22% 的股票出售。梅鐸得知後，迅速與其聯絡，購買了他們的股份，並同時說服一些小股東將自己的股份賣給他。這樣，他就擁有了聯合電視廣播公司的大約 46% 股票，成為最大股東，從而有效的控制了這家公司。三個月後，他又用同樣的手段成功進入了另一個電視業中心 —— 墨爾本。從此，梅鐸開始了在電視業的發展。

　　隨著衛星技術的發展，衛星在民眾生活中的應用也越來越廣泛。梅鐸敏銳的覺察到，未來的電視領域將是衛星電視的天下。1983 年，梅鐸涉足衛星電視領域，在英國創辦了天空頻道公司。但由於缺乏經驗，天空頻道很快就夭折了，新聞集團損失了 2,000 萬美元。但梅鐸並未氣餒。1989

年，梅鐸在英國又創辦了天空電視臺，第二年該電視臺與英國衛星廣播公司合併組成英國天空廣播公司。1991 年，在波斯灣戰爭和全球經濟衰退的影響，新聞集團瀕臨破產的危險，梅鐸不得不將雜誌和印刷業出售的同時，卻沒有停止在全球建立衛星電視網的步伐。1998 年，英國天空廣播公司建立了英國第一個數位電視平臺，開播 200 多個衛星頻道。1999 年，英國天空廣播公司推出的互動體育頻道，創造了世界廣播電視發展史上的一個奇蹟，它第一次使觀眾成為主導者，改變了傳統的電視收看方式。

在梅鐸看來，美國這個大市場對梅鐸來說具有舉足輕重的地位，但美國也是他構築全球衛星網的最大障礙。由於美國憲法禁止外國人擁有美國電視臺，為了更好的進入美國市場，1985 年梅鐸加入了美國國籍。

加入美國國籍之後，梅鐸的目光投向了著名影城 —— 好萊塢。敲開好萊塢大門的機會說有就有。美國著名電影公司 —— 20 世紀福斯（FOX）公司在 1980 年代初期因發行了一連串票房價值不高的影片而債臺高築。梅鐸於 1985 年收購了福斯 50% 的股份，開始攻入美國影視業界。不久，他又建立了電視網路公司 —— 福斯公司，對美國電視傳媒傳統三強（ABC、NBC 和 CBS）構成嚴重挑戰。近 20 年過去了，梅鐸有了 FOX 新聞頻道、FOX 體育頻道、國家地理頻道、速度頻道，卻依然沒有播出的衛星平臺，這讓他非常著急。2000 年 1 月，美國線上與時代華納宣布合併，更為梅鐸的環球天空帝國帶來無形的壓力。就在此時，休斯電子出售 DirecTV 的消息，讓梅鐸看到了一線曙光。

DirecTV 是美國最大的衛星電視公司，在全美衛星電視市場中擁有 1,130 萬用戶。為了拿下它，梅鐸可謂心機費盡，起起落落三年多。也許是他的耐心與誠心感動了上帝，2003 年 4 月 9 日，新聞集團宣布終於與休斯電子達成了協定，以每股 14 美元的價格收購通用汽車公司持有

的 DirecTV 母公司休斯電子公司 19.9% 的股份，並再以當天收盤時每股 11.3 美元的價格，從股民手中購買休斯公司 14.4% 的股份，休斯公司 34% 的股份將轉入新聞集團控股的美國 FOX 電視公司。這筆交易，新聞集團付出了 66 億美元，但梅鐸表示非常滿意，他說，對新聞集團電視觀眾播放新聞集團節目的直接平臺是一個無價的傳播管道。

梅鐸把全部身家都賭在了衛星電視網上，1990 年代初，他的衛星電視網每週燒掉 200 萬美元，公司負債 80 億美元。但是，他最終挺了過來。今天的梅鐸，旗下的衛星電視網在全球擁有近 10 億用戶。

進軍出版業

梅鐸對事業的追求是永無止境的。在成為報業和影視業的巨擘之後，他的眼光又瞄向了圖書出版業。

1987 年 3 月，梅鐸以 3 億美元買下了有 170 年歷史的著名的哈潑—羅出版公司。為了奪取這家出版公司，他充分利用自己財力雄厚的優勢，採取後發制人的策略，以每股比其他競爭對手高出 15 美元的價格，一舉擊敗其他競爭者。緊接著，他又買下了賽勒姆出版社和梅里麥克出版集團，這兩家出版商主要出版和發行外國出版的圖書。1988 年，梅鐸在經過與法國第二大出版商斯德集團的激烈競爭後，獲得了英國威廉·柯林斯父子出版公司的控制權。後來，他將哈潑—羅公司與威廉·柯林斯父子出版公司合併，組成了哈潑—柯林斯出版公司。

如今梅鐸的新聞集團已發展成為一個真正全球化的跨媒體集團。新聞集團今天在美國、加拿大、歐洲大陸、英國、澳洲、亞洲、拉丁美洲及太平洋地區的業務包括影視節目的生產與發行、電視、衛星、有線廣播、報紙、雜誌、書籍出版、廣告和促銷片的生產與發行，數位廣播、有條件接

入技術和收費電視使用者管理體系，以及網路節目的製作。梅鐸也毫無爭議的成為了名副其實的「傳媒大王」。

在新的世紀，梅鐸依然在續寫著他的傳奇。

財富經驗

1　注重科學技術的應用。時刻注意新技術的端倪，並且在處境順利時就甘冒風險投資新技術。1990 年代末，新聞集團開始投資網際網路、數位電視與無線通訊產業，和 Yahoo、Nokia 都嘗試了合作。

2　視工作為最美好的娛樂。當你僅僅為了工作而工作時，就會覺得工作是枯燥無味的，就會失去你所應有的熱情和創造性。

3　注重利潤，為利潤可以不擇手段。梅鐸是一個成功的商人，商人對利潤的追逐是永無止境的，不管利潤是由什麼途徑獲得的。

4　實行環環相扣、盤根錯節的管理體制，以確保他對整個龐大帝國的絕對控制。梅鐸把這種管理體制解釋為「控制權的步步升級」。

5　經營作風狠辣，在強手如雲的激烈的國際競爭舞臺中，梅鐸總是以凌厲的攻勢發動突然襲擊，毫不留情的擊敗對手。

名家點評

當世界擁向網際網路時，梅鐸卻專注於衛星電視的發展，他感覺通訊的未來是在天空，他所需要的是涵蓋美國在內的全球衛星服務。沒有美國，你就沒有錢可賺。

—— 《世界傳媒巨頭的衝突》的作者理察‧哈克

傳世名言

1　把正在做的一切做得更好，更好的電影、更好的電視節目。不管是為地
　　區服務的地方新聞，還是向全球播放的重大事件，或者重要的體育賽
　　事，不管出版圖書還是發行報紙。這是一個永遠充滿競爭的領域，在當
　　今的傳媒世界，根本不存在獨自發展的事業。

2　從消費者的角度看，電視一直在發展壯大和改進。新聞集團是大眾化新
　　聞及娛樂產品的創造者和經營者，要獲得成功，只有靠電視。

3　工作已經成了我生命的一大部分，我不能想像把生命的一半花在上高爾
　　夫球課上。

財富智慧

1　永不滿足：這句話是對梅鐸傳媒王國建立的動力最恰當的描述。正是因
　　為他的不滿足，他才一步步將他的事業從報紙擴展到影視業，又擴展到
　　圖書出版業。也正是因為他的不滿足，他才衝出澳洲，走向英國，進軍
　　美國，轉戰亞洲，建立了一個全球性的傳媒王國。

2　善於用人：在創業初期，梅鐸總是事必躬親。不久，成為報業大王後，
　　事必躬親已不可能。於是，他把權力和責任委派給他精心挑選出的經理
　　們，讓他們去管理帝國轄下的眾多公司中的具體業務。

3　勤奮工作：梅鐸是一個不知疲倦的工作狂人，為了工作可以廢寢忘食。
　　創業初期，他從版面設計、撰稿、定標題，到檢字、排版、印刷，無所
　　不做。成了世界超級大亨後，更是每天都工作十七、八小時。他既要出
　　席各式各樣的會議，又要處理來自編輯、董事、銀行家、經理、律師、
　　政界要人和其他高階人員的電話，一天往往只能睡 4 個小時。

4　具有敏銳的判斷力：梅鐸清楚的意識到自己所要做的是如何把一個個經
　　營失敗的企業變成成功的企業。因此，只要哪家報紙或報業集團因經營

不善而陷於困境，他就會像一頭嗅覺靈敏的警犬撲向那裡。這種判斷力同樣展現在他對報紙的定位上，他為讀者提供了符合大部分讀者口味、通俗易懂的文化產品。

延伸品讀

如果用一個詞來形容梅鐸的話，「永不滿足」是再恰當不過了。正是因為永不滿足於眼前所獲得的成果，才使他一步步的擴張兼併，使新聞集團從澳洲的一家小小的報業公司，走到了今天地跨五大洲的跨媒體集團。

梅鐸建立的媒體帝國是空前的。他的衛星電視已進入五大洲的數位電視市場，在英國、義大利、中東以及亞洲廣大地區居於壟斷地位。他掌握著 175 家報紙，包括美國《紐約郵報》、英國《泰晤士報》。在美國，他擁有 20 世紀福斯娛樂集團、福斯電視網。有線電視頻道方面，快速發展的福斯新聞網的觀眾人數已超過 CNN，沒有哪一家媒體集團像今天的新聞集團一樣，可以集電視內容供應商和傳播管道於一身。

從《太陽報》狗仔隊發掘的貝克漢的最新花邊新聞到 20 世紀福斯公司推出的《星際大戰前傳》，從 Channel V 播放不停的流行音樂到充滿誘惑力的各式電視節目，魯柏·梅鐸的影響力透過各種方式滲透到人們的日常生活中。

他已經編織起一個遍布世界的立體傳播媒體網，這是屬於他的天空。在傳媒業高速發達的今天，如果你不認識梅鐸，那你一定看過他的報紙；如果你沒看過他的報紙，那你一定看過他的電視；如果你沒看過他的電視，那你一定看過他的電影；如果你沒看過他的電影，那你一定看過他的圖書……梅鐸已經讓你無處可逃。

松下之父 —— 松下幸之助

商業鉅子檔案

全名：松下幸之助

國別：日本

生卒年：西元 1894 年～ 1989 年

出生地：日本和歌山縣海草郡和佐村

職務：日本松下公司前總裁

人生軌跡

西元 1894 年 11 月 27 日，松下家的老么松下幸之助出生。

1904 年，9 歲的幸之助被父親從學堂裡拉出來，當了一名學徒工。

1910 年 10 月 21 日，當了六年學徒工的松下幸之助進入大阪電燈公司。

1918 年 3 月 7 日，松下幸之助創建了自己的松下電氣器具製作所。

1934 年 12 月，松下幸之助將松下電氣器具製作所改為松下電器產業株式會社。

1939 年投資 1,000 萬日幣，興建松下造船廠，投資 4,000 萬日幣創建松下飛機股份有限公司。這是松下幸之助自認一生中唯一的一次錯誤。戰後，4,000 萬日幣化為烏有，工廠倒閉，政府不賠償，導致松下公司負債累累，最高時負債達 10 億日幣。

1945 年 8 月 15 日，日本宣布無條件投降，8 月 16 日，松下幸之助著手整頓松下公司。

1961 年，松下幸之助辭去公司總經理一職。1973 年，松下幸之助辭去松下電器會長的職務。

1989 年，松下幸之助逝世，他被日本人尊為民族英雄。

成長經歷

松下幸之助白手起家，經過自己的努力奮鬥，創建了松下電器公司。松下電器公司創建之初，主要以生產燈泡為主，後來，在松下幸之助的領導下，公司把觸角伸到電器行業的各個角落。如今，松下電器公司已成為規模龐大的跨國公司，擁有雄厚的資金，強大的實力。公司生產的松下牌電器是世界知名品牌，暢銷全球。

松下幸之助的父親松下政楠是一個商人，但是松下政楠的生意做得不怎麼樣，每次都是剛剛有了點起色，就進行盲目的投資，所以，松下政楠的生意都沒能做大，就把希望寄託在子女身上，希望他們做一個成功的商人。

誰都沒想到松下幸之助這個商業鉅子，就是因為父親希望他走好經商的道路，連小學都沒畢業就去當學徒工了。

松下幸之助喜歡發明創造，他感到在大阪電燈公司做線路檢查員，已不能滿足自己才智的發展，他就像被關在鐵籠裡，渾身難受。1916 年，他辭去了這份看上去不錯的工作，創建了自己的公司。

1918 年 3 月 7 日，松下幸之助掛出「松下電氣器具製作所」的招牌，開始了自己的創業生涯。創業之初，由於製作所資金匱乏，很難大規模的投入生產，聰明的松下幸之助用他那極富說服力的經營方式，讓乾電池銷售商答應為他免費提供 1 萬顆乾電池，作為回報松下幸之助承諾，半年內為乾電池銷售商代銷 20 萬顆電池，這一筆生意使剛剛起步的松下公司站穩了腳跟，松下公司在幸之助的領導下，很快發展壯大起來。

第二次世界大戰期間，日本政府實行資源管制，把物資全都供應軍需生產。許多企業也轉入軍需工業，松下幸之助作為軍需工業公司也生產了大量的軍需品。

1945 年 8 月 15 日，日本天皇宣布無條件投降，這時的日本民眾都感到前途渺茫，無所適從。而松下幸之助卻立刻做出反應，8 月 16 日，他召集員工，號召工人們振作起來，整理工廠，及早拿出產品。在松下幸之助的帶領下，公司很快恢復了生產，三個月後公司便生產出了收音機、電爐等。第二年年初，松下公司生產的家電產品更為齊全，如熨斗、電風扇等等。松下幸之助以他的睿智和雷厲風行的作風，很快就使公司正常運轉起來。

為了適應新的形勢，松下幸之助調整經營方針，採取完善職工的福利待遇、重視人才、注重「適才適能」等一系列新的政策。經過調整的松下

公司，經營狀況和生產能力很快就達到了戰前的水準，而且還有很大的發展。但是事實並不總是盡如人意的，由於日本是戰敗國，盟軍為了防止日本再次發動戰爭，對日本的經濟實行干預，指定一批日本公司為限制性企業和財閥。這兩項指定都落到了松下公司的頭上，如果真的是被指定為財閥，松下公司將被解散，在松下幸之助不辭勞苦，據理力爭下才被免去了財閥的指令。但是，因為是限制性企業，松下公司的生產發展舉步維艱。

在二戰之前和二戰期間，松下公司就已經與國外建立了業務，主要是亞洲地區的中國、朝鮮、爪哇等地。二戰結束後，松下幸之助盯上了歐美。他與荷蘭飛利浦公司成功合作，在美國紐約成立美國松下電器公司，建立馬來西亞的松下分公司等眾多的海外分支，使松下公司成了一個名副其實的跨國國際大公司、企業界的一顆新星。

名人小傳

松下幸之助的夫人井植梅野在幸之助的事業上給予了他無私的幫助。

在創業之初，只有松下幸之助、梅野夫人及妻弟井植歲男及另外兩個朋友共五人，由於缺少資金，梅野夫人不僅要做飯洗衣，而且還要當一名工人，身兼兩職，但梅野夫人卻從無半點怨言，總是任勞任怨。

後來，松下公司擴大了，松下幸之助主要忙著產品的生產和銷售，顧不上關心公司員工，夫人井植梅野便代行其職，與公司員工交流溝通，並很好的調整了員工上下級之間的關係，使公司員工緊密團結，精誠合作。

1945 年 8 月 15 日，日本宣布無條件投降，舉國上下都沉浸在戰敗的哀痛中。這時的松下幸之助審時度勢，認為只有讓工廠儘早投入生產，才能有效的幫助國家重建。於是五天後，松下幸之助便向公司員工發表了公

司重建的計畫，並宣講：

「目前，我們面臨本世紀最為劇烈的變革時期，我松下電器公司務須迅速恢復和平生產，勇敢的邁出重建日本的第一步。

「工業是國家復興的基礎，在此我可以說大家都是日本工業復興的開路先鋒，同時也歡迎失業的和將要失業的人們來這裡工作，大家精誠團結，攜手合作，發揚松下電器的傳統精神，為日本的重建多做貢獻！」

經典語錄

所謂實業者的使命，就是消除貧困，使全社會的人都擺脫貧窮，走向富有。

有以物質為中心的樂園，再加上宗教的力量促成精神的安寧，人生就完美無憾了。

管理巨匠 —— 傑克·威爾許

商業鉅子檔案

全名：傑克·威爾許

國別：美國

生卒年：1935 年～ 2020 年

出生地：美國麻塞諸塞州皮博迪

職務：奇異公司前 CEO

人生軌跡

1935 年 11 月，傑克·威爾許出生。

1960 年，在伊利諾獲取博士學位，畢業後應邀到奇異工作。

1971 年，任主管化學和冶金部門的副董事長。

1977 年，被提升為奇異消費品業務部門的 CEO，進入 GE 的高階

管理層。

1980 年 12 月 19 日，被選為董事長，而以前的競爭對手成為了他最得力的助手。

從 1980 年至 2001 年的 21 年時間裡，威爾許擔任奇異公司的 CEO。

2000 年 10 月 29 日，威爾許宣布傑夫・伊梅特為奇異的新董事長。

2001 年 9 月，威爾許正式離任。

成長經歷

威爾許是一個了不起的經營管理奇才，在他的領導下，奇異公司迅速發展壯大，成為一家全球化的集電子產品、交通運輸、航太航空、新聞網路、金融為一體的公司。公司的資產由 1980 年的 110 億美元增值到 2000 年的 3,700 億美元。因此，威爾許成功的經營管理模式成為世界各企業爭相效仿的典範。

威爾許於 1960 年 10 月 17 日以工程師的身分加盟奇異公司。公司嚴重的官僚作風打擊了威爾許，一年後，他就準備離開奇異，結果上司苦心勸說下才挽留住了威爾許。這時的威爾許已經下決心：有朝一日，一旦成為奇異公司董事長以後，一定要改掉奇異內部這種官僚作風。當 1980 年底威爾許成為奇異公司的董事長後，就開始了大張旗鼓的改革運動。

首先是精簡機構。在威爾許的大力改革下，如今公司規模擴大了六倍，卻只增加了 25% 的副總裁，經理甚至比以前還少了，而且每個經理負責十五項工作，從生產廠間到威爾許的辦公室也減少為六層，這有利於威爾許自己更及時、更好的了解公司。

同時，威爾許決定出售那些處在行業邊緣、經營業績不好或者是市場

前景黯淡、不具備策略價值的業務，把資金投入到公司的重要業務中去，以便迅速的提高公司競爭力。

1982 年，威爾許把公司的弱勢業務——中央空調，以 1.35 億美元的價格出售給特蘭尼公司，在公司引起了很大的震動。但威爾許的腳步並沒有停下來，幾經周折，威爾許把這個包袱甩掉了，獲得了近 30 億美元的寶貴資金。隨後在 1983 年 1 月 18 日又以 3 億美元把奇異公司的家用器具業務出售。到 1985 年，公司員工已經減少到 299,000 人，有 81,000 人失去工作。但是出售弱勢業務的活動還在繼續，1988 年 9 月，奇異又以 2.06 億美元的價格賣掉了半導體業務。1992 年 11 月，奇異以 30 億美元的價格把航太業務賣給馬丁—瑪麗埃塔公司。別以為威爾許是一個只知道典賣奇異公司家產的 CEO，在賣這些弱勢業務的同時，威爾許還以大手筆買進了不少的業務，其中對 RCA 的收購就是其中的一例。

1985 年 12 月 11 日，奇異公司完全收購了美國無線電公司（RCA），總交易額為 63 億美元。這麼大手筆的收購是石油行業以外，歷史上最大的一次企業併購交易，奇異也因此涉足廣播電視方面的業務。擁有了 RCA 的奇異公司，同時也獲得了更多的策略選擇空間。特別是隨後對國家廣播公司（NBC）的兼併，整個廣播電視節目為威爾許的公司帶來了龐大的現金收入，增強了競爭力量，世界上沒有哪家企業能與擁有 RCA 和 NBC 的奇異公司在廣播電視業務上競爭，這成了奇異公司一塊獨占的黃金地。特別是在 1995 年 7 月底，沒經過競標，NBC 又成功獲得了 2000 年奧運會和 2002 年鹽湖城冬奧會的轉播權，可見 NBC 在廣播電視領域的絕對領頭羊的地位。自從涉足廣播電視領域以來，奇異已經在這項業務中獲取了大量的利益，足以證明威爾許極富遠見。

威爾許在通用任 CEO 的 21 年中，提出並推行全球化、電子商務以及

六標準差，這成了現代企業的標準操作模式，同時還推出了他獨特的「無邊界」和「數一數二」的管理模式。威爾許還特別注重人才的選拔任用，在選拔人才時，用「奇異領導能力的四個 E」即精力（Energy）、激勵（Energize）、決斷力（Edge），以及實施（Execute）來當作考查標準，獲得了很好的效果。威爾許的所有這些經營管理模式及理念，為奇異帶來了活力與發展，成為當今企業 CEO 競相效仿的榜樣。

名人小傳

1959 年 11 月，威爾許在伊利諾與漂亮、聰慧的卡洛琳·奧斯本舉行了婚禮。婚後，威爾許就進入奇異開始努力工作了，隨著職位的升遷，威爾許陪卡洛琳的時間越來越少，在卡洛琳的眼裡，威爾許是一個根本不懂生活的工作狂，以至於夫妻二人越來越不合拍，到後來，兩人間除了友誼和相互尊重以外什麼都沒有了，最終決定分手。1987 年 4 月，在共同度過了 28 年後，威爾許與卡洛琳離婚了，離婚後的威爾許又回到了單身漢的時代，富有而又充滿活力。

後來在好友沃爾特的關心下，52 歲的威爾許開始和珍約會了。珍是一個聰明、堅定、風趣的女人（比威爾許小 17 歲），第一次約會，雙方都沒有什麼感覺，因為有沃爾特在場。第二次約會，兩人見面時都不約而同的穿皮夾克和藍色牛仔褲，正所謂心有靈犀一點通，雙方感覺都很不錯。透過交往，兩人終於在 1989 年 4 月結了婚，婚禮是在南塔克特島舉行的。威爾許的四個孩子都來參加了父親的婚禮，並送給父親美好的祝願。婚後，為了成為威爾許的全職商務旅行伴侶，珍辭去了工作。

威爾許上任後，他對深惡痛絕的奇異官僚作風進行強有力的改革。為

了把他自認為阻礙公司前進的傳統消滅掉，威爾許到處投「手榴彈」。在愛爾梵協會年會上，威爾許的「手榴彈」再次爆炸。

愛爾梵協會是奇異內部的一個管理人員俱樂部。在當時，普遍認為只要成為愛爾梵協會的成員就拿到了通往奇異管理階層的通行證。所以每次愛爾梵的年會總是熱鬧非凡。

1981 年，威爾許把愛爾梵協會轉變成了一個奇異公司的志工服務團體。

1981 年，剛擔任奇異 CEO 的威爾許就對奇異進行大規模的結構調整，以增強自身的競爭力。而當時，奇異還是一家主流業務很健康而且利潤也相當可觀的公司，所以不少人對威爾許的這種作法十分不解。威爾許透過大量出售奇異的弱勢業務來獲取現金，把這些現金再投入到公司的強勢業務中去。為了降低生產成本，還大量裁員，提高公司在成本方面的競爭力。與之相對應的是，為了打造公司良好的形象和卓越的品質，威爾許決定投資 7,500 萬美元興建公司的辦公大樓、高級飯店、健身房。為此，《新聞週刊》送給威爾許一個綽號 ——「中子彈傑克」，以諷刺威爾許邊解雇工人邊修飯店大廈。從此，「中子彈傑克」一名就伴隨著威爾許。

經典語錄

傑克是管理界的老虎伍茲，所有 CEO 都想效仿他。他們雖然趕不上他，但是如果仔細聆聽他所說的話，就能更加接近他一些。

—— 波克夏‧海瑟威公司 CEO 華倫‧巴菲特

傑克‧威爾許賦予了團隊領袖全新的含義，他不僅僅是一個商業鉅子，還是一個有心靈、有靈魂、有頭腦的商業巨人。

—— 華特·迪士尼公司 CEO 邁克·艾斯納

傑克的視野和勇氣，他的征服能力，他的激發藝術，當然，還有他的成功，使他成為全世界企業家和經理人的楷模。

—— 博德曼公司董事長湯瑪斯·米德爾霍夫

美國國粹 —— 傑克·威爾許，向我們展示了一位擁有敏銳的才智、勇氣和榮譽的領導人，如何鼓勵他周圍的人度過意外的難關，激發鬥志，將企業帶向一個又一個新的高度。他的方法還要求我們所有的人和所有的企業去追求卓越。

—— 美國紅十字會 CEO 伯納丁·希利

世界首富 —— 比爾蓋茲

商業鉅子檔案

全名：比爾蓋茲

國別：美國

生卒年：1955 年～

出生地：美國西雅圖

人生軌跡

比爾蓋茲是全球個人電腦軟體的領先供應商 —— 微軟公司的創始人、前任董事長和執行長，蓋茲的資產淨值：564 億美元。

蓋茲出生於 1955 年 10 月 28 日，他和兩個姐妹一起在西雅圖長大。他們的父親老威廉·H·蓋茲（William H. Gates II）是西雅圖的一名律師。他們的已故母親瑪麗·麥斯威爾曾任中學教師、華盛頓大學的校務委員以及美國聯合勸募協會的主席。

　　蓋茲曾就讀於西雅圖的公立小學和私立湖濱中學，在那裡，他開始了自己個人電腦軟體的職業經歷，13歲就開始編寫電腦程式。

　　1973年，蓋茲進入哈佛大學一年級，在那裡他與史蒂芬‧巴爾默住在同一樓層，後者曾擔任微軟公司總裁。在哈佛期間，蓋茲為第一臺微型電腦——MITS Altair開發了BASIC程式設計語言。BASIC語言是約翰‧凱梅尼（John Kemeny）和托馬斯‧庫爾茨（Thomas Kurtz）於1960年代中期在Dartmouth學院開發的一種電腦語言。

　　三年級時，蓋茲從哈佛退學，全身心投入其與童年夥伴保羅‧艾倫一起於1975年組建的微軟公司。他們深信個人電腦將是每一部辦公桌面系統以及每一家庭裡，非常有價值的工具，並為這一信念所指引，開始為個人電腦開發軟體。

　　蓋茲有關個人電腦的遠見和洞察力，一直是微軟公司和軟體業界成功的關鍵。蓋茲積極參與微軟公司的關鍵管理和策略性決策，並在新產品的技術開發中發揮著重要的作用。他的相當一部分時間用於會見客戶和透過電子郵件與微軟公司的全球員工保持接觸。

　　在蓋茲的領導下，微軟的使命是不斷提高和改進軟體技術，並使人們更加輕鬆、更經濟有效而且更有趣味的使用電腦。微軟公司擁有長期的發展策略，這一點可以從某一財政年度26億美元的研究與開發投資中得到反映。

　　1995年，蓋茲編寫了《擁抱未來》，在書中，他認為資訊技術將帶動社會的進步。該書的作者還包括微軟公司首席技術官Nathan Myhrvold以及Peter Rinearson，它在《紐約時報》的暢銷書排名中連續7週位列第一，並在榜上停留了18週之久，並在20多個國家出版。

▶ ▶ ▶ ▶ 世界首富─比爾蓋茲

1996 年，為充分利用 Internet 所帶來的新商機，蓋茲對微軟進行了策略調整，同時，他又全面修訂了《擁抱未來》，在新版本中，他認為互動式網路是人類通訊歷史上一個主要里程碑。再版平裝本同樣榮登暢銷排行榜。蓋茲將其稿費收入捐給了一個非營利基金，用於支持全世界將電腦與教學相結合的教師。

除電腦情結之外，蓋茲對生物技術也很感興趣。他是 ICOS 公司的董事會成員以及英國 Chiroscience 集團及其位於華盛頓州的全資子公司 Chiroscience R&D 公司，前身是 Darwin Molecular 的股東。他還創立了科比斯公司（Corbis），該公司正在開發全球最大的視覺化資訊資源之一，提供全球公共與私人收藏的藝術和攝影作品的綜合性數位檔案。蓋茲還與蜂窩電話的先驅者 Craig McCaw 共同投資了 Teledesic 公司，該公司雄心勃勃的計劃發射數百個近地軌道衛星，為全世界提供雙向寬頻電信服務。

在他 31 歲時，就成為有史以來最年輕的億萬富翁（後來這個紀錄被打破），37 歲時成為美國首富，並獲得國家科技獎章，39 歲時身價一舉超越華爾街股市大亨華倫‧巴菲特，而成為世界首富，同年，以一票之差擊敗奇異電器的傑克‧威爾許，被《工業週刊》評選為「最受尊敬的 CEO」。微軟公司上市之後，市值也節節高升，超越波音、IBM，接著又超過三大汽車公司市值總和，直至突破 5,000 億大關，超越奇異電器（GE），成為全球市場價值最高的公司，年營業額超過世界前 50 名軟體企業中其他 49 家的總和，即使在去年年底被司法部和 19 個州圍追堵截的景況下，仍被評為「最受尊崇的公司」。

在公司上市的 12 年時間裡，蓋茲已向慈善機構捐獻 8 億多美元，包括向蓋茲圖書館基金會捐贈 2 億美元，以幫助北美的各大圖書館更好的利

用資訊時代帶來的各種新技術。1994 年，蓋茲創立了 William H. Gates 基金會，該基金會贊助了一系列蓋茲本人及其家庭感興趣的活動。蓋茲捐獻的四個重點領域是：教育、世界公共衛生和人口問題、非營利的公眾藝術機構以及一個地區性的投資計畫 —— Puget Sound。

蓋茲 1994 年 1 月 1 日與 Melinda French Gates 結婚，他們育有三個孩子，蓋茲是一個讀書迷，而且很喜歡打高爾夫和橋牌。

成長經歷

一、小小電腦迷

1955 年 10 月 28 日，比爾蓋茲出生於美國西北部太平洋沿岸最大的、素有「夢幻之城」美稱的城市 —— 華盛頓州的西雅圖。蓋茲的父親是一位出名的律師，他的才智和品德獲得了同行的尊敬。蓋茲的母親 —— 瑪麗‧麥斯威爾則是金融世家的一員。蓋茲從小歡快活潑，是一個活力滿滿的孩子。不論什麼時候，他都在搖籃裡來回晃動。接著又花許多時間騎彈簧木馬。後來，他把這種搖擺習慣帶入成年時期，也帶入了微軟公司，搖動了整個世界。蓋茲從小酷愛讀書，但他從不喜歡漫畫書之類的兒童讀物，也不讀當時兒童都喜歡看的童話故事和童書，他喜愛讀成人作品，除了在學校，他都把自己關在家中，隨意翻閱父親的藏書。他成天泡在書堆中，正是這些書開啟了他通向理智世界的大門，為今後他那種以觀念制勝的事業打下了堅實的基礎。當他才 7 歲的時候，他最喜歡讀的是《世界圖書百科全書》，他經常幾個小時連續閱讀這本書，一字一句的從頭讀到尾。閱讀使他養成了沉思默想的習慣，他喜愛科學，對數學表現出特別強烈的愛好。

▶ ▶ ▶ ▶ 世界首富—比爾蓋茲

　　在比爾蓋茲的成長過程中，家庭的關懷與支持顯然產生了良好的影響。蓋茲一家常常在晚餐桌上進行親密無間的交流和討論。當蓋茲 11 歲的時候，他的數學和自然科學知識已在同齡人中遙遙領先，原先的學校顯然已不能滿足他的求知欲了。於是，他的雙親把他送進了西雅圖收費最高的私立預科學校 —— 湖濱中學。

　　1968 年，當蓋茲在湖濱中學的第一學期臨近結束時，學校毅然做出了明智的決定，讓學生去涉足電腦世界，這對比爾蓋茲來說具有重大意義。學校買了一臺電傳打字機，讓他透過電話線與一臺 PDP-10 型微型電腦聯網。

　　比爾蓋茲對電腦可以說是一見鍾情，電腦嚴謹的邏輯和神奇的計算能力，簡直使他著了魔。他開始和夥伴們在電腦上花費時間，一有可能就加快程式的運行速度，或是增加遊戲本身的難度。儘管在當時，電腦在蓋茲眼裡還只是妙不可言的一種玩具，但卻大大刺激了他的求知欲望。凡是能弄到手的關於電腦方面的資料和書籍，他總是百讀不厭，並且能舉一反三，把所學的東西有機的關聯起來。因為湖濱中學的教職員工對電腦方面的知識所知甚少，蓋茲和其他夥伴整天整夜把自己關在電腦室裡，在裡面反覆研究，一耗就是好幾個小時，簡直是如痴如醉，欣喜若狂，完全忘記了外面的世界。在那裡，他碰到了比自己大兩歲的保羅·艾倫，由於有著共同的對電腦的愛好，他們兩個很快就成了好朋友。

　　蓋茲對電腦的數學基本理論非常感興趣，這是一個既陌生又新奇的二進位世界，在這個世界中，一個人只須用兩個數學「0」和「1」，便可和電腦發生連結。進入二進位的世界，成了比爾蓋茲的一種享受。在他看來，電腦數學理論是一門天衣無縫、極富條理的學問。你也許會覺得數學理論晦澀、枯燥，但比爾蓋茲卻認為它美麗動人。他在一邊學習的過程

中，開始編寫程式。不久，他編寫出第一個程式，這是一種遊戲程式。他和艾倫用電腦類比數以千計的比賽，以便從中發現何種策略在比賽中最為有效。也能編一些小軟體，諸如排座位之類的，小比爾蓋茲玩起來得心應手，在程式上略施小計，就使自己座位的前後左右都是女生。

中學畢業時，蓋茲被著名的哈佛大學錄取。哈佛大學是美國高等學府中歷史最悠久的一所大學，是一個充滿魅力甚至充滿神祕的地方，它是成功、權力、卓越的發源地。但是，比爾蓋茲卻是心事重重的跨進哈佛的校門。雖然，蓋茲的父母並沒有強迫他對志向的選擇，但要求他必須接受大學教育，能進哈佛，畢竟使父母心安和欣慰。蓋茲一方面想在這座名聞遐邇的學府中結識更聰明、更有才華的同學，一方面又戀戀不忘自己在電腦軟體方面的創業夢想。

比爾蓋茲就帶著這種矛盾心情來到哈佛。他仍把自己旺盛的精力，大部分用在電腦上。在中學時，蓋茲曾是全校最好的數學天才，但在哈佛大學，蓋茲不是最好的。不過，在電腦方面卻無人能與之匹敵。他在這方面所具備的天賦以及展現出來的強大熱情，都讓教他的教授留下了深刻的印象。晚上，蓋茲如果不去打牌的話，他通常就去電腦中心在電腦桌旁工作，有時，疲憊不堪的蓋茲會趴在電腦旁熟睡過去。

二、嶄露頭角

1974 年 12 月的一個冷天，艾倫像往常一樣到哈佛大學看望蓋茲。他在哈佛廣場邊的一個書報攤停下來，看見一本剛出來的 1 月份的《大眾電子學》。這本雜誌令他心動不已，因為這期雜誌的封面是一臺 Altair 8800 型電腦照片，並印著醒目的大標題：「世界上第一部微型電腦，堪與商用型號相匹敵」。

►►►► 世界首富—比爾蓋茲

艾倫急忙把消息告訴蓋茲，這兩個小夥子雖然還不大清楚這種電腦會得到怎樣的具體應用，但他們確信一場新的技術革命已經來了。

這個基於 8800 微處理器的小機器，卻是一位虎背熊腰的大漢的傑作，他叫埃德·羅伯茨，當時他經營的 MITS 公司陷入困境，情急之下發明了這部微型電腦。還在哈佛上學的蓋茲看到了商機，他打電話表示要替 Altair 研製 BASIC 語言，羅伯茨將信將疑，說：「你把你已經做成的給我看看。」蓋茲面臨的難題與艾倫的有所不同。由於 BASIC 語言最初是為小型櫃式電腦設計的，他得編寫緊湊的程式碼，以便適應 Altair 電腦有限的資訊容量，這其中的難度可想而知。而在實際中，他所要解決的難題比想像的還要大。他們的 BASIC 不僅要適合有限的儲存空間，而且還必須留出空間以便能夠編寫程式。如果電腦沒有資訊儲備空間，那麼即使有了 BASIC 語言又有什麼用呢？

結果，蓋茲和艾倫在哈佛電腦中心沒日沒夜的忙了 8 週，為 8800 配上 BASIC 語言，此前從未有人為微型電腦編寫過 BASIC 程式，蓋茲和艾倫開闢了 PC 軟體業的新路，奠定了軟體標準化生產的基礎。

1975 年 2 月大功告成，艾倫親赴 MITS 展示，結果十分成功。這年春天，艾倫進入 MITS，擔任軟體部經理。當念完二年級課程後，蓋茲認為個人電腦的革命剛剛開始，將來每個人都可能會擁有一部個人電腦，而這些無數的機器將依靠軟體來運轉，市場的遠景是如此輝煌，而時機又是如此的寶貴，如果失之交臂，誰都將後悔一輩子。於是，蓋茲毅然決定退學，也飛往 MITS，加入艾倫從事的工作。那時他們已有創業的念頭，但要等到 BASIC 被廣大用戶接受，此前他們是不會離開羅伯茨的，他們有待羽翼漸豐。

1975 年 7 月，蓋茲和艾倫為了便於與微型遙測系統公司進行談判，便在新墨西哥州的阿爾布科克合作建立了微軟公司。「微」代表微型電腦，「軟」代表軟體。1975 年 7 月下旬，他們與羅伯茨簽署了協定，期限10 年，允許 MITS 在全世界範圍內使用和轉讓 BASIC 及原始程式碼，包括協力廠商。根據協定，蓋茲他們最多可獲利 18 萬美元。羅伯茨在全國展開了聲勢浩大的宣傳，生意蒸蒸日上。借助 Altair 的風行，BASIC 語言也推廣開來，同時微軟又贏得了 GE 和 NCE 這兩個大客戶。蓋茲和他的公司聲名大振，腰桿子一下子硬了許多。

三、策馬揚鞭

1976 年底，MITS 內部出現波動。就在羅伯茨在為其公司苦苦支撐時，蓋茲卻在雄心勃勃的推動微軟公司的發展，著手組建程式編寫團隊。微軟公司的第一名員工是蓋茲以前在湖濱學校時的同班同學馬克・麥克唐納。當他進入微軟公司時，公司還沒有辦公室，他只得在他的公寓裡守著一臺終端機工作。不久，曾幫助蓋茲和艾倫共同開發最初的 BASIC 語言的大衛・科夫也加入了微軟公司。

儘管蓋茲和艾倫等人還在不斷修改 Altair 電腦上的 BASIC 語言，但他們編寫的越來越多的是一般 BASIC 語言，包括為其他公司編寫各種版本。微軟公司與微型儀器遙測系統公司漸行漸遠了。

此時的比爾蓋茲，作為一名年輕的董事長，他開始頻頻會見電腦生產公司的負責人，說服他們在銷售電腦時將微軟公司的 BASIC 軟體一道出售，或是說服他們在製造電腦時採用微軟公司的 BASIC 語言軟體系統。結果，辛勤的努力獲得了豐厚的回報。著名的奇異電氣公司和全國收銀機公司想買 BASIC。不過奇異電氣公司只準備購買 BASIC 的來源程式段，

而全國收銀機公司則需要一種資料匣 BASIC，將用於他們的 8800 檔案系統，這項工作最終由麥克唐納完成，並獲得很大的成功，使蓋茲和他的微軟公司名聲大振。不久，美國花旗銀行也向微軟公司發出了訂貨單。

1978 年，微軟公司已無可爭辯的在微型電腦語言的市場上，占領了統治地位。微軟公司 1977 年財政年度的銷售額為 50 萬美元。當德克薩斯儀器公司等大企業決定向市場推出它們自己生產的微型電腦時，它們都向微軟公司採購 BASIC 軟體。在所有不同的電腦和作業系統中，微軟公司的 BASIC 似乎已成了公認的標準件。

蓋茲的精明，可以確保微軟成為一家成功的公司，但是要成為未來軟體業，乃至整個電腦業的霸主，微軟卻不得不依賴「神助」。最早做起電腦軟體程式設計的不是蓋茲，而是他的朋友和競爭對手加里・基爾代爾。這位海軍研究院裡的教授，在 PC 研製上產生過重大作用。作為最偉大的程式設計員和設計家之一，他寫程式主要是出於縝密思維的雅興，而不是為了賺錢。他為英特爾 8008 晶片寫出了 PL/I 這樣大型的、複雜的電腦語言，他也是解釋型 BASIC 程式的發明者，他所開發的 CP/M 作業系統更是差點斷了蓋茲飛黃騰達的美夢。而如果沒有基爾代爾這個堪稱「PC之父」的先驅，也不會有今天的微軟。與 MITS 合作期間，蓋茲和艾倫用 BASIC 開發出一個簡單的 DOS，但很不好用，而且居然和別的微型電腦不相容。MITS 的競爭對手 IMSAI 公司則找到基爾代爾，以 25,000 美元買下 CP/M 的許多使用權，馬上把蓋茲的「傑作」給蓋了。CP/M 成了1970 年代末、1980 年代初最具影響的 PC 作業系統，可在當時流行的上百種 PC 上運行。基爾代爾最大的遺憾就是錯過了與 IBM 合作的天賜良機，而將這一機會拱手讓給了蓋茲。1980 年，IBM 準備進軍 PC 市場，想購買 CP/M 作業系統。蓋茲表現出十足的騎士風度，願為 IBM 安排與

基爾代爾的會晤。因為此時，蓋茲手中除了 BASIC 還一無所有。

　　對這項本世紀最值錢的買賣何以錯失的問題上，有許多版本。有人說談判時基爾達爾剛好不在，他妻子多露西覺得 IBM 的協議對自己不利，沒有爽快的簽下協議，而心急火燎的 IBM 退而求其次，就決定與蓋茲聯合開發新的作業系統。為了趕時間，蓋茲選中了西雅圖電腦產品公司蒂姆・帕特森做的一個叫「快手和下流」（Quick and Dirty）的作業系統，連公司帶人一塊買下。將產品做了一番改進，包裝後就成了後來名震天下的 MS-DOS。其實帕特森的產品是在基爾代爾老版本的 CP/M 8086 上做修改和簡化而成的。1980 年 11 月，IBM 與微軟簽訂了合約，「螞蟻」傍上了巨人，而且後來也成了巨人。

四、夢想起飛

　　1981 年 8 月 12 日，IBM PC 問世。負責這個項目的唐・埃斯特利奇成了 PC 業的「教父」，他也是 IBM 中唯一讓蓋茲誠服的人。這位「教父」在 1984 年就為 IBM 帶來 40 億美元的收入，光這一塊就可成為美國第 74 大公司，也是僅次於除去這一部門的 IBM 和 DEC 的第三大電腦公司。埃斯特利奇對 PC 的眼光可以與蓋茲媲美。只是 IBM 官僚病復發，換上了洛伊來代替他的位子。洛伊對 PC 幾乎一竅不通，這位自以為很高明的人為微軟留下了一個史無前例的機會。1985 年 6 月，微軟和 IBM 達成協議，聯合開發 OS/2 作業系統。根據協定，IBM 在自己的電腦上可隨意安裝，幾乎分文不取，而允許微軟向其他電腦廠商收取 OS/2 的使用費。當時 IBM 在 PC 市場擁有絕對優勢，兼容機占比極低，洛伊幾乎不假思索的同意了。而到了 1989 年，兼容機市場已達到 80% 的占比。微軟在作業系統的許可費上，短短幾年就贏利 20 億美元。當然，雙方在 OS/2 上的合作未

能持續下去。微軟從 1981 年就開始開發後來稱之為「WINDOWS」的作業系統。

由於以往的大成功，圖形化使用者介面已成了各軟體公司重點開發的技術焦點。微軟公司也決定將 MS-DOS 轉變為圖形化使用者介面，就是將黑白單色、艱澀難懂、以文字為基礎的環境功能，變成色彩鮮豔、易學易用、以圖像為基礎的環境功能，這就是微軟公司 WINDOWS 軟體的由來。

但是，這是項十分艱鉅的任務。當時個人電腦的記憶體容量低，用常規方法顯示圖形，使 WINDOWS 軟體的運行速度極慢。此外，這套套裝軟體包含的內容之多，涉及範圍之廣，複雜程度之高，都是 MS-DOS 所不能比擬的。許多軟體公司也正在做這項工作。

WINDOWS 計畫被視為微軟公司頭等大事，軟體設計和程式調試人員逐漸增加到 30 餘人，多位程式師都進入到近似瘋狂的狀態。全體人員開足馬力，幾乎沒有白天和黑夜的分別。有位擔任測試工作的程式設計師尼威，將自己的睡袋也搬到實驗室，整整一個月足不出戶，傻呼呼等待著每個程式編寫完成，以便不耽誤一分一秒的測試時間，由此贏得了「瘋子」的綽號。

這套程式的 85% 是用 C 語言編寫的，其餘的關鍵部分則直接採用組合語言寫成。這個 WINDOWS 軟體總共耗費了 11 萬個程式工作小時，其難度可見一斑。

1985 年 5 月，比爾蓋茲終於能帶著展示版本 WINDOWS 軟體出現在當年的電腦大展上。他向成千上萬名觀眾表演，同時用滑鼠和鍵盤打開或關閉「視窗」的效果。同時，他代表微軟公司宣布：WINDOWS 1.0 版軟

體僅標價 95 美元。但它的真正上市時間還是拖到了 11 月份。

1987 年 10 月推出 WINDOWS 2.0，但因效果不理想，沒有引起震撼。1990 年 3 月，微軟公司推出了經過重大改革的 WINDOWS 3.0，這是一個跨時代的產品，它的出現引起了世界電腦界的 WINDOWS 浪潮。在 WINDOWS 3.0 之後又相繼推出了 WINDOWS 3.1 和 WINDOWS For Workgroup 3.1 以及 WINDOWS 3.11。

1995 年 8 月 24 日，電腦發展史上一個值得永遠銘記的時刻。微軟公司在這一天發表了具有里程碑意義的 WINDOWS 95 作業系統。這款人們期待已久的作業系統，不僅大大拓展了網際網路的應用，也第一次使電腦成為一種奇妙的工具，真正改變了人們的生活。

為了保持與電腦技術的同步發展，1998 年上半年微軟公司及時推出了 WINDOWS 98，並於當年的 8 月 31 日推出了它的中文版。在千禧年即將到來的前夕，又迅速推出了 WINDOWS 2000。

五、微軟帝國

微軟的光芒也吸引了美國反壟斷法的注意力。1990 年，美國聯邦貿易委員會開始調查微軟的市場行為，主要是針對其作業系統與應用軟體一起捆綁銷售的方式，這種搭售方法正是反壟斷法「專政」的對象之一。不過作為資訊時代的美國傳奇，微軟習慣了法律對它網開一面的照顧。1993 年，司法部接管調查工作，才使微軟有點緊張起來。1994 年，司法部對微軟的市場行為做出限制性裁決。尤其是當微軟準備併購財務軟體市場的領頭羊 —— Intuit 公司時，司法部挺身而出，指控這起兼併為非法，微軟不得不放棄了這個燙手的山芋。1995 年，法院做出裁決，禁止微軟將不同軟體產品強行捆綁，這與其說是司法部的勝利，不如說是雙方體面的

「言和」，因為微軟毫髮未損，而且也認定這項裁決將束之高閣。

　　如今微軟已成為了業內的「帝國」，除了主宰 PC 作業系統和辦公軟體外（這是微軟的命脈），還插足個人財務軟體、教育及遊戲軟體、網路作業系統、商用電子郵件、資料庫及工具軟體、內部網路伺服器軟體、手持設備軟體、網路瀏覽器、網路電視、上網服務以及近 20 個不同的全球資訊網站。拉爾夫・納德說：「與約翰・洛克斐勒不同，蓋茲清楚認知到，他的壟斷行為沒有界限。」除了反壟斷法，他已天下無敵。

六、光環籠罩下的蓋茲

　　他被譽為電腦奇才、20 世紀最偉大的電腦軟體行業巨人。1989 年他創建的 Continuum 公司（後改名為 Corbis），開發了高品質的創造性圖像，成為多媒體世界的一家強大企業。他 36 歲時成為世界上最年輕的億萬富翁，到 1994 年已有 83 億美元資產，並蟬聯 1994 年和 1995 年世界首富，1995 年擁有財產 129 億美元。據 1996 年 6 月 30 日的《富比士》雜誌報導，他的財產已達 180 億美元，在全世界億萬富翁排名中仍居首位。1997 年 7 月 28 日出版的《富比士》雜誌公布，他的資產翻了一番，為 364 億美元，仍是世界首富。1999 年 9 月 23 日，在 10 月 11 日出版（提前出版）的《富比士》雜誌排出的全世界億萬富翁排名中仍居首位，他的純資產為 850 億美元，超過去年的 590 億美元。在 2000 年《富比士》雜誌全球億萬富翁排名中名列首位，個人資產為 600 億美元。在 2001 年 6 月出版的《富比士》雜誌的全球億萬富翁排名中仍居首位，他的個人資產為 587 億美元。在 2002 年 3 月出版的《富比士》雜誌的全球富翁排名中仍居首位，個人資產為 528 億美元。他聲稱，將不留一分錢給他的後代，並準備把自己 95%的財富捐贈給慈善機構。1998 年 4 月，蓋茲向聯合國

人口基金會捐款 170 萬美元，用於發展中國家人口項目的技術和經驗交流。1998 年 12 月 2 日，蓋茲宣布，他和他的夫人將為發展中國家的兒童免疫項目捐款 1 億美元。1999 年 5 月 4 日，蓋茲向一家設在紐約的非營利性民間組織「國際愛滋病疫苗倡議研究組織」捐資 2,500 萬美元，用於愛滋病疫苗研究。2000 年 1 月 18 日，蓋茲的基金會將在五年裡向國際疫苗研究所捐贈 4,000 萬美元，用於貧窮國家防治霍亂、痢疾和傷寒。

財富經驗

一、事必躬親

所謂的「事必躬親」，在微軟有一個最好的例子，在每一項新產品在上市之前，軟體試用版必先由內部員工在日常工作時應用。以 WINDOWS 95 而言，其行銷人員在正式推出前數月開始，便每天使用這套新的作業系統，類似的作法從文書處理軟體 Word 到多媒體百科（Encarta）均看得到。

其實這個原則的意思是說你該親自用過你的產品，而非依賴新聞稿上的種種說辭，把你自己當作是購買公司產品的顧客，親身思考他們的需求和所遭遇的問題。此法是微軟在發展、測試及販賣一項新產品時無往不勝的關鍵所在。

二、檢討錯誤

微軟從不放棄對於失敗或居於劣勢產品的研究。這種作法不是為了搞清楚或是追究責任，事實上，許多珍貴的研究成果都是鍥而不捨的結果。微軟人指出反正已投下了無可數計的資金和心力，如此的作法也許可以從

295

中得到更多的教訓。

三、容許失敗

一旦犯了錯誤，檢討的實質意義比追究處罰大得多。就像流傳於微軟公司內部的名言：「如果解雇了錯誤的人，也等於是否定了這個教訓的價值。」

1984 年的微軟試算表軟體，上市後被發現有重大瑕疵，當時的產品經理硬著頭皮去見比爾蓋茲詳述此事，建議將上市產品全數回收，比爾告訴他：「今天你讓公司損失了兩千五百萬美元，我只希望明天表現得好一點。」時至今日，這個產品經理，早已成為微軟內部頂尖的主管之一了。

四、觀念＋時間

觀念使你找到成功的目標，時間使你加快了前進的速度。比爾蓋茲的致富祕訣在於「觀念＋時間」。把法律意識與投資眼光及投資未來統一在一起，這就是比爾蓋茲全部的祕訣。

名家點評

與約翰・洛克斐勒不同，蓋茲清楚認知到，他的壟斷行為沒有界限。

——拉爾夫・納德

我對比爾特別敬仰不是因為他的技術，不是因為他的財富，也不是他的策略商業頭腦，而是他這麼成功還能夠做到如此謙虛，有這樣的胸懷，對世界上使用者的福利抱著這麼大的一股期望，我覺得看到一個很偉大的人，這是我相當感動的地方。

—— 前微軟副總裁李開復

如果說 IBM 是 PC 宇宙中的上帝，那麼蓋茲就是教宗。

—— 著名電腦作家 Robert Cringely

傳世名言

1 如果你能把工作當成一種遊戲，就會做得更好。

2 在看似枯燥的工作中，如果你改變一個心態，換一個角度去對待你的工作，你就會從中找到樂趣。

3 讓自己的心靈起舞，你會活得更輕鬆。

4 我所要做的事情，就是對更多的人有用。

5 只有不斷的拓展，你才能登上更高的山峰。

6 一個真正的企業家不會羨慕一時一地的輝煌。

7 一個優秀的企業家，在他的頭腦裡應有多種思維方式，這樣他才能有更大的發展空間。

8 如果你想改變自己，就要及時的發現自己哪些方面出現了問題。然後，下定決心去付諸行動，你就會有所收穫。

9 真正的勇氣就是秉持自己的信念，不管別人怎麼說。我們都知道水可載舟，亦可覆舟，但是水只要不滲進船裡，船就不會沉。記住一件事，只要確定你是對的，就堅持你的信念，無怨無悔。

10 只要你能以積極的心態去應對批評，其實批評並不是壞事。

延伸品讀

毫無疑問的是，現在的年輕人，已經把比爾蓋茲給神話了，在他們眼裡，蓋茲已經上升到了上帝的高度。但是，這個世界上，也只有蓋茲才能

經受得起如此的殊榮。蓋茲創辦並領導的微軟，無疑是最成功的公司之一，蓋茲無疑是最成功的商人之一。他的舉止與他的成就總不協調。說話語調尖銳高亢，滿口粗話，態度傲慢甚至粗魯。但是，他的動作又隱藏著充沛的精力和高昂的情緒。蓋茲是世人羨慕、敬畏、奉承和恐懼的對象。這些強烈的情緒，令人無法對他的行為做出理性和正確的判斷。但無論你愛他、恨他，你都無法漠視他。有人說：「蓋茲對軟體的貢獻，就像愛迪生對燈泡的貢獻一樣，集創新者、企業家、推銷員和全能的天才於一身。」而也有人說：「他精明幹練、飛黃騰達、冷酷無情且缺乏道德，他是個惡毒的欺凌弱小的人。」

　　無論別人對他的評價如何，其實，就我們而言，不僅僅要看到他的富可敵國，更應該看到他的財富後面所隱藏的更為本質的東西。那就是他成功的祕密。那些他經過常年累月所累積和摸索出來的致富智慧，從他的成功中累積經驗，從他的失敗中吸取教訓。這，才是我們研究他的真正目的。

智富思考

20 位商業鉅子小傳，帶你從投資獲利到發家致富

編　　著：喬有乾，易磊，陳德洋

發 行 人：黃振庭

出 版 者：崧燁文化事業有限公司

發 行 者：崧燁文化事業有限公司

E-mail：sonbookservice@gmail.com

粉 絲 頁：https://www.facebook.com/
　　　　　sonbookss/

網　　址：https://sonbook.net/

地　　址：台北市中正區重慶南路一段六十一號八
　　　　　樓 815 室

Rm. 815, 8F., No.61, Sec. 1, Chongqing S. Rd.,
Zhongzheng Dist., Taipei City 100, Taiwan

電　　話：(02)2370-3310

傳　　真：(02) 2388-1990

印　　刷：京峯彩色印刷有限公司（京峰數位）

律師顧問：廣華律師事務所 張珮琦律師

定　　價：399 元

發行日期：2022 年 04 月第一版

◎本書以 POD 印製

國家圖書館出版品預行編目資料

智富思考：20 位商業鉅子小傳，帶
你從投資獲利到發家致富 / 喬有
乾，易磊，陳德洋編著 . -- 第一版 .
-- 臺北市：崧燁文化事業有限公司，
2022.04
　面；　公分
POD 版
ISBN 978-626-332-293-6(平裝)
1.CST: 世界傳記 2.CST: 成功法
　781　　　111004275

電子書購買

臉書